사랑 사용법

# WHATEVER ARISES, LOVE THAT
: A Love Revolution That Begins with You
by Matt Kahn

지금 깨어나고 있는 당신을 위한

# 사랑 사용법

Whatever Arises, Love That
A Love Revolution That Begins with You

맷 칸 지음 | 유영일 옮김

정신세계사

# 사랑 사용법

ⓒ 맷 칸, 2015

맷 칸 짓고, 유영일 옮긴 것을 정신세계사 정주득이 2017년 3월 17일 처음 펴내다.
김우종과 서정욱과 이균형이 다듬고, 김윤선이 꾸미고, 한서지업사에서 종이를, 영
신사에서 인쇄와 제본을, 김영수가 기획과 홍보를, 하지혜가 책의 관리를 맡다. 정
신세계사의 등록일자는 1978년 4월 25일(제1-100호), 주소는 03965 서울시 마포구
성산로4길 6 한빛빌딩 2층, 전화는 02-733-3134, 팩스는 02-733-3144, 홈페이지는
www.mindbook.co.kr, 인터넷 카페는 cafe.naver.com/mindbooky이다.

2024년 4월 21일 펴낸 책(초판 제3쇄)

ISBN  978-89-357-0406-4  03200

이 도서의 국립중앙도서관 출판시도서목록(CIP)은 서지정보유통지원시스템 홈페이지(http://seoji.
nl.go.kr)와 국가자료공동목록시스템(http://www.nl.go.kr/kolisnet)에서 이용하실 수 있습니다.
(CIP제어번호: CIP2017006125)

차례

# 독자들에게


인생 대전환의 여행에 동참하시게 된 여러분을 환영하며, 영광으로 생각하는 바입니다.

인생에는 눈에 보이는 것보다 훨씬 더 많은 게 있다는 걸 당신도 느껴오셨을 겁니다. 내 삶 전반에 걸쳐, 우주는 나를 통해 이 지구를 ― 그리고 이제는 당신을 ― 완전히 새로운 현실로 초대하는 일을 해왔습니다. 이 과업이 처음 내게 주어졌을 때, 나는 나 자신을 '채널'로 자처했습니다. 위대한 진리가 나를 통해 말하도록 허용할 수 있는 능력 덕분이었지요. 이 위대한 진리가 특정한 상황에서만 내려오는 것이 아니라 의도를 갖고 누군가의 몸 안에 계속 머물고 있다면, 그것은 모든 가슴의 안녕을 위해 아주 특별한 뭔가가 이 세상에 전해지고 있다는 뜻입니다. 나는 마땅히 나누어야 할 그 모든 것을 당신께 드리려 하고, 그로써 당신이 세상사에 시달리는 것 이상의 심오한 진실에 눈 뜨게 되기를 소망합니다.

나는 내가 영적 교사로서 고도로 조율된 직관 및 공감 능력들을 잘 발휘하여 소위 '현존(presence)을 전파(transmission)할' 수 있기를 바랍니다. 내 바람은 내가 영감을 받아 기록한 이 말들을 읽는 것만으로, 당신이 당신의 에너지 차원에서 일어나는 변화를 느끼게 되는 것입니다.

치유 에너지를 전달하도록 의도된 책을 읽을 때는 사실관계 혹은 결론을 놓칠세라 모든 장章을 샅샅이 읽어나갈 필요가 없습니다. 당신의 지고한 잠재력을 길잡이로 삼아서, 매 쪽마다 당신의 잠들어 있는 능력과 '시작도 끝도 없는'(timeless) 기억들을 깨워내는 여정에 더 가깝습니다. 이 여정에서 내가 제시하는 단어들이 중요한 역할을 하겠지만, 당신에게 전해져야 할 진짜 이야기는 '현존의 전파'로부터 비롯되는 '항구적인 확장'(ever-expansive)의 경험 그 자체입니다.

나는 우주의 지혜가 내 몸을 가득 채우고 나를 통해 흐르도록 허용했고, 따라서 지난 30년간 내 인생을 꽃피어나게 했던 신비를 서술한 이 책의 말들도 내가 '고른' 것이 아니라 내게 '주어진' 것이라고 할 수 있습니다. 내가 이런 신비를 나누고자 하는 것은, 창조의 새벽 이래로 당신을 부르고 또 불러왔던 이 여정에 당신이 더 깊이 들어오게끔 하기 위함입니다. 어쩌면 이 말들은 당신의 삶을 속속들이 변성시켜 당신으로 하여금 새로운 영적 패러다임의 횃불을 들고 달리게 하려는 큰 부름인지도 모릅니다.

이것을 알든 모르든, 당신은 인간의 진화사상 가장 놀라운 시대에 이 지구에 온 것이 분명합니다. 이렇게 고무적이고 강렬한 에너지 확장의 시대에 살고 있다는 것만으로도 당신은 지구 의식의 상승을 돕고 있습니다. 즉 우리는 서로에게 선물과도 같은 존재입니다. 당신은 늘 바라왔던 기쁨과 평화, 구원을 기어코 이뤄내기 위해 필요한 안내와 통찰, 방향을 구하러 이곳에 왔고, 어느 정도는 당신 자신도 그 사실을 이미 알고 있습니다.

이런 심오한 소명에 공감하는 사람들은 '에너지에 민감한 혼들'로 언급되곤 합니다. 그런 혼들은 세상에 인간의 모습을 하고 내려온 근원 에너지의 독특한 표현으로서, 자신들이 지닌 천상의 뿌리를 기억해내기도 하지요. 에너지에 민감한 혼들은, '깨어남'으로 알려진 영적 성장의 근본적인 변화를 반기고 축하합니다.

과거에는 깨어난 존재들이, 진화하고 있는 인류에게 예언자나 길을 가리켜 보여주는 자로서 존경을 받았습니다. 하지만 오늘날의 지구에는 깨어난 존재들이 아주 많습니다. 우리는 우리 앞에 온 예언자들의 예언을 성취하기 위해 전 지구가 깨어나고 있는 시기를 선택하여 몸을 입고 태어난 것입니다.

의식의 확장이 한 개인의 차원에서는 '깨어남(awakening)'이라고 불리지만, 문명 혹은 지구 차원의 영적 진화를 말할 때는 '상승(ascension)'이라고 표현됩니다. 상승의 시기에, 당신은 당신 자신의 경험이 지니는 더 큰 신비를 탐험하도록 소명을 받았을 수도 있고, 이 지구의 에너지와 다른 사람들의 감정에 너무 민감한 나머지 그렇게 높아진 의식 상태에서 뭘 어떻게 해야 할지 도통 감을 못 잡고 있을 수도 있습니다.

당신이 전통적인 인생관을 넘어서는 앎에 흥미를 갖고 있든, 인류가 깨어나는 데에 나름의 역할을 하고 싶다고 열망하든, 혹은 당신의 에너지적 민감성을 영감과 행복과 자유가 넘쳐나는 삶으로 수렴하고자 하든, 나는 당신이 신성한 자기 가슴의 황홀경 속으로 들어가게끔 인도함으로써 각자의 바람을 충족시키는 데에 도움을 주기 위해서 이리로 보내졌습니다. 존재계의 가장 지고한 지혜는 가슴에 중심을 두고 있기 때문에, 나를 통해 퍼져 나가는 가르침들은 항상 사랑의 진동에 뿌리를 내리고 있습니다. 영적인 여정에 자신들이 얼마나 깊이 이미 연루되어 있는지를 깨닫지 못하고 있을지도 모르는, '에너지적으로 민감한 혼들'에게는 가슴을 활짝 여는 것이야말로 가장 빠르고 강력한 길입니다.

내가, 많은 사람 안에서 깨어나고 있는 '부단히 확장하는 에너지'(ever-expansive energy)를 '가슴 중심의 의식'(heart-centered consciousness)이라고 부르는 이유가 바로 여기에 있습니다. 달리 표현하자면 '활성화된 사랑의 힘'(the power of love in action)이라고 묘사할 수도 있겠지요. 당신의 여정을 순탄하게 하기 위해, 당신의 온 존재를 입자 수준에서 치유해주기 위해, 깊이를 헤아릴 수 없을 조화와 평안과 은총이 이 책 곳곳에 암호화되어 배치되어 있습니다. 그 힘은, 당신이 당신의 세상에 스며들도록 허용하는 사랑의 양만큼 발휘될 것입니다. 당신이 이 책에 쓰인 단어들을 읽고 있는 것은, 당신 안에 내재된 사랑을 깨우는 방법을 터득하기 위해서입니다. 당신이 그토록 고대해온 운명의 성취가 이루어질 때, 나는 당신과 더불어 여기에 존재하도록 나를 이끌어온 기적의 여정 또한 함께 나눌 것입니다. 나는 내 인생에서 일어났던 일을 나눔으로써, 당신의 앞날에 더 많은 통찰력과 전망을 제시해줄 수 있을 것이라 믿습니다.

에너지적으로 민감하고 매우 직관적인 아이가, 그 잠재력과 능력의 깊이를 충분히 알아주지 않는 세상 속에서 성장하려면 매우 혼란스러운 시기를 거쳐야만 합니다. 나는 나 자신의 느낌과 다른 사람들의 반응을 구분하지 못했을 뿐 아니라, 내 주변 사람들과는 달리, 몸을 지니고 산다는 것이 어색하고 불편하기만 했습니다. 놀이터 친구들의 고민상담부터 집안 식구들의 평화지킴이 노릇에 이르기까지, 나는 내 주변 사람들의 일에 간섭하고 반응하느라 나 자신만의 독립적인 경험을 가질 수가 없었습니다. 내 주변 사람들이 누구든, 그들의 문제를 얼마만큼이나 해결해줄 수 있느냐에 나 자신의 행복이 달려 있는 것 같았습니다.

더욱 혼란스러웠던 것은, 내가 더 높은 차원의 존재들과 생생하게 교류를 하고 있었다는 점입니다. 나는 내 주변 사람들이 볼 수 없었던 존재들과 에너지를 볼 수가 있었지요. 종교적인 기반이나 역사적인 지식이 없는데도 불구하고, 예수를 시시때때로 만났던 것에서부터 돌아가신 친척들과 대화를 하는 일에 이르기까지, 나는 이해할 수도 없고 부정할 수도 없는 경험들을 직면해야 했습니다.

에너지의 민감성과 직관 능력이 다른 신체의 성숙도를 앞질러 빨리 꽃피게 되면, 이런 재능은 때로 열등감으로 표출되기도 합니다. 나에게 있어서 가장 큰 미스터리는, '나한테는 이렇게 뚜렷한 것들이 다른 사람들에겐 왜 안 보일까?' 하는 것이었습니다. 나는 우주를 향해 이렇게 선포했습니다. "내가 만약 다른 사람들이 인지할 수 없는 차원들을 인식할 수 있는 거라면, 다른 사람들이 그들 자신의 재능을 발견하도록 돕는 데에 내 능력이 쓰이게 하소서!"

내 청소년기의 절반은 매우 개방적인 유대인 가정의 10대로서의 삶, 나머지 절반은 수시로 침실을 찾아오는 천사들, 승천한 스승들(Ascended Masters)과의 대화로 채워졌습니다. 마치 현실과도 같은 생생한 꿈처럼, 나는 보고 듣고 느끼면서 텔레파시로 대화를 나누었습니다. 예수, 멜기세덱, 대천사 미카엘, 관세음보살, 성 저메인 같은 다양한 교사들과 가이드들을 만났지만, 그들의 역사를 아는 데에는 별 흥미를 느끼지 못했습니다. 대신 그들이 제공해준 정보와 그들의 에너지에 매료되었지요. 그들은 무지개의 여러 색깔처럼 저마다 독특한 주파수를 가지고 있었고, 지혜와 사랑의 에너지를 전해주었습니다. 나는 그들이 나를 돕기 위해 왔다는 것을 본능적으로 알아차렸습니다.

이런 만남을 통해 나의 직관 능력은 높아지고, 다듬어졌습니다. 우주의 무한한 영역들에 대한 나의 탐구도 그와 함께 계속되었습니다. 부모님은 내가 하는 일을 늘 격려하고 응원해주셨지만, 나는 이 만남들의 대부분을 혼자만의 경험으로 간직했습니다. 누군가에게 그걸 말할 때마다, 마치 나 자신이 엉뚱한 행성에 잘못 태어난 존재처럼 느껴졌으니까요.

성인이 되고부터 나는 처음 보는 사람들에게 직관에 의한 메시지를 불쑥불쑥 전하도록 인도받았고, 그와 동시에 대천사들과 승천한 스승들과의 소통도 강화되었습니다. 슈퍼마켓의 낯선 사람들에게 천사들의 '구체적인 지시'를 전하기도 하고, 책방의 손님들에게 다른 세상으로부터 온 '깊은 치유의 메시지'를 들려주기도 하고, 나는 어떻게든 다른 사람들의 삶에 기적적인 구원을 가져다줄 말들을 하게끔 인도되고 있었지요. 이런 일이 어떻게 일어나게 된 것인지 나로서는 전혀 알 길이 없지만, 모든 경험이 항상 부인할 수 없는 사랑의 느낌으로 만족스러웠기 때문에 나는 본능적으로 이러한 빛의 은총을 신뢰하고 받아들이게 되었습니다.

나의 이 '신뢰하는 마음'은 내 삶 전반을 보살펴온 대천사들, 승천한 스승들과의 필연적이고 극적인 만남으로 나를 이끌었습니다. 그 만남에서 그들은 그들 자신이 '신성의 도우미'(agents of the Divine)로서 '미래의 나'의 다양한 면모를 나타내 보여주고 있다고 밝혔습니다. 대천사들, 승천한 스승들, 그리고 나 자신을 '하나의 영원한 진리'의 동등한 현현顯現으로 바라보게 되자, 내 안에서 절로 어떤 깨어남이 일어났습니다.

그 시점부터, 나와 당신의 영원한 만남을 준비하기 위한 깨달음과 수련의 과정이 진행되었습니다. 당신의 가능성을 꽃피우는 일에 도우미가 되기 위한 준비였던 지금까지의 여정을 축하하면서, 나는 이 책을 통하여 경천동지할 나의 중요한 경험들과 통찰들을 일부 나누고자 합니다.

나는 신비의 영역과 깨어남의 길 사이에 다리를 놓는 역할로서, 당신의 무한한 지혜의 샘이 열린 가슴의 기쁨으로 표현될 수 있도록, 영적 성장을 위한 혁명적인 방법을 당신에게 제공하도록 인도받았습니다.

이 책 전반에 걸쳐서, 당신은 내가 다양한 방식으로 당신의 가슴에 대해서 하는 말을 듣게 될 것입니다. 내가 당신의 순수한 참성품에 관해 말하든, 내면의 아이에 관해 말하든, 내밀한 연약함에 관해 말하든 간에, 그 이야기들은 모두 당신을 '당신 존재의 핵심에 깃들어 살아 있는 지성'에 주의를 기울이도록 만들 것입니다. 처음에는 그것이 당신의 어린 시절의 목소리처럼 들리고, 해소되지 못한 많은 기억들이 떠올라 더 많은 인내심과 친절과 관심을 요구할지도 모릅니다. 하지만 계속해서 나아가노라면, 매 발걸음을 이끌어가는 사랑의 힘으로, 당신의 어린 시절의 목소리는 어른의 마음과 통합되고 '영적 자립'(spiritual autonomy)을 선언함으로써 당신의 인생에 가장 심오한 깨달음을 불러들일 것입니다.

나의 이야기가 당신의 경험과 일치하든, 아니면 당신이 장차 도달하게 될 전적으로 새로운 현실의 예고편에 지나지 않든 간에, 이 책의 내용이 당신을 진정한 영적 구원으로 이끌어가는 실질적인 지도가 되고 나침반이 되어주기를 바라는 마음입니다.

이처럼 농도 짙은 인생 여정은 때로는 당신의 삶을 송두리째 엎어놓기도 하고, 때로는 모든 것이 기적적으로 되돌아오게 하기도 할 것입니다. ― 어쩌면 한순간에 엎치락뒤치락하기도 할 테지요. 당신의 삶이 얼마나 독특한 방식으로 펼쳐지든 간에, 우주의 지혜는 만유의 행복을 위해 당신이 모든 능력을 한껏 발휘할 수 있도록 열등감의 그늘 밑으로부터 당신을 불러내고 있습니다. 당신의 가슴이 얼마나 천천히, 혹은 점진적으로 열리기를 바라든 상관없이, 나는 모든 계시와 감정적 해방을 통해 당신의 여정을 응원하고 지원하도록 축복받았습니다.

이 책에는 또한, 당신이 받고 있는 에너지 속에 닻을 내려 그것을 모두 흡수하게 하기 위한 '주고받기(interactive)' 식의 체험이 많이 포함되어 있습니다. 우주가 당신의 성취를 위해 창조해낸 강력한 힐링 만트라를 한 줄씩 반복하여 읽기만 해도, 내면 탐험의 새로운 경지가 펼쳐질 것입니다. 만트라를 단순히 큰 소리로 반복하기만 해도, 몸의 지혜가 그에 화답하면서 당신을 직관의 인도에 섬세하게 조율해주어 당신의 영원한 본성을 더욱 확연히 기억해내게 해줄 것입니다.

사랑은 우리로 하여금 무수한 생을 거치며 함께 모험해오게 하였으니, 나는 그 전생들로부터 통찰을 가져와서 가장 온전한 영적 길을 당신께 제시할 것입니다. 나아가는 한 걸음 한 걸음마다 당신은 '어떤 일이 일어나든 그것을 사랑하라'(이 책의 원제)는 상서로운 경구의 깊은 지혜 속으로 존재의 뿌리를 내리게 될 것입니다.

일어나는 모든 일을 사랑함으로써, 당신은 가장 가슴 중심적인 방식으로 우주에 대한 심오한 깨달음을 캐내게 됩니다. 가슴이 열림에 따라, 당신은 모든 상황과 삶의 세세한 부분들이 모두 다 당신의 영적 성장을 돕기 위해 창조돼왔다는 것을 알아차리게 됩니다. 당신이 알든 모르든, 이 모든 조합과 만남과 결과물들은 당신이 자신의 능력을 백 퍼센트 발휘하고 자신의 신성을 실현하도록 돕기 위해서 우주가 창조해낸 것입니다.

사랑을 안내자로 삼아, 당신은 내면의 더 깊은 영적 실재를 탐구해 들어갈 수 있습니다. 지금까지는 다른 사람들의 세계 속에서 하나의 장식물처럼 살아가는 한 개인이었을지 모르지만 말입니다.

인생을 살아오면서 당신도 이미 감지했을지 모르지만, 삶에서 일어나는 일에는 표면적으로 보이는 것보다 훨씬 더 깊은 의미와 이유가 있습니다. 그것이 구체적으로 무엇인지를 당신은 모르더라도 말입니다. 가장 좋은 것은, 사랑을 초대하여 그것이 당신을 통해 일하고 당신을 대신하여 삶에 응답하게 함으로써, 어떤 일이 왜 일어나는지를 당신이 알 필요조차 없게 만들어버리는 것입니다. 필요한 것은 단지 기꺼이 가슴을 열려는 의지입니다. 새로운 영적인 패러다임 속으로 한 걸음씩 발을 내디딜 때마다, 당신은 지구의 상승과 인류의 깨어남을 위한 신성한 공간을 열어 '가슴 중심의 의식'을 기쁘게 맞아들이고 누릴 수 있게 됩니다.

당신이 어떤 경험이라도 아무 거리낌 없이 맞아들일 준비가 되어 있든, 좀더 입맛에 맞는 조건에서라면 즐겨보겠다는 태도이든 간에, 무조건적인 사랑을 기르는 것은 당신의 여정을 완수하기 위해서 필수적인 단계입니다.

소울 메이트를 찾고자 하든, 몸을 치유하고자 하든, 고통으로부터의 해방을 추구하든, 혹은 과거의 모든 깨달음을 통합하여 온전히 체화하고자 하든 간에, 사랑을 당신의 삶 속으로 초대하기만 하면 그 길의 영적 이정표들이 속속 당신 앞에 나타나 길을 인도해줄 것입니다.

당신의 지고한 가능성은 이렇게 밝아옵니다. 이것이 당신의 영혼이 아름다운 인간의 형상 안에서 발현되는 방식입니다. 그토록 오랜 세월을 기다려온, 당신의 신성한 운명의 실현입니다. 그리고 이 놀라운 행성에 거주하는 모든 이들의 영적 성장을 위해, '바로 당신으로부터 비롯되는 사랑의 혁명'입니다.

우리의 앞길에 많은 축복이 있기를! — 이것은 단지 시작에 지나지 않습니다.

맷 칸

# 1

# 사랑의 혁명

새로운 영성의 시대가 밝았습니다. 에너지에 민감한 당신을 알아보고, 내면 깊숙이 숨어 있는 당신의 그 여린 부분을 밖으로 불러내어 놓게 함으로써 모든 짐을 풀어헤치게 하는 영성 말입니다. 이것은 아름다운 자비심 속에 뿌리를 내리고 당신의 가장 높은 지혜를 체화함으로써 닻을 내리는, 무한한 기쁨과 끝없는 자기발견이 함께하는 '가슴의(heart-centered) 여정'입니다. 당신이 풀고자 하는 문제가 무엇이든 간에, 이 새로운 영성의 시대에 당신이 지향하는 내면의 목표는, 힘과 노력과 애씀으로써 의식을 확장하는 것이 아닙니다. 그보다 이것은 당신을 자기 존재의 심층으로 곧바로 데려가는 여행이 될 것입니다. 그리고 그런 여행이라면 당신은 언제든지 도움받을 권리가 있습니다. 이 가슴의 탐험 여행의 걸음마다 부딪히는 모든 문제에서, 가장 강력하다는 해결책들은 한결같이 당신의 가장 깊은 진실을 일깨워주는 하나뿐인 촉매를 으뜸으로 손꼽습니다. 이것을 받아들일 때, 당신은 끝없는 의문의 연속인 이 우주에서 '사랑이야말로 유일한 해답'임을 이해함으로써 인류 진화의 선봉으로 도약하여 나서게 됩니다.

에너지에 민감한 영혼에게, 내면을 들여다본다는 것은 더 깨어서 자각하게 되는 것이라기보다는 이미 얼마나 깨어서 자각하고 있는지를 마음을 열고 받아들이는 법을 배우는 것입니다. 대부분의 경우 자각하는 의식은 이미 온전히 존재하지만 지나치게 활성화되어 있어서, 당신으로 하여금 감정에 압도되어서 자신의 경험과 타인의 경험을 분별하지 못하게 만듭니다. 타고난 공감력을 능숙한 직관으로 바꿔놓는 법을 터득하기 전까지는 이런 상태 때문에 삶이 고통스럽고 감당하기 어려워질 수 있습니다. 에너지에 민감한 이들에게는 현대의 영적 여정이란 '모든 것을 두려워하기'로부터 '모든 것을 느끼기'로 옮겨가는 것입니다. 과거에 당신을 압도했던 경험을 직면할 용기를 되찾도록, 우주가 보내온 일련의 신성한 가르침이 제시되어 있습니다. 그것은 단 다섯 마디의 짧은 말이지만, 당신의 유일한 안식의 근원인 가슴을 활짝 열어젖혀줍니다.

그 다섯 마디의 말이란, '어떤 일이 일어나든 그것을 사랑하라'입니다. 어떤 일이 일어나든 그것을 사랑하는 법을 터득하면 불가피한 결과를 붙들고 씨름하던 마음이 변화무쌍한 삶의 상황들을 기꺼이 맞아들이는 자발적인 마음으로 바뀝니다. 이 과정을 통해 순수한 참본성의 황홀경으로 돌아가면, 당신은 자신을 짓눌러온 세상의 짐을 내려놓을 수 있게 됩니다. 새로운 영적 패러다임에서는 사랑하기 위해 가슴이 열리기만을 기다리고 있을 수가 없습니다. 얼마나 차단된 느낌이 들든, 얼마나 꽉 닫혀 있는 것처럼 보이든 간에, 당신이 늘 얼마나 안전하게 보호받고 있었는지를 상기시켜주는 것은 사랑하고자 하는 당신의 의지입니다.

사랑을 인도자로 삼으면 당신은 가장 강력한 형태의 치유력을 가동하여 자기 현실의 모든 영역에서 변화를 일궈내게 됩니다. 치유가 일어남에 따라, 당신은 가슴의 중심에 의식을 가져와 만유를 평안하게 함으로써 자신의 여정을 완수합니다. 내가 영성의 이 새로운 패러다임을 '당신으로부터 비롯되는 사랑의 혁명'이라고 말하는 이유가 바로 여기에 있습니다. 사랑의 혁명이 펼쳐지면 당신은 자신의 여정을 무수한 사람들 중 한 사람의 진화로서가 아니라 확장된 한 개인의 모습으로 나타난 인류의 깨어남으로서 바라보게 될 것입니다.

어떤 일이 일어나든 그것을 사랑하면 에너지에 민감한 영혼이 빠지곤 하던 함정들은 영적 축복으로 변하여 꽃을 피우기 시작할 것입니다. 가슴에 중심을 둔 의식에 닻을 내리면 당신 존재의 구석구석에는 변화의 씨앗이 심어집니다. 이 일은 정확히 당신이 자신의 순수한 본성을 사랑하는 그만큼 일어납니다.

당신이 지금 여기에 있는 것이 아픈 곳을 치유하기 위해서이든, 진정한 기쁨과 만족을 찾기 위해서이든, 과거와 화해하기 위해서이든 간에, 지금은 일찍이 없었던 빛의 시대이고, 당신이 가진 천사의 날개가 얼마나 멀리까지 펼쳐지도록 운명지어져 있는지를 볼 수 있게 된 시대입니다.

우주를 대신하여 나는 당신이 한시도 떠난 적 없었던 공간으로 귀환한 것을 환영합니다. 내면에 늘 존재해왔던 영원한 왕국이 드러난 것을 경축합니다. 이 새로운 현실이 동터 오면 시간을 초월한 진실이

모든 차원을 관통하여 메아리치며 당신의 기억을 부드럽게 상기시
켜줄 것입니다.

당신의 매 숨결마다 사랑은 늘 거기에 있습니다.
언제 어디서 누구를 만나든 사랑은 늘 거기에 있습니다.
함께 가든 서로 멀어져 가든, 사랑은 늘 거기에 있습니다.
성취의 위대한 순간에도, 불확실성 속에서 헤매는 어둠의
시간에도, 사랑은 늘 거기에 있습니다.
비극 속에서 눈물짓든, 승리의 기쁨에 취해 있든, 사랑은 늘
거기에 있습니다.
삶이 영감 속에서 조화롭게 흐를 때도, 좌절하여
노여워하고 고통스러워할 때에도, 사랑은 늘 거기에
있습니다.
아무도 돌봐주지 않는 외로움 속에 버려져 있다고 느낄
때도, 사랑은 늘 거기에 있습니다.
인생을 이해할 수 있게 되었든, 아직도 길을 잃고 헤매고
있든, 사랑은 늘 거기에 있습니다.
무슨 생각을 하든, 무엇을 선택하고 어떻게 느끼든, 사랑은
늘 거기에 있습니다.
당신에게 무슨 짓이 가해졌든, 당신이 다른 사람들에게
무슨 짓을 했다고 믿든, 사랑은 늘 거기에 있습니다.

사랑이 모습을 드러내면 당신이 지닌 가장 높은 잠재력의 빛은 혼란

된 감정의 층들을 녹여서 흥분된 마음을 편안히 쉴 수 있게 해줍니다. 이것은 당신이 성취하고자 이 세상에 온 진정한 목적을 경축하기 위해, 받기로 늘 예정되어 있었던 자연스러운 결과입니다. 그렇게 정해진 신성한 목적은 당신으로 하여금 자신의 가슴을 우주의 중심으로 인식하도록 도와줍니다. 온 가슴으로 한 번 껴안을 때마다, 모든 존재가 축복받고 고양되어 본래의 존엄한 모습으로 돌아갑니다. 이것이 당신만의 사랑의 혁명을 시작한다는 것의 참된 의미입니다. 그것은 당신의 순수한 본성을 전에 없이 아끼고 돌봄으로써 만유의 변성을 부추길 하나의 기회입니다.

어떤 일이 일어나든 그것을 사랑하면 당신은 지구 역사상 가장 흥미로운 이 시대에, 삶을 변혁시켜줄 문지방을 넘어서게 됩니다. 그어느 때보다도 많은 존재들이 자신의 영원한 본성의 실상에 눈을 뜨고 있기 때문에, 단지 가슴을 열고 살아가는 법을 터득하기만 해도 당신은 문명 전체의 영적 성장과 에너지 확장을 돕게 됩니다. 당신이 그렇게 중요한 도약을 할 준비가 되었다는 징조는, 자신을 치유함으로써 인류의 집단무의식을 녹여내라는 강한 소명을 자주 느끼는 것으로 나타납니다. 어쩌면 이러한 소명은 현실의 가구들을 수시로 이리저리 옮기지 않고도 개인적 성취와 진정한 해방과 불변의 평화를 찾고자 하는, 되풀이되는 충동처럼 느껴질 수도 있을 것입니다. 당신이 준비되어 있는지를 말해주는 징표와는 상관없이, 이 다섯 마디의 말을 들었다는 사실 자체가 당신이 사랑으로 돌아오라는 부름에 잘 응답하며 살아왔음을 증명해줍니다.

이 가슴의 혁명을 통하여, 당신은 사랑이야말로 곧 당신의 본성이며, 당신이 늘 소망해왔던 것도 오로지 사랑이었음을 깨닫게 됩니다. 이 진실을 받아들여서 인류의 대변화를 돕겠노라는 뜻을 품는 것은 내가 '영구적인 일굼'(the eternal cultivation)이라 부르는, 성장의 필수단계입니다. 이 중요한 과정에서, 당신의 몸은 당신의 순진무구한 자아에게 격려와 친절과 애정 어린 관심을 제공해줌으로써, 깨어나는 의식의 몸속으로 확장되어 들어갑니다.

영원한 초월의 한 선물로서, 모든 근심 걱정을 해소하고 모든 경계를 허물어 지구의 진동을 높이도록 당신의 가슴을 여는 일에 이처럼 가장 실질적이고 효과적인 도움을 줄 수 있게 된 것은 저로서는 더없는 영광입니다.


## 사랑, 궁극의 이퀄라이저

그 어느 때보다도 진실하게 자신을 한 번 껴안아보면, 당신은 자신이 다른 사람들에게 관심을 기울여 돕는 일에만 마음을 써왔지 정작 자기 자신에 대해서는 별다른 관심을 기울인 적이 없다는 사실을 깨닫게 될지 모릅니다. 가슴이 열릴수록, 살면서 마주친 수많은 이들이 누렸던 당신의 친절과 관심을 스스로에게도 베풀 수 있는 기회를 당신은 지나치지 않게 됩니다. 한 번씩 사랑으로 껴안아줄 때마다 당신은 자신이 얼마나 강렬하게, 얼마나 행복하게, 얼마나 한결같은 마음으로, 얼마나 영감 가득하게 살도록 늘 운명지어져 있었는지를 보여주는, 살아 있는 증인이 됩니다.

어떤 일이 일어나든 그것을 사랑하면, 당신은 삶 속의 불가피한 일들을 부인하거나 피하거나 맞서 싸우려는 마음을 다 내려놓고 지극히 깊은 내면의 친밀한 삶의 태도를 일깨우게 됩니다. 여태까지 지나온 당신의 삶의 여정에 경의를 표하면서, 나는 새로운 현실이 동트는 이 기쁜 순간 속으로 당신을 초대합니다.

다음 치유의 만트라를 소리 내어 말하든, 가만히 속으로 읽든, 반복해서 되뇌십시오.

> 슬플 때, 나는 더 적은 사랑이 아니라 더 많은 사랑을 받을 자격이 있다.
> 화날 때, 나는 더 적은 사랑이 아니라 더 많은 사랑을 받을 자격이 있다.
> 불만스러울 때, 나는 더 적은 사랑이 아니라 더 많은 사랑을 받을 자격이 있다.
> 상처받고 가슴 아프고 수치스럽고 죄책감을 느낄 때, 나는 더 적은 사랑이 아니라 더 많은 사랑을 받을 자격이 있다.
>
> 나 자신도 이해하지 못할 일을 저질렀을 때, 나는 더 적은 사랑이 아니라 더 많은 사랑을 받을 자격이 있다.
> 자만심을 느낄 때, 나는 더 적은 사랑이 아니라 더 많은 사랑을 받을 자격이 있다.
> 어떤 기분이 들든지, 나는 더 적은 사랑이 아니라 더 많은 사랑을 받을 자격이 있다.

어떤 생각이 들든지, 나는 더 적은 사랑이 아니라 더 많은
사랑을 받을 자격이 있다.

어떤 과거를 헤치고 살아남았든 간에, 나는 더 적은 사랑이
아니라 더 많은 사랑을 받을 자격이 있다.
앞날에 무엇이 기다리고 있든 간에, 나는 더 적은 사랑이
아니라 더 많은 사랑을 받을 자격이 있다.
가장 운 나쁜 날에도, 나는 더 적은 사랑이 아니라 더 많은
사랑을 받을 자격이 있다.

삶이 아무리 끔찍하고 혼란스러워 보여도, 나는 더 적은
사랑이 아니라 더 많은 사랑을 받을 자격이 있다.
내게 필요한 것을 아무도 주지 않더라도, 나는 더 적은
사랑이 아니라 더 많은 사랑을 받을 자격이 있다.
세상에 봉사할 수 있는 가장 훌륭한 방법을 기억해낼 때,
나는 더 적은 사랑이 아니라 더 많은 사랑을 받을 자격이
있다.

받아들일 수 있는 것이 무엇이든, 용서할 수 없는 이가
누구이든, 사랑할 수 없는 것이 무엇이든 간에, 나는 더 적은
사랑이 아니라 더 많은 사랑을 받을 자격이 있다.

당신의 순진무구한 자아를 흠모하는 사랑은, 당신이 받아들일 수 없

는 것을 애써 받아들이라고 요구하지 않습니다. 사랑은 단지 "그저 당신 자신의 가슴을 껴안아주세요. 그러면 내가 당신 대신 받아들일게요"라고 말할 뿐입니다. 사랑은 당신이 용서할 수 없는 것을 용서하라고 요구하지 않습니다. 단지 "그저 당신 자신의 가슴을 껴안아주세요. 그러면 내가 대신 용서할게요"라고 말할 뿐입니다. 사랑은 당신이 내켜하지 않는 것을 사랑하라고 요구하지 않습니다. 단지 "그저 당신 자신의 가슴을 껴안아주세요. 그러면 내가 대신 사랑할게요"라고 말할 뿐입니다.

눈앞의 상황이 어떠하든 간에, 사랑은 모든 일이 당신에 '의해서'가 아니라 당신을 '통하여' 틀림없이 이루어지게 합니다. 어느 누구보다도 대담하게 당신의 순수한 본성을 스스로 포근히 품어 안아줄 때, 당신은 자신의 참모습 속에서 일찍이 만난 적 없는 부모를, 가지고 있는지도 몰랐던 최상의 친구를, 늘 함께 지내왔던 연인을 처음으로 발견하게 됩니다. 마찬가지로, 가슴을 사랑의 대상으로 삼으면 당신은 당신의 상상 속 인물 뒤에 있는 상대방의 참모습을 알아보게 됩니다. 사랑을 인도자로 삼으면 다른 사람들로부터 자신을 떼어놓는 갈등도 고통도 없이, 사람마다 다른 독특한 개성을 골고루 음미할 수 있게 됩니다.

당신이 늘 소망해온 바와 같이 다른 이들이 당신을 같은 방식으로 사랑해주지는 못할 수도 있음을 알아둘 필요는 있지만, 그렇다고 해서 사랑의 혁명이 삶에 가져다주는 친절과 도움과 돌봄이 끊기는 일은 없습니다. 좌절의 고비에 처해 있든, 절망의 여파에 휩쓸리고 있든 간에 자기 자신에게 주의를 깊이 기울일수록 감정은 '존재란 고통스러운 것'임을 입증하는 증거물이 되지 못함을 확연히 깨닫게 됩니다. 가슴에 뿌리를 두고 있을 때는 낱낱의 반응을 완벽하게 짜여진 의식의 작용으로 바라봐도 됩니다. 그것은 낡은 패러다임을 깨끗이 지워서 새로운 것이 펼쳐질 공간을 마련해줍니다. 이런 일은 각각의 느낌을 낱낱이 받아들이고 허용할 때마다 일어납니다.

당신의 심대한 변화를 고무하는 느낌들에 당신이 마음을 얼마나 쉽게 열든지 혹은 느리게 열든지 상관없이, 과정을 서두르지 않는 것이 중요합니다. 늘 마음의 여유를 지니고, 당신은 이 길에서 항상 더 많은 친절과 도움과 격려를 받을 자격이 있음을 기억함으로써, 매 순간을 의미 있는 것으로 만들어야 합니다.

당신이 겪는 일들이 얼마나 귀찮고 힘겹고 불편하게 느껴지든지 간에, 일상의 그런 굴곡이 오히려 당신을 충족시켜주는 근원이 되어 깊은 충만감을 주는 영적 모험으로 바뀔 수도 있습니다.

사랑이 내미는 초대장은 그 어떤 신념 때문에도 한정되지 않고, 당신이 맡게 된 그 어떤 역할 때문에도 한계지어지지 않습니다. 그것은 '어떤 일이 일어나든 그것을 사랑하라'는 당신을 향한 이 외침을 기억해냄으로써 신성의 빛 속으로 다시 합일해 들어가라는 초대의 손짓입니다.

더욱 자주 사랑하리라는 뜻을 품으면 당신은 삶 속의 사건들이 일어나는, 더 깊은 배후의 영적인 이유를 기억해낼 수 있게 됩니다. 우주는 매 순간 당신의 가장 높은 성장이 보장되도록, 그렇게 매 순간을 창조해냅니다. 이것은 결코 미신이 아닙니다. 당신이 불편을 경험한다는 사실은 당신이 얼마나 빨리 확장해가고 있는지를 보여주는 증거일 뿐이지요. 당신의 모험을 최대한 기쁘고 보람 있는 것으로 만들려는 노력의 일환으로서, 우리는 가슴을 열기만 하면 변화할 수 있다는 게 얼마나 흥미진진한 것인지를 다시금 기억해내기 위해 이렇게 모인 것입니다. 사랑이 당신의 길을 인도하면, 낱낱의 느낌과 상황을, 의식을 각성시켜주는 하나의 자극으로 드높일 수 있게 됩니다.

개인사의 좌절에서 오는 고통이나 갑작스러운 불편에 부딪혀서 마음의 평온을 찾고자 할 때, 시야를 좀더 넓혀야만 그 속에 갇혀 있는 한 개인의 느낌에서 빠져나와 우주의 눈으로 삶을 바라볼 수 있게 됩니다. 당신을 자극하는 것이 무엇이든 간에, 그에 대한 낱낱의 반응은 여러 생의 경험으로부터 누적된 세포의식의 찌꺼기가 방출되고 있음을 뜻합니다. 가슴이 열리면, 당신은 자신이 느끼고 있는 모든 것이 내면에서 일어나고 있는 치유 과정의 일부임을 알아차릴 수 있게 됩니다. 역으로, 가슴이 닫혀 있으면 느껴지는 감정들이 모두 모종의 폐색이나 장애물로 여겨집니다.

## 일어나는 일을 사랑하는 법

이 과정 내내, 감각이나 느낌은 당신이 그것을 느끼기를 거부할 때만 하나의 장애물로 느껴지는 것일 뿐임을 명심해두는 것이 중요합니다. 마음을 열고 느낌을 받아들일 때 비로소 매 순간을 치유의 기회로서 기꺼이 경험하고자 하는 의지가 세포기억의 층들을 깨끗이 청소하여 가슴에 중심을 둔 의식이 꽃피어날 공간을 만들어냅니다.

불편한 느낌이 일어나면 많은 이들이, 그것을 매우 불편한 순간들에 일어나는 것으로 판단하곤 합니다. 그런 느낌이 자주 일어날수록, 일어나는 낱낱의 감정적 반응을 뜯어고쳐야만 할 당장의 문제로 해석하게 되기 마련이지요. 뭔가가 혼란하고 고통스럽고 불편한 이 느낌을 제거해주리라는 기대 속에 무수한 요법을 시도해보고, 온갖 영적 수행을 추구해볼 겁니다. 그런 요법이나 수행이 상황의 재구성이나 상태 변화를 통해 잠시 한숨을 돌리게 해줄 수는 있습니다. 하지만 당신이 낱낱의 반응을 이미 진행 중인 더 깊은 의미를 지닌 여정의 증거물로 받아들일 수 있게 될 때까지, 그 느낌은 어김없이 되돌아올 것입니다.

요법이나 영적 수행이 약속한 결과를 가져다주지 않으면 많은 이들이 상심하고 좌절하지만, 우주의 눈에서 보면 심원의 치유가 진행 중에 있다는 증거를 그 어떤 것도 앗아갈 수 없다는 게 너무나 확연합니다. 가슴의 지혜는 당신에게 낱낱의 반응을 영적 각성의 순간으로 바라볼 것을 권유합니다. 어떤 느낌이든지 달갑게 맞아들이면 세포기억의 찌꺼기가 당신의 에너지장에서 방출됩니다. 각 개인은 우주의 표현물이므로, 한 개인에게서 세포기억의 찌꺼기가 방출되면 그것은 동시에 모든 사람의 치유를 도와줍니다.

어떤 일이 일어나든 그것을 사랑하는 것만이 당신의 신성한 운명을 완수하는 유일하고도 가장 중요한 방법인 것은 바로 이 때문입니다. 무엇을 한 번 포근히 껴안아줄 때마다, 당신은 자신의 현실을 변화시키는 동시에 모든 존재의 진화를 돕는 자발적 치유의 순간을 맞을 수 있습니다.

낱낱의 감정적 반응은 치유의 여행에 나서야 할 완벽한 순간을 마치 아이가 엄마의 치맛자락을 잡아당기듯이 당신에게 상기시켜줍니다. 마음을 열어 낱낱의 감정이 느껴지도록 허용할 때 일어나는 심층의 치유를 감지하게 되면, 어떤 일이 일어나든 당신은 그것을 사랑하는 그 설레는 첫걸음을 이미 떼놓은 것입니다. 나아가면 나아갈수록, 당신의 삶을 수시로 엉망으로 만들어놓는 것처럼 보이는 이 완벽히 안배된 촉매들과의 관계는 수월해질 겁니다. 아무리 불편하고 거북해 보이더라도, 낱낱의 감정을 더 기꺼이 맞아들일수록 가슴과 일치된 삶을 살기가 수월해지지요. ― 상황의 겉모습과는 무관하게 말입니다.

많은 사람들이 사랑의 고귀한 가치를 인정하고, 그것을 존재의 가장 높은 진동으로 여기기까지 하지만, 상대방의 행동에 고무되지 않고도 사랑하는 법을 아는 사람은 매우 드뭅니다. 파트너에게서 칭찬을 들을 때 우리는 쉬이 그에 보답하게 되고 동물이나 아이들의 순수한 모습에 자연스레 사랑을 느끼게 되지요. 하지만 많은 이들의 가슴이 애타게 찾고 있는 치유제인 '사랑'은 잘 보이지 않는 것 같습니다. 왜냐하면 사람들이 사랑은 대가 없이 줄 때 길러진다는 사실을 모르기 때문입니다.

느낌을 좀더 내면 깊이 받아들여서 느낄 수 있게 되었다면, 다음 단계는 몸을 편안히 이완시키는 방법을 터득하는 것입니다. 내면에서 출렁이는 감정의 파도가 편안한 느낌이 들지는 않을 테지만, 당신이 느끼는 감정의 주변에 있는 모든 것을 의식적으로 편안히 이완시키면 어떤 일이 일어나는지를 살펴보십시오. 몸의 긴장을 푸는 쉬운 방법은 호흡을 느리게 하는 것입니다. 많은 이들이 호흡을 깊게 하려고 애쓰지만 그러다 보면 들숨이 빨라지게 되고 말지요. 천천히 부드럽게 숨 쉬면서, 또 하나의 변화의 순간일 뿐인 그것을 받아들이고 느껴도 안전하다는 사실을 몸에 상기시켜주는 것이 핵심입니다.

강렬한 감정이 일어나더라도 느려진 호흡을 통해 그것을 기꺼이 받아들이게 되면, 다음 단계는 당신이 감지하는 그 느낌이 어디에 자리 잡고 있는지를 알아내는 것입니다. 감정의 뿌리가 되는 원인이나 어린 시절의 트라우마를 추적하려고 애쓰는 과정에서 각각의 느낌에 이름을 붙이려는 경향이 생겨날 수도 있지만, 그런 방법은 그 기억들을 심리적으로 분석하는 쪽에 더 맞추어져 있어서 그 경험을 세포 차원에서 치유하지 못한 채 다시 자리 잡게 만들 수가 있습니다.

느낌을 편안하게 마주하도록 해주는 것은 사랑뿐입니다. 그러므로 가장 깊은 치유는 당신의 경험을 분석하거나 따지고 가공하려 들지 않고 그저 낱낱의 감각을 받아들임으로써 가능해집니다. 강렬한 감정이나 육체적 통증이 머무는 몸의 부위에 주의를 좀더 기울이기만 해도 당신은 세포기억의 각 층을 풀어놓음으로써 치유의 또 다른 순간을 불러옵니다. 그 느낌에 사로잡히거나 내가 처한 상황이 누구의 탓인지로 골머리를 앓는 대신, 그런 감각이 느껴지는 몸의 부위가 어디인지 알아차리는 데에만 신경을 집중할 수 있습니다. 그것이 몸 속의 어느 부분인지를 알아냈으면 — 그것이 머릿속이든, 뱃속이든, 가슴이든, 아니면 몸의 다른 부분이든 — 그저 그것의 중심에 주의가 머물러 있게 하십시오. 느낌의 위치가 확실하지 않다면 언제나 가슴에다 주의의 초점을 맞추도록 하십시오.

당신의 경험상 가장 편안하다고 여겨지는 방식이라면, 어떤 방식으로든 천천히 호흡하면서, 주의가 어떤 감정의 중심에 머물도록 해놓고 무슨 일이 일어나는지를 살펴십시오. 그 감정에 더 가까이 다가갈수록 그것이 더 쉽게 흩어져 사라져버리는 것이 느껴지시나요?

당신의 치유 여정의 다음 단계는 우주의 의도를 기억해내고 그것을 긍정하는 것입니다. 반응에 대한 분별과 심판이 얼마나 자주 일어나든 간에, 당신의 가장 높은 목적은 낱낱의 느낌이 사랑으로 돌아갈 기회로 여겨지게 만드는 것입니다. ─ 만유가 치유되어 깨어나고 변화해가게 하는 사랑 말입니다. 조건화된 인간의 고된 본성을 자연치유의 기회로 바꿔놓도록 도와주는 다음 치유의 만트라를 반복하여 읊으십시오.


이 느낌은 여태껏 한 번도 안겨보지 못했기 때문에
오로지 안겨보기 위해서 여기에 있는 것이라고 받아들인다.


당신의 가장 큰 영적 발견을 보장해줄 사건, 결과, 반응, 혹은 상황을 불러들이는 것이 우주의 뜻임을 깨달을 때, 당신은 날카로운 감정을 누그러뜨릴 수 있게 되어 그것이 하나씩 하나씩 풀려날 때마다 그 혜택을 누리게 됩니다.

자신의 경험을 인류의 진화를 위한 기여로 받아들임으로써 불편함이나 거북함에 맞서 싸우기를 그치면, 자신의 삶에서 일어나는 일들을 좀더 영적인 눈으로 바라볼 수 있게 됩니다. 그러면 가장 넘기 힘든 역경조차도 의식의 새로운 패러다임을 열어주는 문으로 인식할 수 있게 될 것입니다. 어떤 일이 일어나든 그것을 사랑하기만 하면 고통을 겪지 않아도 되게 해주는 그런 패러다임 말입니다.

지혜와 사랑의 우주가 당신이 물리적 형상의 세계에서 가장 높은 가능성을 실현하도록 부추기기 위해 당신의 삶을 안무해왔음을 기억하면, 당신은 자신이 필요로 하는 것을 가장 요긴한 때에 더욱 마음껏 스스로 지원해줄 수 있게 됩니다. 이것은 편히 앉을 수 있는 장소를 찾는 것만큼이나 간단한 일입니다. 어떤 느낌이든 그 중심에 주의를 집중하며 숨을 부드럽게 들이쉬고 내쉬면서, 다음의 치유 만트라를 반복해보십시오. 소리 내어 암송해도 좋고 마음속으로만 되뇌어도 괜찮습니다.

난 널 사랑해.

어린아이에게 자장가를 불러주듯이, "난 널 사랑해"라는 말을 부드럽게 속삭여보십시오. 가벼운 마음으로 장난스럽게 "난 널 사랑해"를 되뇔수록 가슴은 더 활짝 열리게 됩니다.

한 차례에 2분씩 "난 널 사랑해"를 되뇌어보십시오. 처음 몇 차례를 하고 나서 신선한 맛이 사라져버리더라도 당신의 순수한 본성에 그것을 상기시키는 방법으로서, 계속 사랑을 보내보십시오.

치유가 일어날 때, 그리고 감정의 찌꺼기들이 풀려나고
나서도, 너는 더 적은 사랑이 아니라 더 많은 사랑을 받을
자격이 있어.

이것은 지혜와 사랑의 수호자인 당신의 역할이 얼마나 순수한 것인지를 상기시켜줍니다. 무슨 일이 일어나든 거기에 더 많은 주의를 기울여주면 당신의 순수한 참 본성은, 당신이 지금 기꺼이 제공하고자 하는 도움을 받기 위해서 감정적으로 위험한 상태나 위기 속에 계속 빠져 있어야 할 필요는 없다는 사실을 깨닫습니다.

같은 반응이 또 일어나면 다시 2분 정도 이 과정을 반복하십시오.

당신이 끊임없이 격변하는 감정을 경험하고 있든, 아니면 각 반응 사이의 널찍한 간극을 즐기고 있든 간에, 중요한 것은 아무런 감정도 일어나지 않는 공간에 머무는 것이 아닙니다. 사랑이 그 은총으로써, 평생의 경험과 관계 맺는 당신의 방식을 변화시켜주도록 허용하는 것이 중요합니다.

가슴에 뿌리를 내리면 인간의 반응은 개인적인 여정에서든 인류 전체의 진화에서든 사뭇 영적인 역할을 띠게 됩니다. "사랑해"라고 한 번씩 말할 때마다, 완벽한 신의 의지는 아픈 아이처럼 자신의 가슴을 껴안아주고자 하는 당신의 의지를 통해 당신의 치유를 재촉해줍니다. 당신의 가슴속에 있는 그 아이가 어떻게 느끼든 — 두려워하든, 초조해하든, 슬퍼하든, 죄책감을 느끼든, 시기심에 불타든, 화를 내든, 증오에 차 있든, 상처받고 있든 — 상관없이 사랑으로 돌아가는 것만이 당신의 주된 반응이 될 때, 올라오는 낱낱의 감정은 영적으로 더욱 깊이 조율해 들어오라고 초대하는 손짓이 됩니다.

아마 그 각각의 감정은 당신이 그토록 바랐던 도움과 돌봄을 받지 못했던 시절의 기억을 떠올려줄 것입니다. "사랑해"라고 한 번 말할 때마다 당신은 당신의 인생관을 형성한 과거를 기억하고 있는 그에게, 인간을 조건에 매이게 하는 그 힘을 해체할 친절과 도움과 수용과 돌봄을 베풀어줄 수 있게 됩니다. 온 가슴으로 감정을 껴안음으로써, 당신은 마찬가지로 집단무의식에 퍼져 있는 판단의 패턴이 녹아내리도록 돕고 있는 것입니다. 이것은 당신으로 하여금 소위 '부정적인 경험'들을 진화상의 '엄청난 확장'으로 받아들이도록 도와줄 수도 있습니다. 직면하기 너무 어려운 감정이나 사랑하기가 불가능하다고 느껴지는 감정에 맞닥뜨리게 된다 할지라도, 그것이야말로 자신의 운명적 경험을 스스럼없이 맞아들이지 못하는 그를 사랑해줄 좋은 기회가 됩니다.

마치 우주적 구원의 행렬과 같은 치유의 순간 순간이, 당신의 품에 안기기를 기다리고 있는 감정의 층들을 표면으로 부상시켜줍니다. 그 각각의 감정 층들은 당신의 감정이나 경험이 '나쁜' 것으로 판결받았던 과거의 순간들을 상징합니다.

고통에 빠진 이를 사랑하는 일이든, 겁에 질린 이를 존중해주는 일이든, 불편을 피하는 이를 인정해주는 일이든 간에, '어떤 일이 일어나든 그것을 사랑하기'는 인생의 가장 미묘한 순간에도, 평온한 일상 속에서도 더 큰 우주의 그림을 발견해낼 수 있도록 도와줍니다. 때로는 믿기 어려울 수도 있겠지만, 현실 속의 모든 것은 당신이 그것을 신의 빛나는 뜻과 조화를 이루라는 손짓으로 알아차릴 수 있게 하기 위해서 그런 식으로 보이는 것뿐입니다. 사실 비난의 손가락이 걸핏하면 어디를 향하든 간에, 어떤 것이 눈앞에 나타나는 데에 별다른 이유가 있는 것은 아닙니다.

가슴에 중심을 두고 길을 가면 당신은 어떤 일이 삶의 전방에 나타나는 근본적인 이유를 알아차리게 됨으로써 혼란을 일소할 수 있습니다. 생각이 현실을 창조한다거나 오늘의 현실은 과거에 저지른 잘못의 업보라는 식의 낡은 믿음은 내버려두고, 올라오는 낱낱의 감정들을, 직면하고 인정하고 받들어야 할 모든 것을 자기 안으로 기꺼이 맞아들이라는 권유로 받아들이십시오.

당신은 세포의 기억 속에 축적되어온, 그리고 당신 주변의 세상에 투사되어 나타난 모든 갈등을 가장 정직하고 친숙한 방식으로 해결할 수 있습니다. 그것이 때로는 쉽게 여겨지든 불가능하게 여겨지든 간에, 사랑의 힘이 당신을 대신하여 모든 것을 바로잡아줄 것임을 언제나 마음에 새겨두십시오.


## 사랑받을 자격

예전보다 자신의 느낌을 더 쉽게 받아들일 수 있게 되면 당신은 자연히 자신이 그렇게 많은 시간 동안 관심과 주의를 받을 만한 자격이 있는지를 스스로 의심하게 되겠지요. 당신은 그런 사랑을 느끼지 못하고 있을지도 모르고, 그토록 자주 "사랑해"라고 말하는 것이 진실하게 여겨지지 않을지도 모릅니다. 당신은 어쩌면 뭔가 착한 일을 한 대가로서만 칭찬을 듣는 데에 익숙해 있을 수도 있습니다. 착한 행실에 대한 보상으로서만 격려의 말을 들어왔다면 그런 격려를 어떻게 받아들여야 할지를 모르는 것도 당연합니다. 그것이 당신에게 상처를 준 사람들과 관련된 것일 때는 사랑을 밀쳐내려는 것도 이해가 가지요.

"난 널 사랑해"라는 말이 당신의 신뢰를 저버리고 당신을 학대하고 상처 입히고 당신을 방치했던 사람들이 하는 말이라 할지라도, 그것을 반드시 고통과 기만과 거부의 전조로 받아들일 필요가 없음을 인정하기 위한 한 방법으로서, 당신 자신의 순진무구한 자아를 따뜻이 껴안아주라는 것이 당신에게 주어진 지상명령입니다.

우리는 각자 온갖 비극과 견딜 수 없는 환경을 극진히 맞아들임으로써 생존의 힘을 부여받으며 살아왔습니다. 당신에게 상처를 준 자들을 용서하고 싶지 않더라도, 앞으로 나아가는 당신의 한 걸음 한 걸음이 당신을 고통스러운 과거의 잿더미로부터 벗어나 사랑과 더불어 잘 지낼 수 있게 해주기를 빕니다. 상처받았든 가슴이 찢어지든 희망적이든 간에, 자신을 사랑한다는 것이 당신의 잠재의식조차 낯설어하는, 전혀 새로운 경험으로 여겨지는 것은 드문 일이 아닙니다.

잠재의식은 '친숙한 것'과 '낯선 것', 두 범주로 이뤄져 있습니다. 어린 시절에 자신을 향한 사랑을 경험해본 일이 드물었다면 이처럼 새로운 가슴 중심의 경험은 '낯선 것'으로 분류됩니다. 자신의 가슴을 사랑하려고 할 때 거기에 공명이나 진정성이 잘 느껴지지 않는다면, 그것은 그저 당신의 잠재의식이 "넌 평소에 이러지 않았잖아"라고 말하고 있음을 뜻합니다. 평소에 자신을 아끼고 돌봐주는 습관을 가지지 않았기 때문에, 당신은 잠재의식이 주위의 관심에 반응하는 방식을 바꾸어주기 위해 당신만의 사랑의 혁명을 시작하고 있는 것입니다.

가슴에 사랑을 보내면 그럴 때마다 그것은 잠재의식 속에 '친숙한 것'으로 한 표씩 기록됩니다. 과거와는 다른 태도로 자신을 귀하게 대하게 되면 당신은 "사랑해"라고 한 번 되뇔 때마다 한 번의 전적을 남기게 됩니다.

자신을 향한 것이든, 다른 사람들에게 보내는 축복이든 간에, "사랑해"라는 말이 당신이 가장 즐겨 하는 말이 되면 당신의 잠재의식은 사랑을 '친숙한 것'으로 인식하도록 리프로그래밍됩니다.

이렇게 시간이 지나면 '낯선 것'으로 분류됐던 것이 '친숙한 것' 쪽으로 옮겨갑니다. 이 같은 전환이 일어나면 잠재의식은 몸에게 '사랑'을 온전히 체화된 참된 경험으로 받아들여 공명해도 된다는 허락을 내립니다. 잠재의식이 사랑에 낯을 익혀가면 당신은 다른 누군가로부터 얻는 것이라 여겨왔던 인정받은 느낌과 안전하고 평안한 기분을 스스로 느낄 수 있게 됩니다.

어떤 일이 일어나든 그것을 사랑할 수 있는 매 순간, 당신은 몸에서 세포기억의 찌꺼기를 배출할 뿐 아니라 잠재의식으로부터도 온갖 분별과 심판을 내려놓을 수 있게 됩니다. 이 과정을 통해 분별과 심판을 내려놓을수록 당신의 가슴은 더 쉽게 열리게 됩니다.

"사랑해"라는 말을 되뇌는 것만으로도 당신은 잠재의식을 일관성과 참울성과 평온으로 리프로그래밍하게 되고, 그리하여 당신 스스로가 자기 성취의 근원이 됩니다.

좀더 진정성 있고 친숙한 경험으로서 사랑에 공명하고, 삶을 받아들여도 될 만큼 안전함을 느끼게 되면 당신은 다른 이들에게도 사랑을 하나의 뜻깊은 변화의 선물로 줄 수 있게 됩니다. 칭찬으로든 친절한 행위로든 깊은 눈빛으로든 혹은 가벼운 미소로든, 당신이 자신의 순진무구한 자아를 껴안아주는 그만큼 다른 이들에게도 똑같은 사랑을 베풀 수 있게 됩니다.

가슴을 여는 것이 당신이 할 수 있는 최고의 기여 중 하나임을 받아들이면 당신은 이 지구별을 진화시켜줄 사랑을 맞아들임으로써 자신의 여정을 한 걸음 더 나아가게 됩니다. 이 공간으로부터 당신은, 진정한 치유란 당신이 여태껏 대접받았던 것보다 더 융숭하게 자신과 다른 이들을 대접하고자 하는 자발적인 의지임을 깨달을 수 있습니다.


## 잠재의식 리프로그래밍

'어떤 일이 일어나든 그것을 사랑하기'에서 가장 중요한 단계 중의 하나는, 자신의 잠재의식을 리프로그래밍하는 법을 터득하는 것입니다. 자신에게 들려주는 "사랑해"라는 말이 입버릇처럼 붙게 되면 이제 사랑은 더 이상 낯선 침입자처럼 여겨지지 않게 됩니다.

그저 자신의 가슴을 더 귀히 여기기만 하면 당신은 몸에 아주 요긴한, 오직 사랑만이 가져다줄 수 있는 존재의 가장 높은 진동이 받아들여지도록 허용하게 됩니다. 당신의 몸이 그 울림에 더 잘 공명하도록 조율되면, 당신은 사랑 앞에서 고통스러워하고 미심쩍어하는 자신의 태도와 결부된 모든 과거사를 달리 바라볼 수 있는 내면의 힘을 얻게 됩니다. 그렇게 공명된 울림은 면역체계의 활동에도 좋은 정보를 제공해줍니다. 몸이란 잠재의식에 기록된 가장 인기 있는 노랫 말이 체화한 것이니까요.

당신의 온 존재에 빛의 진동을 전파하여 모든 장애물을 제거해주는 사랑과 함께하면, 당신은 그저 과감히 더욱 밝은 빛을 발하는 것만으로도 세상을 일깨우는 큰일에 동조하는 것입니다. 스스로에게 주는 정서적 지원을 받아들이는 편에 섬으로써, 당신은 모든 이의 가슴속 순수한 본성으로 하여금 모든 싸움을 종식하고, 모든 상처를 치유하고, 모든 판단을 내려놓게 합니다.

당신은 자신의 순수한 본성이 미처 반응할 겨를도 주지 않고 성급하게 자신을 밀어붙이는 경향이 있습니다. 물론 이것은 더 많은 부조화를 일으켜서 가슴이 열리지 못하게 만듭니다. 가슴의 꽃봉오리가 활짝 열리게 하기 위해서는 빠르게든 느리게든 가슴이 원하는 때에 자신을 열 수 있도록 권한을 부여해주어야 합니다. 이것이 조바심이나 두려움으로 인한 동요를 일으킨다면 그것은 그렇게 느끼는 그가 바로 사랑해줘야 할 다음 차례의 상대라는 사실을 알아차릴 기회입니다. 당신의 경험에 반응하여 무슨 일이 (무반응까지도 포함하여) 일어나든 간에, 그것은 사랑을 어디로 보내야 할지를 정확히 보여줍니다.

이것이 '어떤 일이 일어나든 그것을 사랑하기'를 현존하는 가장 독특하고도 확실한 길 중의 하나가 되게 하는데 그 이유는, 이 길에서는 당신으로 하여금 '이건 먹히지 않는군' 하게 만드는 피드백조차도 진행 중인 치유 과정의 또 다른 완벽히 계획된 순간이 될 수밖에 없기 때문입니다.

당신의 피드백이 '실패한 사람', '엇나가는 사람', '어쩔 수 없는 사람', 심지어는 '구제불능인 사람'으로 나타나는 경우라도 이들은 저마다 당신으로 하여금 당신의 몸속에서 그런 피드백을 찾아내게 합니다.

부드럽고 따뜻한 목소리로, 그들 한 사람 한 사람이 받아본 적 없는 깊은 사랑을 받게 해줄 수 있나요? 아니면 이것을, 껴안지 못하는 그를 껴안아줄 기회로 받아들일 수 있나요?

당신의 여정이 확실히 진화해가게끔 당신의 순수한 본성이 꽃을 피우는 동안, 당신 내면의 아이도 꽃을 피우게 해줄 또 한 가지 방법이 있습니다. 당신의 가슴이 숨어 있지 않고 밖으로 나오게 하기 위해 필요한 인정과 지원과 격려를 제공해줄 한 방법으로서, 다음의 치유 만트라를 되뇌어보세요.


나의 이 슬픔을 사랑할 방법을 모르겠다.
나의 이 두려움을 사랑할 방법을 모르겠다.
나의 이 질투를 사랑할 방법을 모르겠다.
나의 이 고통을 사랑할 방법을 모르겠다.
나의 이 분별을 사랑할 방법을 모르겠다.
나의 이 몸부림을 사랑할 방법을 모르겠다.


내 기억 속의 과거를 사랑할 방법을 모르겠다.
날 아프게 한 사람들을 사랑할 방법을 모르겠다.
날 무시한 사람들을 사랑할 방법을 모르겠다.
나를 벌한 사람들을 사랑할 방법을 모르겠다.
나를 학대한 사람들을 사랑할 방법을 모르겠다.

나의 이 반항심을 사랑할 방법을 모르겠다.
나의 이 의심을 사랑할 방법을 모르겠다.
내 안의 이 어둠을 사랑할 방법을 모르겠다.
나 자신에 대한 미움을 사랑할 방법을 모르겠다.

사랑받으려고 여기에 있는 그것을 사랑할 방법을 모르겠다.
사랑하고 싶지 않은 것을 사랑할 방법을 모르겠다.
변할 것 같지 않은 사람을 사랑할 방법을 모르겠다.
용서하려 들지 않는 사람을 사랑할 방법을 모르겠다.
성장을 거부하는 사람을 사랑할 방법을 모르겠다.
자신이 늘 옳다고 여기는 사람을 사랑할 방법을 모르겠다.
늘 희생자처럼 보이는 사람을 사랑할 방법을 모르겠다.
다른 사람이 피해를 입더라도 자기는 모든 걸 누려도
된다고 믿는 사람을 사랑할 방법을 모르겠다.
늘 궁핍한 사람을 사랑할 방법을 모르겠다.

늘 좌절하고, 외로워하고, 부족해하는 사람을 사랑할
방법을 모르겠다.
만족할 줄 모르고 늘 더 많은 것을 갈망하는 사람을 사랑할
방법을 모르겠다.
덜 가진 것을 두려워하는 사람을 사랑할 방법을 모르겠다.
늘 돈 벌 궁리만 하는 사람을 사랑할 방법을 모르겠다.
집에 가기만을 바라는 사람을 사랑할 방법을 모르겠다.

나를 부정한 사람들을 사랑할 방법을 모르겠다.
늘 부정당해온 사람을 사랑할 방법을 모르겠다.

자신을 늘 가치 없게 여기는 사람을 사랑할 방법을
모르겠다.
주어진 것은 모두 밀쳐내면서 욕망을 좇는 사람을 사랑할
방법을 모르겠다.
나 자신을 있는 그대로 사랑할 방법을 모르겠다.

사랑할 방법을 모른다는 것을 인정함으로써
내맡김의 한복판으로 들어가
갈등과 짐과 고난을 모두 내려놓겠다.

이 치유 만트라의 효과를 잠시 느껴보십시오. 당신이 얼마나 모르는
지를, 혹은 얼마나 속수무책인지를 고백한다는 것은 썩 내키지 않는
일로 여겨질지도 모릅니다.

하지만 그런 고백을 할 때마다 당신의 몸속에는 깊은 여유와 안도
감과 이완감이 자리 잡을 것입니다. 당신이 무엇을 몰랐는지를 인정
할 때, 그 모든 것을 알고 행하는 당신 내면의 우주가 행동을 개시합
니다. 우주는 이 만트라에 응답하여, 오로지 당신의 정직의 은총만이
해방해줄 수 있는 그것을 당신을 통해 풀어놓아줍니다.

어떤 반응에 대해 이렇게 고백하고 "사랑해"라고 말할 때마다, 당
신은 고통스러운 과거로부터 자신을 해방하여 심판의 마음을 잠재

의식에서 쓸어내고, 당신의 세계에 사랑이 발을 들여놓도록 허용하게 됩니다.

어떤 이유에서든 특정한 느낌을 직면하기가 어렵거나 "사랑해"라는 말이 나오지 않을지라도, 사랑할 방법을 모른다는 것을 고백하면 당신의 치유 여정은 한층 더 확장됩니다. 방법을 모르는 것에 대해 어떻게 해야 할지 모르는 것도 전혀 잘못된 일이 아닙니다. 그것은 다음번의 또 다른 고백거리일 뿐이고, 그렇게 당신의 현실의 날카로운 모서리는 부드럽게 다듬어져 갑니다.

## 순수한 본성 받들기

자신에게 쏟는 사랑 가득한 관심의 근원이 될 때 맛보게 되는 심오한 효과를 당신은 이미 경험하고 있을지도 모르겠네요. 뼛속까지 정직해질 때 몸과 마음이 얼마나 가벼워지는지가 느껴지는지요? 어떤 일이 당신에게 찾아오든, 그 모든 것은 당신이 자신의 아름답고 순수한 본성과 다시 하나가 될 때 삶이 얼마나 빨리 진화해갈 수 있는지를 보여주는 강력한 증거가 될 수 있습니다.

절망의 뒤끝이나 넘을 수 없는 변화의 격랑 앞에서, 혹은 피할 수 없는 고통의 와중에서, 당신은 때로 자신의 순수한 본성을 자각하게 됩니다. 모든 일은 우주의 섭리에 의해 치밀하게 계획되므로, 그런 거북한 느낌을 맛보게 되더라도 그것이 곧 벌을 받는다거나 해를 입는다거나 하는 것은 아닙니다. 당신은 낱낱의 상황과 분위기가 오로지 당신으로 하여금 내면의 아이의 느낌에 깊이 교감해 들어가게끔 하기 위해 안무된 것이었음을 이내 알아차릴 수 있게 될 것입니다. 당신의 순수한 본성의 외침이 가장 크게 들리는 것은 불편한 경험을 통해서인 경우가 많습니다.

역경에 부딪힌 순간에만 자신의 여리고 연약한 부분을 자각한다면 힘든 감정에 대해 혐오감을 갖게 되는 것은 당연한 일입니다. 어쩌면 당신은 경험상 자신의 연약한 부분을 내보이는 것은 안전하지 않다는 것을 실감했을 수도 있습니다. 혹은 자신의 느낌을 솔직히 드러냈다가 어른들로부터 비판받고 배척당하고 웃음거리가 되고 심지어는 벌을 받기까지 했을 수도 있습니다. 어른들이 그렇게 한 것은 그들에게 당신의 걱정거리를 해결해주거나 당신의 느낌을 바꿔줄 능력이 없는 것이 한탄스러웠기 때문이었을 것입니다.

심지어 당신은 '내가 그런 감정을 비밀로 간직하기만 했으면 아무 일 없었을 텐데' 하고 느꼈을 수도 있습니다. 물론, 모든 관계와 교류와 만남은 오로지 신성한 뜻이 작용하게 하기 위한 촉매로서 이루어지기도 하고 깨어지기도 합니다. 당신이 바랐던 결과가 아니더라도, 나중에 돌아보면 그것이 모두에게 최선의 결과였다는 것을 깨닫게 될 겁니다. 그때까지는 당신의 지혜롭고도 순수한 가슴의 여린 감성과 다시 친해져야만 합니다. 어쩌면 그것은 과거에 당신이었던 것으로 기억되는 아이의 모습으로, 아니 심지어는 당신에게 허용되지 않았던 아이의 모습으로 그려질 수도 있습니다. 당신의 순수한 본성이 내면의 아이의 모습으로 나타나든, 생생하게 살아 있는 존재로 인식되든 간에, 그것은 당신에게 애정 어린 관심을 쏟아달라고 외치고 있습니다. 당신이 탐사하게끔 되어 있는 지고의 가능성이 펼쳐지게 해줄 하나의 길로서 말입니다.

불편한 감정과 평화롭게 지낼 수만 있다면 어떤 특별한 기분을 느끼려고 그토록 기를 쓰고 안달할 필요가 없어집니다. 사실 당신은 고통과 절망을 더 이상 마주치지 않게 되기만 바라는 것일 뿐인데 말이지요. 그 마주침을 수시로 예감하게 될 정도로까지 고통과 절망을 필사적으로 피하고 싶어하는 것은 인지상정입니다. 그것은 잘못된 것이 아닙니다. 저항과 회피도 그저 있는 그대로 경험해보면 단지 사랑받을 자신의 차례를 기다리고 있는 대상일 뿐입니다. 이 같은 과정을 통해서 그것을 이렇게 받아들이면 그만입니다. '내가 이런 기분을 싫어하는 건 괜찮아. 하지만 그건 여기 그대로 남아 있으니까 화해하면 되지 뭐. 이건 내가 바라는 식으로 행동하려 들지 않는 아이의 기분과 같다는 걸 알아. 어떤 기분이든 간에 이 아이는 다른 모든 사람과 마찬가지로 나의 조건 없는 사랑을 받을 자격이 있어.'

자신의 감정을 보듬을 줄 모를지라도, 혹은 자신의 감정을 보듬지 못하는 그를 사랑해줄 수까지는 없다고 할지라도, 약점을 드러내놓는 매 순간은 자유를 향한 첫 번째 열쇠인 정직성을 한층 더 키워줍니다. 자신에게 더 정직해지면, 어떻게 해야 할지 알지 못한다는 사실을 인정하는 데에, 그리고 어떻게 사랑해야 할지 모르는 사람에 관한 고백에 주의를 모을 수 있게 됩니다. 한순간의 정직을 통해 진실이 당신을 해방시켜줄 때마다, 몸으로 느껴지는 그 여유와 안도감은 당신으로 하여금 완전히 새로운 방식의 사랑을 받아들일 수 있도록 준비시켜줍니다. 이 모든 과정에서, 당신이 스스로 얼마나 사랑할 수 있다고 생각하는지는 전혀 중요하지 않습니다. 왜냐하면 사랑은 당신이 맞아들이는 만큼 길러지는, 신의 권능을 품은 장엄한 힘이기 때문입니다.

새로운 패러다임에서는 자신의 감정과 화해하는 것이 필수적입니다. 어떤 감정은 좇고 그 반대의 감정은 피하는 자동적인 습성의 쳇바퀴에 갇히지 않도록 말입니다. 양극성의 세계에서 깨어나면 당신은 인생의 굴곡과 부침에 더 이상 휘둘리지 않게 됩니다. 당신은 양쪽과 다 화해했으므로 어느 쪽을 만나든 간에 그것은 한결같이 사랑해줄 기회일 뿐이니, 끝없이 얻다가도 언젠가는 하루아침에 다 잃어버리는 그런 불상사는 더 이상 뒤따르지 않을 것입니다. 이 새로운 자유의 공간에서, 압도해오는 절망의 순간은 폭발하는 환희만큼이나 귀한 가치를 지닙니다. 양쪽이 동일하게 느껴지지는 않겠지만, 둘 다 당신의 가슴만이 줄 수 있는 사랑을 받을 자격을 똑같이 인정받습니다.

건성으로 삶의 양면을 동등하게 포용하는 척할 수는 없더라도, 가슴이 자신을 열어놓아도 안전하다고 느끼기만 하면 상황을 대하는 당신의 태도는 놀라울 정도로 빠르게 전환될 수 있습니다. 사랑을 당신의 인도자로 삼으면 '좋게' 느껴지지 않는 것이라고 해서 '나쁜' 것으로 바라볼 필요가 없도록, 고통스러운 감정이 가져다줄 진정한 치유의 기회에 친숙해지기를 권유받게 됩니다. 어떤 감정에 '나쁜 것'이라는 딱지가 붙을 때, 그것은 대개 '지금은 좋은 것이 아닌 다른 것을 느끼기엔 아주 부적당한 시간'이라는 뜻일 뿐입니다.

좋다고 느끼는 것이 어떤 결과에 근거하지도, 상황에 좌우되지도 않을 때, 당신을 다음 단계의 의식 수준으로 호위해가려는 것 외의 다른 목적으로 당신의 길에 끼어드는 득이나 실은 존재하지 않습니다. 어쩌면 당신은 오로지 맞아들여지기 위해 존재하는 어떤 순수한 본성을 망각해버리지 않게끔, 끊임없이 상실의 괴로움을 겪는 인물로서 자신을 경험하고 있는 것인지도 모릅니다. 당신이 그 사실을 더욱 깨어서 알아차리도록 돕기 위한 하나의 장치로서, 당신의 과거에 다른 이들은 간과하고 무시하고 버리고 배신했을지도 모르는 연약하고 여린 본성에 당신이 주목하게 하려고, 우주가 당신의 삶을 안무하고 있는 것입니다.

당신은 과거에, 당신이 바라는 방식으로 주변 사람들이 당신을 사랑해주었으면 하고 소망했던 일이 있었을 겁니다. 당시의 사람들은 저마다 형편에 따라 최선을 다해서 당신을 사랑했을 테지만, 나름의 이유로 인해 당신이 필요로 했던 만큼의 관심과 보살핌을 제공해줄 수는 없었을 것입니다. 당신의 삶에 사랑이 존재하지 않는 것처럼 보였던 이런 기억들은 당신의 세포 속에 낱낱이 각인되어 있습니다. 그러다가 감정이 솟구치면, 풀려나기만을 기다리는 그 기억들이 사랑에 가장 목말랐던 시기에 당신이 느꼈던 감정을 상기시킵니다.

순수한 본성의 부름에 대한 하나의 응답으로서, '어떤 일이 일어나든 그것을 사랑하기'는 당신으로 하여금 그 어느 누구도 해주지 못했던 방식으로 내면의 아이를 따뜻이 안아 들일 수 있게 해줍니다. 세포의 기억이 스스로 풀려나서 당신으로 하여금 그 순진무구한 아이의 최상의 부모가 될 완벽한 순간을 일깨워주게 허용하면, 그것은 곧 가슴에 중심을 둔 새로운 의식이 출현할 공간이 넓혀지도록 돕는 일이 됩니다. 본질적으로, 당신은 고통과 불편과 좌절과 두려움과 부조화의 모든 느낌이나 반응을 과거로 시간여행을 하여 자신을 사랑해주는 데에 이용하고 있는 것입니다.

이런 경험은 과거에 대한 당신의 집착이 한 차원 깊은 의미가 있음을 이해할 수 있게 해줍니다. 많은 구도자들이 과거의 경험에 대한 집착을 내려놓으려고 애를 쓰지만, '과거를 붙들고 있는 그'를 온전히 받아들이고 사랑해주기 전에는 그 집착은 떨어지지 않습니다. 이것은 또한 몸의 세포에 기록된 세포 차원의 기억을 카르마의 진정한 의미로 인식하도록 도와줍니다. 많은 사람들이 '뿌린 대로 거둔다'라는 말로써 카르마를 이해하고 있는데, 이 말은 흔히 보복이나 응보를 암시하는 뜻으로 쓰입니다.

사실을 말하자면, 어린 시절의 경험이란 장차 당신이 그 모든 억압된 느낌과 부인된 기억을 영적 성장의 촉매로서 다시 불러내어 경험할 수 있게끔 마련되는 무대입니다. 느낌과 기억을 이런 관점에서 바라보면, 다른 누구도 흉내 낼 수 없는 방법으로 자신을 조건 없이 사랑해줄 수 있는 법을 터득하게 될 뿐만 아니라, 한 사람의 고통을 만인을 위한 구원의 선물로 바꿔놓음으로써 온 지구를 해방하게 됩니다.

반응하는 매 순간은 세포 내부의 교차참조(cross-referencing) 시스템과 흡사합니다. 모든 기억을 낱낱이 직면하거나 과거를 계속 파헤쳐내야 할 필요가 없습니다. 하나하나의 감정은 같은 감정을 느꼈던 모든 세포의 기억들을 끌어당기는 자석과도 같습니다. 예컨대, 슬픈 감정이 들 때 당신 가슴속의 순수한 본성은 이렇게 말합니다. "내가 슬폈던 때와 사랑받지 못했던 때, 원하는 만큼 응원받지 못했던 때의 기억들을 모두 데려올 테니 날 도와서 여태껏 받아본 적 없는 사랑으로 이 기억들을 해방시켜줘."

치유를 촉발하는 것으로 보이는 상황이나 결과가 무엇이든 간에, 이렇게 가슴 깊이 안아 들일 때마다 당신은 치유받을 준비가 되어 있는 세포의식의 찌꺼기가 몸을 통해 방출되도록 합니다. 늘 그렇지만, 감정이 일어난다는 것은 그것이 당신의 장場에서 이미 청소되고 있다는 뜻입니다. 불편이 느껴지는 몸의 부위에 집중하기만 해도, 불편한 곳의 중심을 향해 천천히 호흡해 들어가기만 해도, 당신 내면의 아이에게 부드러운 사랑으로 주의를 기울여주기만 해도, 당신은 세포의식의 찌꺼기가 더 빠른 속도로 배출될 수 있도록 돕고 있는 것입니다.

내면의 아이와 재결합하는 시간을 가지면 — 이것은 감정의 촉발과는 상관없이 일어날 수 있는데 — 오로지 당신이 자신의 순수한 본성을 그 어느 때보다도 큰 관심과 사랑으로 보살펴주고 배려해주기만을 기다리고 있는 당신의 여리고 보드라운 속 알맹이가 자각되기 시작합니다. 뭔가 불편이 느껴질 때, 우주의 지혜는 바로 지금이 당신이 자신을 한 차원 더 깊이 사랑해야 할 순간임을 정확히 알려줌으로써 당신이 가장 우선적으로 해야 할 일을 일러줍니다. 우주의 지혜는 당신 내면의 순수한 본성으로 나타나서 그렇게 당신의 주의를 요구하는 것입니다. — 당신의 의식을 사랑의 진동에 더욱 깊이 동조시키기 위한 한 방편으로서 말입니다. 당신이 스스로 택한 그 인격으로 변장을 한 것도, 당신의 허락과 인정을 기다리는 당신 내면의 아이로 변장한 것도 모두가 우주인바, 그것은 아름다운 물리적 형체 속에 사랑이 살아나도록 숨결을 불어넣는 신의 뜻이 펼쳐내는 역할놀이입니다. 이것은 나아가는 당신의 한 걸음 한 걸음이, 만물 속의 순수한 본성인 제 모습을 깨달아가는 우주의 영적 복귀를 축하하는 걸음임을 상기시켜줍니다.

우주는 당신 가슴속의 아이로, 동시에 그 내면의 아이의 부모로 변장을 하고 있지만, 신의 가장 큰 뜻은 이 아이가 달인(master)으로서 출현하는 겁니다. 물론 당신은 이미 달인이지만 말입니다. 당신은 이 행성 위에서 살아 있는 영적 달인이 되어가는 진화의 과정을 겪고 있습니다. 이것은 씨앗이 활짝 피어난 꽃인 자신의 모습으로 자라나는 것과 흡사합니다. 씨앗은 '꽃의 살아 있는 가능성'으로서 존재하지만, 땅에 심어져서 뿌리를 내릴 수 있게 되기 전에는 늘 그것인 자신의 실상을 체화하여 꽃을 피워낼 수가 없습니다.

당신은 우주의 순수한 본성과 다시 하나가 됨으로써 자신의 참되고 영원한 본성을 몸소 자각하게끔, 의식적으로 성장하기 위해 몸을 입고 내려온 영적 달인입니다. 당신 내면의 달인이 드러나게 하기 위해서 필수적인 것은, 사랑이 당신의 가장 자연스러운 반응이 되게 하는 것입니다. 사랑이 즉각적인 반응으로 나오지 않는다면, 그것을 지지와 사랑을 받으며 안기고 싶어 차례를 기다리고 있는 그를 맞아들일 기회로 바라보십시오.

# 2

# 달인의 출현

기억이 미치는 때부터 언제나, 나는 '공명통(an empath)'이라 불릴 만한 사람이었습니다. 그러니까 다른 사람들의 몸속에서 일어나는 감정의 작용을 곧잘 느낄 수 있었지요. 아주 어릴 때부터 공감 능력이 발달해 있었지만, 그것이 어떤 식으로든 연마되거나 집중되어 있지는 않았습니다. 그 때문에 나는 늘 활짝 열린 상태로 세상의 에너지와 내 주변 사람들의 몸속에 해결되지 않은 채로 남아 있는 것들을 끊임없이 느끼고 있었습니다. 내가 상대방에게서 느끼는 것이 실제로는 나에 대한 그들의 견해였다고 순진하게 오해했었지요. 그래서 나는 만나는 모든 사람들의 기운을 북돋워주는 데에 어린 시절을 거의 다 보내버렸습니다. 아주 여러 해 동안, 나는 상대방의 기분을 바꿔놓는 것이 그들이 나를 좋아하게 만드는 길이라고 생각했습니다. 비록 사랑을 이미 많이 받고 있었음에도 그것을 받아들이지 못했던 것이지만 말이지요.

많은 이들이 내 존재를 인정하고 확인시켜주려고 애썼음에도, 나는 다른 사람들이 나를 좋아한다는 사실을 진정으로 받아들일 수가 없었습니다. 그것은 사람들 주변에서 내가 느끼는 기분과, 그와는 너무나 상반되는 그들의 말의 혼재 때문이었습니다. 어린아이들은 물론 어른들도, 겉으로는 미소 띤 모습을 보이고 있지만 그 내부에서는 너무나 큰 분노와 슬픔이 느껴지곤 했지요. 나는 이렇게 생각하곤 했습니다. '저 사람들이 슬퍼하는 건 나 때문인가? 나 때문에 화가 난 걸까? 내가 저 사람들의 기분을 상하게 했나?'

어린 시절 내내 나는 "저 때문에 화가 났나요?" 하고 사람들에게 질문하곤 했습니다. 물론, 여러 해가 지난 후에야 나는 내가 다른 사람들의 에너지장에서 감정의 찌꺼기 층을 직관적으로 읽어내고 있었다는 사실을 깨달았지요. 에너지에 민감한 많은 아이들이 그러는 것처럼, 나는 다른 사람들과 진동이 엮이는 쳇바퀴 속에 갇힌 채 삶의 첫 시절을 보냈습니다. 나는 다른 사람들의 경험을 낱낱이 느꼈고, 주변 사람들이 더 편안해지기 전에는 마음을 놓을 수가 없었지요. 그건 심신을 지치게 만들었지만, 난 마치 사명을 띠고 온 아이 같았습니다. 어떤 이유로, 다른 사람들의 기분이 좋아지도록 돕고, 우주의 수수께끼에 대해 사색하는 것이야말로 세상에서 할 수 있는 다른 어떤 일보다도 더 중요하게 여겨졌습니다.

사랑이 충만한 가정에서 귀여움을 받으면서 멋진 어린 시절을 보냈지만 나는 몸만 아이였지, 마음은 다 자란 어른이었습니다. 다른 아이들의 떠들썩한 에너지가 나에게는 너무 견디기 힘들었던 때가 많았지요. 운동장에 있을 때에도 나 혼자만 있는 것이 더 좋았습니다. 시끄러운 아이들이 몰려오면 그것은 내가 떠나야 할 때라는 신호였습니다. 돌이켜보면, 나는 그들 사이에서 느껴진 에너지 때문에 놀라고 두려워했던 것 같습니다. 거칠게 노는 그들에게서 위협을 느끼곤 했지요. 내가 좋아하는 것은 아주 수동적인 것들이었습니다. 나는 즐거운 상상 속에서 춤추기를 좋아했고, 어른들과 이야기를 나누는 것이 좋았습니다.

어른들이 인생의 깊은 이야기를 할 때면 나는 방 안의 에너지가 더 깊고 확장된 상태로 전환되는 것을 느꼈습니다. 그게 무슨 일인지는 알지 못했지만 그 느낌이 좋았습니다. 그래서 나는 그런 전환이 일어나게끔 하는 것이라면 무엇에든 끌렸습니다. 그런 에너지의 확장이 좀처럼 편해지지 않는 내 마음을 편해지게 해주는 것 같았습니다.

이렇게 뼛속까지 편안한 상태를 느낄 수 있게 되면 나는 더 이상 다른 사람들의 기분에 휘둘리지 않았고, 그들의 비위를 맞춰줘야 할 필요성도 느끼지 않았습니다.


## 공명이 불러온 오해

이런 자발적인 에너지 확장 상태는 내가 겪은, 말로 설명할 수 없는 온갖 신비한 경험들을 가져다준 실마리였습니다. 직관적 능력을 타고난 많은 아이들과 마찬가지로, 나는 우주의 더 높은 차원에 민감하게 열려 있었지요. 그것이 '속세의 일'과는 무관한 것임을 모른 채로 말입니다. 나의 경험을 사람들에게 털어놓기 시작하고 나서야 그것이 얼마나 별난 일인지를 깨닫고 놀랐습니다. 나는 혼란과 놀라움의 늪 속에 빠져버렸습니다. '내가 그토록 선명히 보고 느끼고 있는

것을 다른 모든 사람들은 어떻게 보고 느낄 수가 없단 말일까?'

내가 당신과 이런 경험을 나누는 것도 어쩌면 당신 역시 공감력이 발달해서 비슷한 경험을 하고 있을지 모르기 때문입니다. 타인들의 감정의 무게에 짓눌리고, 다른 사람들이 자기 안에서 해결해가고 있는 패턴들로 인해 혼란되기 십상인 세상에서 자신의 길을 어떻게 가야 할지를 알지 못한다는 것은 고통스럽고 대책 없고 혼란스러운 일일 수 있습니다.

공감력이 발달한 우리는 가족이나 친구들의 가슴속에 있는 감정적 장벽을 느낄 때가 많은데, 우리는 그것을 그들에게 우리에 대한 사랑이 없다는 증거로 오해하곤 합니다. 그리고 그것은 우리가 사랑받을 만한 가치가 없는 존재임이 틀림없다는 느낌으로 이어지기 쉽습니다. 그래서 우리가 그들의 인정을 받을 만큼 충분히 노력하지 않았던 모양이라고 믿어버리곤 하지요. 물론 이것은 우리가 순진하게도 타인의 경험을 두고 자신을 질책하고 있는 것과 다름없습니다.

대체로 우리는 이와 같이 알 뿐입니다. '나는 지금 내가 원하는 그런 기분이 아니야. 사람들이 내가 원하는 방식대로 날 사랑해주지 못하게 방해하는 것이 없도록, 내 온 힘을 다해서 사람들의 짐을 덜어줄 거야.'

다른 사람들의 짐 때문에 부담을 느낀다거나 다른 사람들이 우리에게 해줄 수 없는 것 때문에 제약을 받고 있다고 느낄 때마다, 그것은 우리가 더 적은 사랑이 아니라 더 많은 사랑을 받을 자격이 있음을 상기시켜주는 신호가 될 수 있지요.

# 꽃 핀 들판에서

　서로 얽힌 진동의 파도 속을 허우적대던 중에, 거듭된 신비체험이 나의 어린 시절을 미스터리 속으로 곧장 빠뜨렸고, 그로 인해 나는 그 수수께끼를 풀어보겠노라는 마음을 다지게 되었습니다. 한번은 내가 무심결에 뱉은 어떤 말에 주변의 어른들이 깜짝 놀라 말을 잇지 못했던 일도 있었습니다. 그들은 내게서 물 흐르듯이 흘러나오는 지혜의 말에 놀랐던 것 같지만 나는 내가 무슨 말을 하고 있는지도 몰랐지요. 어떻게 그런 것을 다 아느냐고 어른들이 물었을 때, 나는 이렇게 대답했습니다. "내 귓가에서 누군가가 속삭여주는 것 같아요." 어른들은 일곱 살짜리가 하는 말에 경탄했지만, 나는 그들이 왜 그렇게 놀라는지조차 도무지 알 수가 없었습니다. 나 자신도 내가 하는 말의 의미를 몰랐으니까요. 이것이 내가 스스로 하고 있는 말을 한마디도 이해하지 못하면서 다른 사람들을 놀라게 만들곤 했던 일의 첫 시작이었습니다. 직관력을 타고난 다른 아이들과 마찬가지로, 나는 인간이 처한 상황이나 내 어린 자아의 입에서 나오는 통찰의 깊이를 이해할 만큼 성숙해 있지 않았습니다.

　그 무렵의 나는 기운의 변화를 만들어내는 일에 관한 것이라면 뭐든지 푹 빠져들었습니다. UFO나 초능력(ESP)을 다루는 책들을 처음 접했던 일이 기억납니다. 페이지를 죽 훑어보기만 해도 내 안의 에너지가 변화되는 것이 감지되자, 나는 초상현상에 관련된 모든 주제에 즉각 매료되었습니다. 설명할 수 없는 모종의 이유로, 염력으로 물체를 움직인다거나 날아다닌다거나, 심지어는 시간여행을 하는 것까지도 내게는 전혀 낯설게 느껴지지가 않았습니다. 아이들은 대부분 뛰어난 풋볼선수나 농구선수가 되고 싶어했지만, 나는 좀 엉뚱한 분야의 선수가 되고 싶었습니다. 나의 스포츠는 무한한 마음의 힘의 수도꼭지를 틀어 여는 것이었지요.

내가 염력과 초능력의 미스터리에 얼마나 매료됐던지가 기억납니다. 그런 능력들이 실재한다는 것을 증명하고 싶어하는 그런 종류의 관심은 아니었습니다. 나는 그런 것이 얼마나 생생하게 실재하는 것인지를 이미 알고 있었습니다. 내가 그것을 실제로 체험했을 때는 확장된 에너지의 느낌 속에서 그저 편안히 마음이 놓였을 뿐입니다.

다만 이런 일에 대해 많은 사람들이 의심과 회의를 품고 있던 탓에 내가 엉뚱한 행성에 태어나서 살고 있는 건 아닌가 하는 기분이 들긴 했지요.

나의 신비체험 중에서 더 결정적인 몇 가지 일은 열 살 무렵에 일어났습니다. 내 친구의 집과 그 옆집 사이를 가로지르던 작은 벽돌담이 기억납니다. 그 담 옆을 지나가다가 내 주의를 사로잡는 것이 있어서 걸음을 멈추었습니다. 나는 그저 그 담을 응시했습니다. 마음속에서 목소리가 들려왔습니다. '나는 이 담이 아니야. 나는 이 몸도 아니야. 나는 그 사이의 공간이야.' 이 말이 대체 무슨 뜻인지, 어린 나는 알지 못했습니다. 언젠가 그 의미를 알게 되리라고는 느꼈지만, 당시의 나는 내게 주어진 그 통찰의 뜻을 음미할 만큼 성숙해 있지 않았습니다.

그러한 통찰이 있은 지 얼마 되지 않아, 내 인생을 크게 변화시킨 꿈을 꾸게 되었습니다. 꿈속에서 나는 매우 아름다운 꽃밭에 서 있었

습니다. 그렇게 아름다운 꽃밭은 일찍이 본 적이 없었지요. 색깔들이
너무나 생생했습니다. 다양한 색조의 빛이 모든 방향에서 쏟아지고
있는 것 같았습니다. 너무나 초현실적이었고, 나는 일찍이 느껴본 적
이 없는 사랑을 느끼고 있었습니다. 어렸을 때는 사랑이란 내가 각별
히 느껴본 감정이 아닌데도 말입니다. 그건 우리 부모님이 늘 주었던
그런 사랑에 찬 돌봄과는 전혀 다른 종류의 느낌이었습니다.

　에너지가 확장될 때마다 마음이 평안해진다는 것은 알고 있었지
만, 깊은 사랑을 느끼거나 아니면 사랑의 결핍조차도 느껴본 적은 없
었습니다. 기억이 나는 데까지 거슬러가보면, 내가 가장 자주 경험했
던 느낌은 광대함이었습니다. 가득 차 있지도 않고 그 어떤 것이 부
족하지도 않은 일종의 공(空)을 느꼈던 것 같습니다. 하지만 이제 나는
꽃밭을 둘러보면서, 마치 내 집에 있는 것 같은 더없이 아늑한 평안
을 느꼈습니다.

　내 앞에는 허리 정도 높이의 꽃들이 들판을 이루고 있었습니다.
우거진 풀밭 사이를 움직이기 시작하다가, 나는 문득 내가 동시에 그
풀밭 위에 떠 있다는 것을 깨달았습니다. 어떻게 그런 두 가지 경험
을 동시에 할 수가 있는 것인지, 게다가 심지어 공중에 뜰 수 있는지
는 알 수가 없었습니다. 너무나도 강렬한 사랑의 기운이 놀라울 정도
로 부드럽게 나를 품어주고 있었기 때문에 그런 건 전혀 문제가 되지
않았지요. 들판의 가운데를 향해 떠가다가, 나는 들판 위에 떠 있는
또 하나의 빛나는 존재를 발견했습니다. 그는 내 앞 6미터 정도에 있
었습니다. 발까지 내려오는 긴 흰색 로브를 입고, 검은 머리에 수염
을 기른 남자로 보였습니다. 웬일인지 그가 매우 친숙하게 느껴졌지

요. 매우 지혜로운 사람처럼 여겨지기도 했습니다. 그는 나에게 자기에게로 다가오라고 손짓을 했지만, 나는 얼어붙어 있었습니다.

잠시 후에 나는 저절로 그를 향해 떠가기 시작했습니다. 2미터 정도 가까이 갔을 때, 그의 눈은 보였지만 눈동자는 보이지 않았습니다. 그의 눈에서 하얀 빛이 강물처럼 쏟아져 나오는 것 같았습니다. 사람들의 안구가 위로 돌아가 있는 공포영화의 한 장면이 떠올랐습니다. '이런 경험을 하고 있는 중에 왜 그런 생각이 드는 거지?' 그 생각이 그 순간의 흐름을 훼방했습니다. 꽃밭 가운데로 떨어졌던 것이 기억납니다. 하늘에서 떨어져 내려 몸속으로 쿵 하고 돌아온 것입니다. 나는 내 몸속으로 되돌아오고 나서야 내가 내 몸을 잠깐 떠나 있었다는 사실을 알아차렸습니다.

호흡이 답답해지고 식은땀이 흐르면서 오한이 들었습니다. 이 경험을 계속 이어가려고 하자 꽃밭 위에 아까의 그 사람이 떠 있는 것이 보였습니다. 이번엔 그는 흰빛 에너지의 윤곽을 띤 채 우리 집 문간에 서 있었습니다. 곁눈질로 보니 이 존재가 또다시 자기에게로 다가오라고 손짓을 하고 있었습니다. 하지만 내가 똑바로 바라보자 그는 갑자기 사라져버렸습니다.

이 경험은 나에게 어떤 해답이라기보다는 온갖 의문을 남겨놓았습니다. 더구나 꽃밭에서 받았던 사랑의 느낌은 너무나 강렬해서, 오랜 세월이 지난 지금도 그대로 내 존재의 중심에 또렷이 각인되어 있습니다.

그 경험을 한 뒤로 부모님과 이야기를 나눴던 기억이 납니다. 부모님은 관심을 가지시며 세세한 부분까지 아주 상세한 설명을 듣고 싶어하셨습니다. 내가 이야기를 마치자 아버지는 자신이 서른 살이 되기 전에 오후 명상을 하던 중 거의 똑같은 경험을 했던 이야기를 들려주셨습니다. 몸을 떠나서 꽃밭에 들어서서 아름다운 꽃밭 위에 떠 있었으며, 흰색 로브를 입고 있는 존재를 만났다는 것이었습니다. 정말이지, 내 경험과 똑같았습니다.

굳이 따지고 이해하려고 하지 않아도 우리는 서로 깊이 이어져 있다는 사실에 눈을 뜨게 해준 경험이었습니다. 이 시점부터 나는 꽃밭에서 느꼈던 사랑이 마치 내 낱낱의 숨을 인도해주는 것만 같아 온통 놀라움과 경외감으로 충만해 있었습니다.


## 사랑에 이끌려

그날 늦게, 친구의 집으로 걸어가던 중에 또 다른 놀라운 경험이 일어났습니다. 시야의 바깥쪽에서, 나의 양쪽에서 걸어오고 있는 흰색 에너지의 윤곽을 띤 빛나는 존재들을 본 것입니다. 이 존재들을 보았을 때 나의 직관은 그들이 인도령들이며, 나의 인생길을 보호해주는 역할을 한다고 말하고 있었습니다. 웬일인지 전혀 이상하거나 흥분되지 않았고, 오히려 묘하게도 친숙한 느낌이었습니다. 그들에게서는 내가 꽃밭에서 느꼈던 것과 똑같은 사랑의 진동이 방사되고 있었기 때문에 나는 그들이 안전하고 신뢰할 만하다는 것을 알았습니다. 어떻게 갑자기 그런 것을 알게 되었는지를 이해하지 못한 채로 너무나 생생하게 깊은 앎을 경험하게 된 것은 이때가 처음이었습니다. 친구의 집에 들어섰을 때, 친구 집 거실에 걸려 있는 한 액자 속의 그림이 눈에 띄었습니다. 그리고 "난 저분을 알아!" 하고 중얼거렸던 것이 기억납니다.

내 친구가 말했습니다. "그래, 맷. 우린 모두가 저분을 알고 있지. 예수님이니까."

"어제저녁에 저분을 만났어." 내가 절대적인 확신에 차서 말했습니다. 친구는 나를 빤히 바라봤습니다. "말도 안 돼. 예수님을 만났다니!"

나는 내가 정말로 예수를 만났다는, 그 누구도 부인할 수 없는 그 앎의 느낌을 기억하고 있습니다. 하지만 그를 만난다는 것이 왜 그렇게 부적절한 일로, 왜 그렇게 불가해한 일로만 여겨지는 것일까요? 이해할 수가 없었습니다. 건드리지 말아야 할 우주의 중대한 법칙을 깨뜨리기라도 했단 말인가요? 그렇다면 나는 하누카('빛의 축제'로 알려진 유대교의 명절. 가족들끼리 모여 식사를 하고 선물을 주고받으며 촛대에 불을 밝혀 창가에 놓아둔다. 역주)도 더 이상 즐길 수 없다는 뜻인가요?

그런 의문에도 불구하고 나는 장차 내 인생의 무대에서 펼쳐질 일들에 대한 많은 해답을 명백하게 알게 된 것 같은 기분이 들었습니다. 나에게 할 일이 있었다면, 인도령들이 사랑으로 보호해주고 이끌어가는 대로 내 마음을 조율하는 것뿐이었습니다. 그렇다고 해서 그들이 나에게 모든 해답을 알려주기 위해 거기에 있는 것 같지는 않았습니다. 대신 그것은 결과야 어찌 됐든 간에, 내가 하게 될 모든 경험은 완벽한 흐름을 따라 짜여 있다는 것을 내게 알려줌으로써 내 마음속의 불확실한 느낌을 해소해주었습니다. 그 덕분에 나는 닥쳐오는 상황들에 그저 '오케이' 하는 것밖에는 달리 할 일이 없는 것 같은 인물이 된 연기를 하면서 실존적 차원에서 매 순간을 받아들일 수 있었습니다.

시간이 좀 지나고 나자 나는 인도령들이 거기에 있다는 사실조차 잊어버렸는데, 사춘기를 맞아서 나의 관심이 대부분 다른 곳에 쏠려 있었기 때문입니다. 열여덟 번째 생일을 지낸 직후부터는 인도령들이 나에게 말을 걸어오기 시작했습니다. 그런 일은 처음이었습니다. 내 몸 한가운데에서 목소리가 울려 퍼져 나오는 것 같았습니다. 그 목소리에 실린 사랑의 진동은 여러 해 전에 꽃밭에서 경험했던 일을 떠올리게 했습니다. 목소리가 처음으로 나에게 한 말은 이랬습니다. "너는 네가 생각하는 네가 아니다." 나의 즉각적인 반응은, "그렇게 말하는 당신은 도대체 누구죠?"였습니다.

그 시점부터 나는 침대에 앉은 채로 나의 인도령들과 날마다 대화를 나누기 시작했습니다. 그들은 자신들을 승천한 스승이나 대천사라고 소개했습니다. 각 존재는 자신의 진동 주파수를 상징하는 독특한 색깔과 심상을 띠고 있어서 나는 내가 누구와 대화를 하고 있는지를 알 수 있었습니다.

대천사와 승천한 스승들은 저마다 독특했기 때문에 모두가 제각기 그런 독특한 사랑의 에너지를 방사했습니다. 때문에 나는 안심하고 마음을 열 수가 있었지요. 나는 또, 이런 대화가 나의 직관력을 고도로 정제된 상태로 조율되도록 도와주고 있다는 것을 알아차리기 시작했습니다. 이 대화는 내 의식의 안테나를 높이 쳐들어서 신호를 아주 선명하게 수신할 수 있도록 도와주고 있는 것 같았습니다.

대천사나 승천한 스승들과 이야기를 나눌 때마다, 나는 그들의 메시지의 상징적인 심상을 계시받았습니다. 동시에, 전화로 누군가와 대화를 나누고 있는 것처럼 선명하게, 그들의 통찰이 담긴 목소리를 들을 수 있었습니다. 또 그런 일이 일어나는 동안에는 마치 컴퓨터에 새로운 파일이 다운로드되는 것처럼, 정보를 담은 감각적 느낌들이 몸으로 느껴졌습니다. 이것은 내가 직관적으로 보고, 듣고, 느끼는 능력을 지니고 있다는 사실을 깨달을 수 있게 해주었습니다. 저절로 알아지는 조화로운 기분 속에서, 오감이 함께 일하고 있는 것 같았습니다.

나는 내가 모종의 중요한 일에 대비하고 있음을 느꼈지만 그 일이 무엇인지는 알지 못했습니다. 그 답은 즉각 분명하게 주어지지는 않았지만 뜻밖의 장소들에서 스스로 모습을 드러내기 시작했습니다. 나는 갑작스럽게 난데없는 정보를 다운로드받곤 했습니다. 만난 적이 없는 사람에게 다가가 메시지를 전달하라는 목소리를 듣기도 했습니다. 그런 일이 일어날 때마다, 그들이 이해하지 못할지도 모르는 메시지를 제공해야 한다는 두려움과 함께, 거부당하거나 비판을 받을지 모른다는 걱정이 앞섰습니다.

이런 생각도 들었습니다. '내가 미친 게 아닐까? 나 자신이 미쳤다는 것도 모르고 있는 건 아닐까?' 다행히도 영감이 너무나 강력했기 때문에 메시지를 전달하기를 주저했던 적은 없습니다. 전해야 할 메시지를 전하지 않는다면 나 자신이 심장마비에 걸릴 것 같은 느낌을 받기도 했습니다. 그 덕분에 나 자신에 대한 의심은 물론, 거부당할지 모른다는 두려움도 극복할 수 있었지요. 메시지를 전하는 일은 할 때마다 점점 수월해졌는데, 그것은 모든 메시지가 강력한 변성의 경험을 제공했기 때문입니다.

나의 관점에서 말하자면, 그것은 무엇에 써야 할지도 모르는 채 야구배트를 들고 타석 위에 서 있는 것과도 같았습니다. 그런데 갑자기 공이 당신을 향해 날아옵니다. 생각을 할 틈도 없이 몸은 배트를 휘두르고, 공이 운동장을 가로질러 날아갑니다. 모든 사람들이 당신의 성취를 기뻐하고 격려하지만, 당신은 어떻게 그런 일이 그렇게 완벽하게 일어나게 되었는지를 알지 못한 채 당황스러워할 뿐입니다.

그때부터 더 자발적으로 메시지를 전달하라는 뜻에서인지, 나는 영성도서 전문서점으로 인도를 받았습니다. 어느 날, 서점 주인이 나에게 직관적인 독서에 대해 강의를 해줄 수 있느냐고 물었습니다. 내 몸 안에서 너무나 분명하게 "좋습니다"라는 대답이 울려 나왔습니다. 내가 그 일을 하기로 예정되어 있었던 것이지요. 사람들이 나와 함께 자리에 앉았고, 짧은 순간 동안 어떻게 해야 할지 아무런 생각도 나지 않았습니다. 하지만 다음 순간, 마치 태엽이 풀리기라도 한 듯이 모든 것이 흘러나오기 시작했습니다.

메시지를 전하는 동안에는 심장마비가 올 것 같다는 느낌은 사라지고 없었지만, 어떻게 진행해가야 할지에 대해서는 여전히 오리무중이었습니다. 에너지의 흐름에 맡기는 것이 좋겠다고 느꼈고, 모든 사람이 그렇게 느끼는 것 같았고, 그래서 나는 그냥 흐름에 나를 맡겼을 뿐입니다.

두 달이 지나자, 나의 시간이 고객을 위한 정기적인 행사로 자리를 잡을 정도로 나는 정신세계의 명사가 되어 있었습니다. 놀랍게도 나의 도움을 원하는 사람들의 대부분은 다른 분야의 독자들이었고, 치유가들이 많았습니다. 그들은 내가 어떻게 그토록 분명하고도 호소력 있는 방법으로 메시지를 수신할 수 있는지를 이해하지 못하는 것 같았습니다. 사람들은 모두 다 놀라워하는 것 같았지만, 나는 대부분의 시간 동안 초긴장 상태였습니다. 나는 단지 주어지는 인도를 따를 뿐이었고, 사랑의 느낌이 나를 이끌도록 허용했을 뿐입니다.

초기에는 개인들을 상대로 메시지를 전달했지만, 이내 여러 사람들에게 전하는 가르침으로 일이 확대되었습니다. 어떤 모임에서든 하나의 집단 영혼이 형성되는 것 같았고, 나는 직관의 인도를 받아 참석한 모든 사람들의 삶에 반향을 일으키는 가르침을 전했습니다. 그렇게 되자 나는 훨씬 더 편안한 마음으로 그 역할을 하게 되었습니다. 내가 만나는 모든 사람들의 삶을 고양시켜주는, 내가 설명할 수 없는 무슨 일인가가 정기적으로 일어나고 있었고, 나는 그 사실에 자신을 내맡겼습니다.


## 아카식 레코드 탐사

이렇게 상황을 받아들이던 중에, 나는 대천사들과 승천한 스승들과의 만남에 불려갔습니다. 그분들은 내 몸이 흥분에 휩싸일 정도로 중요하고도 놀라운 어떤 일을 계획하고 계셨습니다. 나는 눈을 감으라는 말을 들었고, 눈을 감자 내 의식은 즉각 어딘가 다른 장소로 떠났습니다. 도착하자마자 내가 본 것은 링컨 기념관처럼 하얀 기둥들이 늘어선 건물이었습니다.

　나는 내가 아카식 레코드가 기록된 곳에 도착했음을 직관적으로 알 수 있었습니다. 내 눈에 그것은 거대한 도서관처럼 보였습니다. 내가 본 모든 책에는 각각 그 생애의 영혼의 계약과 모든 개인적인 만남이 담겨 있다는 설명을 들었습니다. 각각의 계약에 할당된 지혜가 당사자에게 받아들여지고 온전히 소화되면, 그 영혼의 여정을 돌보는 승천한 스승이나 대천사가 그 사람의 책에다 계약이 완수되었음을 확인하는 서명을 해주었습니다. 한 개인의 생애가 성장과 확장을 위해 새로운 무대로 나아갈 때마다 그와 같은 졸업 의식이 반복되는 것 같았습니다.

　이렇게 즉석에서 정보를 다운로드받으면서, 나는 계단을 올라 입구 가까이에 있는 반짝반짝 빛나는 테이블을 향해 갔습니다. 계단 끝에는 승천한 스승들과 대천사들이 나의 도착을 기뻐하며 서 있었습니다. 너무나 초현실적인 일이 현실처럼 벌어지고 있었습니다. 그들 앞에 서자 내게로 칭송과 함께 빛이 쏟아졌습니다. 마치 내가 이제 막 졸업을 하고 새로운 단계로 들어서는 것과도 같은 인상을 받았습니다. 그것은 사실이었지만, 그분들이 나에게 보여주려고 하는 계시가 어떤 차원의 것인지는 정말 상상할 수 없었습니다.

　그때 마치 약속이라도 한 듯이, 그분들이 동시에 턱을 쥐더니 마치 가면처럼 얼굴을 벗어 치켜드는 것이었습니다. 가면무도회라도 하고 있었던 것처럼 말이죠. 각각의 가면 아래에는 놀랍게도 '나의' 얼굴이 비쳐 보이고 있었습니다. 나는 "모두가 다 나예요!" 하고 외쳤습니다. 의미를 알 것 같았습니다. 하지만 그 모든 가면 뒤에 있는 나 자신의 모습을 보면서도 뭔가가 분명히 깨달아지지는 않았습니다.

나는 즉각 말했습니다. "이해가 안 돼요."

## 우리는 너다 – 내면의 달인 일깨우기

나의 주인도령인 멜기세덱이 나를 일깨워주셨습니다. "우리는 네가 '되어가고 있는'(you are becoming) 존재임과 동시에 '이미 너였었던'(you've already become) 존재란다. 우리는 신성의 사절로서, 시간을 거슬러 영적으로 어렸던 시절의 우리 자신을 방문해왔지."

이 말을 들었을 때, 늘 지고 다니면서도 알아차리지 못했던 평생의 짐이 어깨에서 내려졌습니다. 그러자 모든 인간이, 친절한 마음씨를 지닌 것처럼 보이든, 감정의 상처를 입은 것처럼 보이든 간에, 존재를 온전히 통달할 잠재력을 싹 틔우고 있는 신성의 씨앗들임을 깨달을 수 있었습니다. 그때부터 나는 나의 직관적 능력이 모든 사람의 가슴속에 있는 달인(Master)을 일깨움으로써 우주의 지고한 목적을 위해 쓰이게 될 것임을 알았습니다.

이것이 바로 내가 시간을 초월한 우리의 만남을 소중히 여기고, 이런 강력한 통찰을 나누게 된 것을 기뻐하며 당신 안에서 깨어나고 있는 달인을 반기는 이유입니다. 당신이 알든 모르든, 당신이라는 존재의 신비는 창조의 동이 튼 이래로부터 당신을 내면으로 불러 손짓하고 있었습니다. 이제야말로 사랑을 인도자 삼아 그 부름에 응답해야 할 때인 것입니다.

시시콜콜한 세상사나 상황이 당신의 주의를 얼마나 앗아가고 있든 간에, 당신의 내면에 잠재되어 있는 지고한 빛은 이제 환히 밝혀질 수 있습니다.

## 어떤 일이 일어나든 그것을 사랑하라

이런 모든 경험에도 불구하고, 나의 영적 여정은 20대 중반까지는 시작되지도 않았다고 믿습니다. 그 전의 나는 단지 직관력과 더불어 공감하는 능력이 탁월한 아이였을 뿐입니다. 오늘날의 많은 사람들이 그토록 추구하는, 깨어남의 생생한 체험을 여러 번 했고요. 하지만 20대 중반에 나는 매우 선명한 깨달음을 경험했습니다. 내가 얼마나 많은 신비체험을 했든, 주변 사람들의 감정을 얼마나 깊이 느낄 수 있었든, 수많은 사람들에게 긍정적인 메시지를 얼마나 확연하게 전달할 수 있었든 간에, 그것이 나의 영적 진화 수준을 재는 실질적인 척도가 될 수는 없었습니다. 나는 내가 지닌 그런 능력에도 불구하고 여전히 그런 경험을 해본 적 없는 사람들과 전혀 다를 바 없이 삶과 맞붙어서 싸우기도 하고 타협하기도 하는 자신을 알아차리기 시작했습니다.

그런 초월적인 경험을 하고 있으면서도 그것으로는 자신을 어떤 식으로도 규정할 수 없다는 것을, 나는 가슴으로 알고 있었습니다. 나 자신을 위한 영적 기준을 새로이 확립할 필요가 있었습니다. 나는 곧, 내가 걸핏하면 삶과 맞붙어 싸우거나 타협하곤 한다는 사실이 신성한 계획에 대한 나의 믿음과 신뢰가 어느 정도인지를 보여주는 징표임을 알아차리기 시작했습니다. 더 큰 그룹의 사람들 앞에서 나에게 온 직관의 메시지를 전하는 일을 계속하고 있을 때, 한편으로는 더 깊은 무엇인가가 내 안에서 꽃피어나고 있었습니다.

그 당시에, 나는 우주를 향해 이렇게 기도했습니다. "내가 깨어난 의식의 도관導管이 되기를. 모든 가슴속의 풀리지 않은 것들을 내가 치유할 수 있게 되기를. 이미 나인 하나(the One)로서 존재하고자 하는 내 열망을 마침내 성취할 수 있게 되기를."

며칠이 지나지 않아, 우주와 대화를 나누는 중에 응답이 왔습니다. "어떤 일이 일어나든 그것을 사랑하라."

인도령들과 소통할 수 있었으므로, 나는 무엇이든지 물어보고 명확한 답을 들을 수 있었습니다. 반면에 흥미로운 것은, 언제든지 그들의 인도를 요청할 수 있었음에도 가장 비범한 경험은 그저 느낌을 따라가서 답을 얻는 것이었다는 사실입니다. 말하자면 그것은 이미 본 영화의 결말을 까먹어서 마치 처음으로 보는 것마냥 그것을 완전히 새롭게 재경험하는 것과도 같습니다.

나는 어떤 일이 일어나든 그것을 무조건 사랑한다는 것이 어떤 뜻인지는 사실 알고 싶지 않았습니다. 단지 그것을 시험해보고 싶었고, 그러면 어떻게 되는지를 알고 싶었을 뿐입니다. 그래서 나는 "그래, 우주야, 어떤 일이 일어나든지 그걸 사랑해볼게"라고 말하고 실제로 그것을 실천하는 길로 나섰습니다. 이웃집을 향해 걸어가는 중에 날아가고 있는 새들을 보았습니다. '내 주의를 끄는 것이 나타났어. 저게 나에게 일어난 일이야.' 그래서 나는 말했습니다. "사랑해." 나의 한 부분은 그것이 옳은지 어떤지 알지 못했지만 꽃밭에서 느꼈던 사랑이 나를 그쪽으로 부추겼기 때문에 나는 그 충동을 따라갔습니다.

이웃집을 향해 계속 걸어가다가, 이번에는 건설현장에서 착암기로 땅을 파고 있는 노동자들을 보았습니다. 나는 놀라면서 생각했습니다. '그래, 저것이 지금 나에게 일어나고 있어. 그러니 그것을 사랑하자!' 그래서 나는 "사랑해요" 하고 그 노동자를 향해 소리 없는 말을 보냈습니다.

나는 주의를 끄는 것에는 무엇에나 사랑을 보내기를 계속했습니다. 이렇게 해나가자 사람과 장소와 사물들이 마치 신의 박물관에 전시된 예술작품처럼 보이기 시작했습니다. 거기에서 나는 방문객이자 동시에 전시되고 있는 예술작품이었습니다. 주의를 끄는 것이 무엇이든 거기에 사랑을 보내면 보낼수록, 꽃밭에서 경험했던 사랑의 느낌이 더욱더 실감 나게 느껴졌습니다. 사랑을 주면서, 나는 나 자신이 진정 누구인지를 더 많이 알게 되었습니다. 나는 신의 의지의 순수한 표현이었지, 그것을 찾아 헤매는 한 인간이 아니었습니다.

어떤 일이 일어나든 그것을 사랑하라는 지시를 따르다 보니 나는 나 자신이 삶의 덫으로부터 놓여나기만을 고대하는 한 인간이 아니라 삶의 영원한 해방자임을 깨달았습니다. 나는 이내 삶 속의 모든 것이 우주의 지고한 지성에 의해 안무되고 있음을 깨닫기 시작했습니다. 우주의 지성은 누구에게서도 사랑받아본 적이 없는 감정들을 돋우는 경험들을 순간순간 만들어 내보낼 뿐입니다. 내 몸 안에서 일어나는 이런 느낌들을 사랑할 때, 나는 그것이 뭇 육신들 속의 풀리지 않은 감정들도 동시에 껴안아주고 있는 것임을 직관적으로 알아차릴 수 있었습니다. 나 자신을 치유할 때, 나는 동시에 모든 이들의 행복을 위해 현실의 밑바탕을 변화시키고 있는 것이라는 사실을 깨닫기 시작했습니다.

이전에도 삶이 바뀔 만한 깨어남을 여러 번 경험했음에도 불구하고, 이 연습이야말로 가장 큰 충족감을 가져다주었습니다. 이 훈련은 내 가장 깊은 영적 열망의 끝 모르던 허기를 채워주었습니다. 나의 주의를 끄는 것이 무엇이든, 그것을 더 깊이 사랑할수록 깨어남은 더욱 생생해졌습니다. 또 한번은 동네를 산책하다가 이런 일이 있었습니다. 한 구역을 돌면서 걷고 있는데, 내가 마치 돌아올 수 없는 길을 나선 사람처럼 여겨졌습니다.

내 몸은 같은 구역을 돌고 있지만 발걸음을 내딛고 있다고 생각하는 그는 도무지 돌아오질 않았습니다. 나는 숨 쉬고 움직이고 느끼고 있음을 감지하고 있었지만, 그것으로 규정되는 자아의 느낌은 없었습니다. 다시 그 꽃밭으로 돌아온 것처럼 느끼게 만드는 넓은 공간 속에서 일어나고 있는 경험밖에 없었습니다. 거기에는 좋다거나 나쁘다는 식으로 그것을 묘사하는 사람도 없었기 때문에, 그것이 '놀라운 경험'이라는 느낌조차 없었습니다. 이 일이 일어났을 때 내가 기억하는 것 한 가지는, 지구가 멈춰버리거나 시간이 갑자기 사라져버린 것처럼 느껴졌다는 것입니다. 가장 놀라운 점은, 왜인지 알지도 못하고, 의문을 갖거나 궁리를 하거나 이해할 필요도 느끼지 않으면서도 그 모든 것이 너무나 편안하게 느껴졌다는 사실입니다.

이것을 경험하고 나서 잠시 후에 폭발음으로 생각되는 소리가 들렸습니다. 포탄이 터지는 소리였나 하고 의심하다가, 그 소리가 나 자신의 머릿속에서 일어난 것이었음을 깨달았습니다. 두렵거나 무섭지는 않았습니다. 그냥 자연스럽게 열린 마음이었습니다. 폭발이 일어났을 때, 나의 자아 감각이 귀를 통해 마치 따뜻한 액체처럼 온통 빛으로 새어나오고 있는 것 같았습니다.

그 시점부터는 내가 한 개인이라는 인식은 더 이상 하지 않게 되었습니다. 집 근처를 산책하면서 했던 경험이 더 깊어져서, 내가 누구인지, 무엇이 아닌지에 대한 모든 판단 기준이 사라져버린 것 같았습니다. 하지만 '나'라는 것은 남아 있었습니다. '무한한 내가' 형상을 입고 빛의 가면무도회를 펼치고 있었습니다. 이 '나'는 다른 사람들의 신성에 불을 붙이기 위해 여기에 존재하고 있었습니다. 우주가 자신의 흠 없는 존재의 황홀경 속에서 의식적으로 펼쳐내는 하나의 놀이로서 말입니다.

장엄한 깨달음처럼 여겨졌지만, 어떤 식으로든 내 의식이 확장되어 사라져버린 것처럼 느껴지진 않았습니다. 다만 무엇이 어떻게 펼쳐질지를 도무지 예견할 수 없는 가운데, 그런 경험이 점점 더 자주 일어났습니다. 내 여정의 그 당시에는 그런 경험도 몇 년 후에 일어날 더 큰 진실의 깨달음에 비하면 시작에 지나지 않는 것임을 나는 모르고 있었지요. 나중에 밝혀졌지만, 그 깨달음은 내가 알고 있던 모든 것을 완전히 쓸모없어지게 만든 명징한 의식의 깊은 경지를 보여줌으로써 오히려 여태까지 내가 배워온 모든 것을 높이 사주었습니다.

그것이 내가 소중히 여겼던 통찰력을 파괴해버린 것은 아닙니다. 오히려 그것은 내가 내 앎의 수준에 묶이거나 이전에 터득한 지혜에 짓눌리지 않는, 완전히 새로운 의식 차원으로 옮겨가도록 도와줬습니다.

방금 말한 것보다 더 큰, 모든 것을 훨씬 더 초현실적으로 만들어버리는 심오한 깨어남은 레스토랑에서 저녁식사를 하던 중에 일어났습니다. 갑자기 모든 것이 변하기 시작했지요. 다른 테이블에 앉아있는 손님들의 목소리가 내 귓속에서 메아리치기 시작했습니다. 그들은 다양한 배역으로 나타나 나를 둘러싸고 연극을 하고 있는 것 같았지만, 모두가 나 자신의 의식의 표현인 것처럼 느껴졌습니다.

나는 가까운 테이블에 있는 사람들을 둘러보기 시작했는데, 그들의 신체적 특징이나 감정적 기질들이 모두 너무나 아름다워 보였습니다. 마치 모든 사람이 이 기이한 에너지의 찰흙으로 빚어져 있는 것 같았습니다. 나는 내 주변 사람들을 둘러보면서 생각했습니다. '저 사람들은 저 배역 속에 머물러 있으려고 저토록 안간힘을 쓰고 있군. 하지만 저건 결코 그들의 참모습이 아니야.' 그들의 인간으로서의 정체성이 그들을 표현하는 간판이 된 것 같았습니다. 사람들은 모두 자신의 개인적 이미지를 유지하기 위해 부지런히 애쓰고 있었습니다.

그때 종업원이 내가 주문한 생선 요리를 가져왔습니다. 나는 음식을 주문한 사실조차 잊어버리고 있었지요. 접시를 바라보니 고체 형상의 한 접시의 음식을 만들어내고 있는, 진동하는 에너지 알갱이들이 보였습니다. 테이블에서도, 내 몸 전체에서도, 레스토랑에 있는 모든 사람들 안에서도, 똑같은 알갱이들을 볼 수 있었습니다. 곧이어 그 진동하는 입자들은 형상 없는 에너지의 담요처럼 보이고, 모든 것이 만물을 감싸고 있는 희미한 에너지장 속에 떠 있는 것처럼 보였습니다.

나는 동시에 일어나는 다른 경험에 웃기 시작했습니다. 내가 지금 물고기 요리를 먹고 있지만, 에너지 차원에서는 아무런 일도 일어나지 않았기에 말이지요 커플이 웃고 떠들어도, 아기들이 울고불고해도, 종업원이 음식 접시를 떨어뜨리더라도 그 어떤 것도 에너지장을 흩트려놓지는 않습니다. 한 사람 한 사람이 모두, 에너지가 자신을 표현하는 하나의 창조적인 방식으로 보이기 시작했습니다. ― 일상적인 풍경에서부터 이례적인 풍경에 이르기까지 모두가 말입니다. 나는 에너지의 자리에서 이것을 바라보고 있었으므로 나의 '자아'는 전체 에너지장임을 깨달았습니다. 모든 사람과 장소와 사물들이 물리적 형상을 입고서 이 에너지장인 나의 무한가능성을 경축하고 있었지요.

그것은 '내가 한 개인의 통제하에 있는 하나의 신념으로부터 이 일을 하고 있다'는 인식은 아니었습니다. 그것은 만물 속에 깃든 영원한 '하나'인 '나'에 대한 직접적인 깨달음이었습니다. 완벽한 타이밍에, 종업원이 내 테이블로 와서 생선 요리가 어땠느냐고 물었습니다. 나는 웃으면서 "놀라워요!"라고 대답했습니다. 그녀는 미소를 띠면서 다음 테이블로 갔습니다. 나는 의자에 느긋이 등을 기대고, 삶의 우주적 아이러니에 경탄했습니다.

상상해보십시오. 그녀는 만족해하는 고객의 경험을 공유하고 있고, 나는 레스토랑 안에서 온 우주가 생동하는 것을 지켜보고 있고, 다른 사람들은 자기들끼리 먹고 대화를 나누고 있습니다. 그때 나는 모두가 영원하고 동일한 우주 속에서 상호교감하고 있으면서도 동시에 저마다 자기만의 세계 속에서 존재를 영위하고 있는 실상을 목격했습니다. 진실의 양면에 대한 깨달음을 얻는 결정적인 순간이었지요. '우리의 본질은 하나(One)이지만 각자는 또한 한 개인으로서 저마다 색다른 모습을 취하고 살아가고 있구나.' 당신의 여정은 이 양극단 사이에서 그 윤곽을 드러냅니다.

그 명료한 깨어남의 순간은 내가 알았던 것이나 상상할 수 있었던 것을 까마득히 초월하는 경험으로 계속 펼쳐졌습니다. 그 일이 일어났을 때, 나는 집에 가서 쉬라는 직관의 지시를 받았습니다. 나는 내가 이 강력한 깨달음을 에너지 차원에서 통합하여 소화시키면서 그날 저녁을 보내게 될 것임을 알아차렸습니다.

주차장으로 갈 때는 지구의 중력이 너무나 강력하게 느껴져서 주차되어 있는 다른 차들을 손으로 짚으면서 가지 않으면 안 될 정도였습니다. 집에 도착하자마자 나는 이불을 덮어쓰고 이제야 하루가 끝났다고 생각했습니다. 나는 내 인생이 예전과 같지 않을 것임을 직감했습니다. 그래서 나는 우주로 하여금 해야 할 일을 하도록 내맡겼습니다.

그러자 모든 것이 공空으로 녹아들었습니다. 나는 더 이상 어떤 종류의 세계에도 존재하지 않았습니다. 나는 무無 자체였습니다. 무無인 나는 황홀경과 두려움의 파도가 밀려왔다가 밀려가는 것을 느꼈습니다. 그런 느낌들을 탐사하면서, 나는 내가 사실은 황홀경이나 두려움 속에 있는 것이 아님을 깨달았습니다. 그것은, 모든 것이 제자리에 놓여 있는 그 순간에 비해서 이제까지의 삶은 어땠는지에 대한 기억이 떠오르면서 일어난 감정의 물결이 서로 부딪치면서 빚어내는 현상이었습니다.

그때 나는 공의 느낌은 다른 뭔가에 대한 기억과 비교될 때만 무無인 것처럼 느껴진다는 것을 깨달았습니다. 이것을 깨닫자, 형상을 입은 것과 공이라는 개념이 둘 다 떨어져 나가버렸습니다.

공을 주장하는 자도 없고, 그것을 부인하는 자도 없는 가운데, 오로지 공만이 남아 있었습니다. 위치도, 내용도, 질도, 차별도 없는, 완전히 텅 빈 공간이었습니다. 거기에는 두려움도, 상실도, 슬픔도, 고통도, 압력도, 다른 그 어떤 개념도 없었습니다.

나는 즉각 깨달았습니다. '나는 비어 있지 않은 무의 공간이다.'(I am a void of nothing that is void of nothing.)

놀랍게도, 내내 여기에서 있어왔던, 자아의 너무나 친밀한 느낌은 남아 있었습니다. 어릴 때 꽃 핀 들판을 방문했던 기억이 머릿속에 아물거리는 한 인간으로서 있는 것이 아니라, 나는 신성의 꽃밭 그 자체였습니다. 한 세계 속에서 살아가는 한 인간의 모습으로 '꾸며져' 있지만, 실상의 나는 영원의 공간이고, 만물은 그로부터 생명을 얻습니다. 나는 만물의 근원인 허공(the void)이 만물이 '됨으로써' 만물을 목격하고 있는, 그 양상을 확연히 보았습니다.

나는 생각했습니다. '여기서 그저 이렇게 시간을 보내다 보면 다른 인물이나 모험 속으로 들어가게 될지도 몰라.' 그래서 기다려봤는데 아무 일도 일어나지 않았습니다. 그러다가 그 기다림은 내가 일찍이 상상했던 모든 개념들과 함께 사라져버렸습니다. 곧이어 영화에서 등장인물이 죽을 때처럼 모든 것이 캄캄한 흑암 속으로 사라져버렸습니다.

나는 무슨 일이 일어나고 있는지는 정확히 알지 못했지만 죽음이 찾아왔음을 감지했습니다. 죽음이 나를 찾아왔고, 나는 죽음이 무엇이든 자기 할 바를 하도록 마음을 편안히 먹고 있었습니다. 웬일인지 너무나 편안했습니다. 나는 비교할 기준도, 어떤 종류의 한계도 없이, 나 자신을 완전하게 자각하고 있었습니다.

그것은 완전히 새로운 시작인 것처럼 느껴졌지만, 내 안의 뭔가가 종식된 것 같은 기분을 느끼지 않을 수가 없었습니다. 평생의 마지막이었을 것 같은 숨을 들이쉬었을 때, 나는 죽음에 나를 완전히 내맡겼습니다.

그 순간, 나의 마지막 생각은 이랬습니다. '주여, 나를 데려가소서, 나는 당신의 것입니다.' 나의 에고가 완전히 휴식으로 들어간 것은 바로 그 순간이었습니다.

그렇게 나 자신을 죽음에게 맡기자 그밖에는 아무런 일도 일어나지 않았습니다. 육신이 잠 속에서 쉬는 동안, 아무것도 없이 텅 비어 있는 무의 공간만이 남아 있었습니다. 나는 자고 있는 나 자신을 자각하고 있다는 것을 알아차렸습니다. 하지만 잠이 든 상태는 전혀 아니었습니다. 나는, 몸이 어떤 상태로 존재한다고 여겨지든 간에 그것을 의식하는, 늘 그 자리에 있는 살아 있음(aliveness) 자체였습니다.

다음 날 아침, 모든 것이 전날 밤의 꿈이었던 것이 아닌지 의심하면서 깨어났지만 전날 밤과 마찬가지로, 내가 곧 공이라는 경험 자체는 너무나 생생했습니다. 다른 할 일이 없었기 때문에, 나는 눈을 감고 존재의 텅 빈 상태를 응시했습니다.

나는 생각했습니다. '이게 다일지도 몰라. 나는 그저 모든 것을 소모시키는 이 허공 속에서 영원을 소모하고 있게 될지도 몰라.' 그때 마치 그 생각에 응답이라도 하듯이, 영원한 공의 그윽한 고요 속으로부터 자아를 알고자 하는 열망이 절로 떠올랐습니다. 이 열망이 꽃잎처럼 피어나는 동안, 난데없이 에너지의 빛기둥이 방사되어 텅 빈 공간을 끝없는 빛의 장으로 바꿔놓았습니다. 그 빛 안에서, 모든 사람과 장소와 사물이 싹을 틔우듯 형상을 입고 나왔습니다. 여기, 이 끝없는 시공간의 차원들 속에, 존재하는 모든 특질과 상황과 결과가 펼쳐지고 있었습니다.

나는 허공이요, 자신을 알고 싶은 열망이었습니다. 그로부터 빛의 장과, 그 안의 모든 것이 한꺼번에 태어났습니다. 형상의 아름다움을 응시하다가, 나는 사람과 장소와 사물들 내부의 빛을 보았습니다. 그것은 근원의 광휘를 표현하는 태양광선과도 같았습니다. 그때, 나는 직관 속에서 이런 말을 들었습니다. "만유의 빛은 곧 '하나(One)'의 혼이다. '하나'의 혼은 곧 나(I AM)인 그(the One)이다."

나는 만물을 존재하게 한 무無인 동시에, 지상의 형체를 입고 나타난 모든 것이었으며, 그 모든 것을 품은 사랑이기도 했습니다.

삶이 바뀌게 할 만큼 중대한 이 깨달음은 또한 '부활'이야말로 그 모든 여정에서 성장의 필수적인 단계임을 직관적으로 알게 해주었습니다. 이로써 나는 죽음이란 오직 사랑밖에 남아 있지 않은 부활의 낙원으로 가는 입구임을 깨닫게 되었지요.

이 행성에 사는 많은 이들에게는, 죽음의 입구로 가서 형상을 입은 채 사랑의 빛으로 다시 태어나고 싶다는 열망이 자각의 여정의 중심 테마로 남아 있습니다. 하지만 이제 우리는 채소가게 점원이든, 전업주부이든, 전문가이든, 혹은 평생의 구도자이든 간에 육신이 해체되지 않고도 의식이 깨어나고 있는, 인간 진화의 놀라운 단계 앞에 당도해 있습니다. 사랑의 인도를 따르면, 에고가 해체되고 영혼이 부활하는 등 당신의 여정의 모든 단계가 말갛게 깨어 있는 의식 상태와 자비, 평화, 평안 속에서 펼쳐질 수 있습니다.

## 우주의 중심인 당신의 가슴

사랑의 인도를 따르면 당신의 가슴을 우주의 중심으로 여겨도 됩니다. 이러한 인식의 공간으로부터, 당신은 자신이 맞아들이는 가슴을 통해 만물이 변화된다는 것을 깨닫게 될지도 모릅니다.

당신이 뜻밖의 변화를 겪고 나서 혼란 속에 멈춰서 자신의 순수한 본성을 다독이고 있든, 상실을 겪고 황량한 심경 속에 주저앉아 있든 간에, 자신을 존중하는 시간을 좀더 자주 가지기만 해도 당신은 의식을 확장시킬 힘을 얻을 수 있습니다. 모든 것이 다 잘 굴러가는 것처럼 보일 때라도 당신은 일상 속에서 언제든지 고요히 멈추는 시간을 가질 수 있습니다. 당신이 기르고 있는 사랑이 존재하는 모든 가슴들을 향해 보내지고 있음을 느끼면서 말입니다.

당신은 한 가슴을 사랑하는 한 개인으로서 존재하지만 당신이 베푸는 축복은 무한하고, 멀리까지 가닿습니다. 자신의 가슴을 사랑하는 일에 초점을 두지 않더라도 당신이 배제되는 일은 없습니다. 당신이 세상에 보내는 사랑은 먼저 당신의 가슴을 통과하기 때문에, 당신의 축복이 모든 영혼들을 향해 퍼져 나갈 때, 당신은 그 첫 번째 수혜자가 됩니다.

당신의 가슴은 신의 끝없는 축복을 내보내는 안테나가 될 수 있습니다. 거기서 모든 꿈과 소망이 꿈꾸는 모든 이들의 삶 속으로 보내집니다.

자신의 가슴을 더 자주 사랑해주면 어떤 기적을 일궈낼 수 있을지를 상상해보세요. 가족을 먹여 살리기 위해 농사를 짓는 농부는 예전보다 훨씬 더 많은 수확을 거두게 될지도 모릅니다. 그러면 농부는 명절에 일가친척들에게 더 많은 선물을 줄 수 있게 되겠지요. 누군가의 학대에 시달리던 사람은 자기도 모르게 용기를 내어 자신의 진정한 가치를 존중받는 환경으로 옮겨갈 수 있게 될지도 모릅니다. 그가 추스른 용기가 바로 '당신이' 사랑을 선택한 결과로 나온 것이라면 어떨까요?

가뭄이 심해져서 식량을 걱정하지 않으면 안 되었던 나라가 갑작스러운 기후 변화로 땅이 비옥해집니다. 살림이 풍족해지는 기적에 모두가 기뻐할 때, 사람들은 이 모든 것이 당신이 자신의 가슴을 사랑함으로써 일궈낸 에너지로 인해 가능해졌다는 사실을 상상조차 못할 것입니다.

이것이 곧 당신이 보는 모든 것의 원인은 당신이라는 말은 아닙니다. 더 정확하게 말하자면, 당신은 그야말로 모든 형태로 출현하는 해결사입니다. 심지어 이 말이 오해를 낳아, 모두의 행복을 돕기에 충분할 정도로 자신을 사랑하지 못한 데 대해 죄책감을 느끼게 된다고 할지라도, 그조차 그 죄책감을 사랑으로 껴안아줄 다음 차례의 대상으로 삼을 기회가 됩니다. 두 팔을 활짝 벌려 죄책감을 안아 들일 때, 당신은 모두의 행복을 위해 집단무의식으로부터 죄책감을 풀어놓는 일을 돕고 있는 것입니다.

어떤 일이 일어나든 그것을 사랑하면 그 즉시 불편하던 것이 편하고 좋아할 만한 것으로 변신하지만, 나는 당신이 이것을 통상적인 치유방편이 가져다주는 이익을 넘어선 영역까지 실천해보도록 부추기고 싶습니다. 단지 개인적 불행의 불을 끄는 우주적 소화기로서 이 방법을 사용하는 대신, 일상 속에서 자신의 가슴을 늘 소중히 모시는 일에 당신을 초대하고 싶은 것입니다. 당신이 바라보고 있는 세상이 당신의 사랑이 드러내는 그 빛을 되비추게 될 때까지 말입니다.

# 3

# 내맡기는 가슴

구도자들은 영적 진화가 뭔가 대단한 깨달음의 순간으로 다가오기를 기대하게 마련입니다. 하지만 내 경험에 비추어보면 구도 과정에서 가장 깊은 깨달음이 반드시 신비체험을 통해서 오는 것만은 아닌 것 같습니다. 그보다는 일생의 세월과 함께 쌓여가는 깨달음을 통해 온다는 것을 알게 됐습니다. 영혼의 여정이 무르익어가면, 신비체험이나 깨어남의 경험을 얼마나 많이 했는지로 그 진척을 가늠할 수는 없다는 것을 깨닫게 됩니다. 더 많은 체험이 올 게 분명하니까요. 마찬가지로, 다른 사람들에 견주어서 체험이 없다고 할지라도, 그것으로 자신이 뒤처져 있다고 판단할 필요는 없습니다. 초월의 순간은 물론 매우 놀랍지만, 영적 성숙의 참된 기준은 그 사람의 언행에 사랑이 얼마나 담겨 있느냐 하는 것입니다.

눈앞의 상황이나 이익에 상관없이, 사랑에서 우러나오는 자신의 선택을 받아들이려는 의지를 나는 '내맡기는 가슴'이라고 부릅니다. 의식의 중심이 가슴으로 옮겨가면 매 순간을 열림과 친절과 자비로써 맞이하는 '태도'가 삶에서 얻어내고자 하는 '것들'보다 훨씬 더 중요하게 됩니다. '내맡기는 가슴'은 당신이 쉬이 바꾸지 못하는 것들을 통제하려 드는 대신 세상을 대하는 방식을 재정의하게 해줍니다.

　다음과 같은 몇 가지 질문을 스스로에게 단도직입적으로 던져보면 '내맡기는 가슴'에 다가갈 수 있습니다. 이것은 답을 찾을 것을 요구하는 질문이 아니라 당신의 가장 깊은 지혜에 응하는 온몸의 반응을 요구하는 질문입니다. 내맡기는 가슴이 되기 위해, 다음 질문들을 자신에게 던져보십시오.

　　싸우려고 달려드는 것처럼 보이는 것들과 맞서기를
　　멈춘다면 어떻게 될까? 상대방이 끝까지 달려들더라도
　　그의 태도를 바꿔놓으려고 애쓰는 대신 내가 먼저 싸움을
　　멈추면 어떻게 될까?

이런 질문을 던질 때 몸속에서 어떤 기분이 느껴지는가요? 비록 두려운 느낌이 들더라도 싸우려고 달려드는 것들에 대항하지 않고 싸움을 멈추려는 생각을 마음에 품기만 해도, 그것은 겁에 질린 가슴을 사랑해줌으로써 무의식의 습관을 놓아 보낼 또 다른 기회가 됩니다.

　어쩌면 당신은 순진하게도 맞싸우기를 멈추면 제압당하거나 상처를 입거나 안전하지 않게 되리라고 믿고 있을지 모릅니다. 만일 당신을 불안하게 만드는 원흉이 사실은 삶 속의 상황이 아니었다면 어떻겠습니까? 당신이 무기력함을 느끼는 이유가 당신의 전투의지가 약해서가 아니라면 어떻겠습니까? 당신이 경험한 것에 대해 어느 누구

도 탓할 필요가 없어진다면, 그 두려운 느낌에는 어떤 일이 일어날까요?

내면에서 전투의지가 느껴진다면, 그것은 당신의 사랑이 주어지기만을 간절히 기다리고 있는 다음 손님임이 틀림없습니다. 당신은 성전聖戰에 나서려는 생각에만 너무 분주해서, 정작 맞싸우려는 당신의 그 부분을 사랑해준 적이 없었던 것입니다. 아마 싸운다는 것은 영적으로 적절한 태도가 아니라고 여겨져서 자신의 싸우는 부분은 의식의 뒷전으로 밀쳐놨던 것이겠지요. 다툼을 정당화해줄 핑계에 동조하든, 상대방의 태도를 바꾸려고 무진 애를 쓰든 간에, 싸우거나 바꿔놓고 싶어하는 그들 또한 동일한 신성의 한 표현인데도 이 양극단은 한 번도 온전히 사랑받아본 적이 없었던 것입니다. 이것을 바로잡기 위해서는 다음의 치유 만트라를 되뇌어보세요.

나의 싸우는 자아는 오로지 사랑받기 위해서 여기에 있다.
오직 나만이 그것을 사랑해줄 수 있기에. 싸우는 자아는
사실 상대방이나 어떤 대상과 싸우고 있는 것이 아니라,
내 자애로운 마음의 완벽한 아름다움과 황홀함을 맛보기
위해 분투하고 있는 것이다.

옳고자, 혹은 이기고자 하는 욕구를 연료로 삼는 나의
싸우는 자아는 오로지 나의 주목을 받기 위해서 싸우는
것일 뿐임을 나는 알고 있다.

이 순진한 자아는 오로지 나의 주목을 끌기 위해 싸우고
있을 뿐이므로, 나는 더 이상 내가 대항하고 있다고
생각하던 그 대상과 싸우지 않는다. 대신 순진한 자아가
더 이상 나의 지지를 갈구하지 않아도 되도록, 자애로운
마음으로 그를 품어준다.

이것을 되뇔 때, 의심에 젖고 두려움에 움츠린 채 떠날 줄 모르던 분투의 마음이 종식되고 있는 것이 느껴지시나요? 싸우는 마음, 방어하려는 마음, 고쳐주려는 마음, 심지어는 현상유지하려는 마음도 많게 느껴지는 이면에, 이런 성향들을 당신의 관심을 끄는 수단으로 이용하는 순진한 자아가 있다고 깨닫게 될 수도 있습니다.

당신의 가슴에서 우러나오는 지지를 갈구하는 그런 행동을 당신이 얼마나 자주 하고 있는지를 알아차리는 것만으로도, 당신은 흥미진진한 새 방향을 향해 또 한 걸음을 대담히 내디딘 겁니다.


## 당신만의 사랑 선언문 만들기

내맡기는 가슴으로 살기 위한 다음 걸음은, 당신만의 사랑 선언문을 만드는 일입니다. "사랑해"라는 말로써 가슴을 껴안아주는 일만으로도 이로움이 많이 생기겠지만, 그것은 단지 시작에 지나지 않습니다. "사랑해"라는 말이 '차라리 묻혀 있는 편이 나을' 기억을 떠올리게 하는 경우에는 당신만의 사랑 선언문이 더욱더 강력한 힘을 발

휘하게 됩니다. 당신을 사랑해주고자 했던 사람들로부터 격려의 말을 듣긴 했지만 좌절과 분노, 절망의 시간들 속에서 결국엔 맹렬한 비난으로 끝나버리는 경우도 얼마든지 있을 수 있습니다. 그런 경우, 당신에게 상처를 준 사람들의 행동 때문에 잠재의식에 남아 있는 고통스러운 기억이 사랑을 바라보는 당신의 시각을 흐려놓을 수 있습니다.

당신만의 사랑 선언문을 만드는 일은 다음과 같은 질문을 스스로 제기하는 것으로부터 시작됩니다.

내가 늘 듣고 싶어했지만 듣지 못한 말은 무엇인가?
나에게 가장 상처를 준 사람은 누구인가? 그들이 그렇게
말해준다면 나에게 치유가 일어날 말, 그러나 그들이 해준
적이 없는 말은 무엇인가?

어떤 말이 떠오르든 다 좋습니다. 왜냐하면 당신이 받은 정보가 무엇이든 간에 그것은 당신의 최고 지성의 능력으로부터 나온 것이기 때문이지요.

해결되지 않은 고통 중 어떤 것에 대해서는 당신의 과거 속의 누군가가 "사랑해"라고 말하는 것을 들어야만 할 필요가 없습니다. 그보다는 그들이 "미안해, 내가 잘못했어"라고 말하는 것을 들어야 할지도 모릅니다. 당신만의 사랑 선언문은 날마다, 매주, 때로는 매분 바뀔 수도 있습니다. 누군가에게서 듣지 못했던 말, 혹은 더 자주 듣고 싶었던 말이 무엇이든, 바로 그것이 당신이 스스로에게 해줄 말이

될 수 있습니다.

"사랑해"를 연습해왔듯이, 당신은 하루에 하고 싶은 횟수만큼, 2분 간격을 두고 당신만의 사랑 선언문을 반복함으로써 감정적인 격앙 상태에 응대할 수 있습니다. 감정적인 동요에 휩싸이지 않을 때라도, 존재하는 모든 것을 축복하고 응원하는 방법으로서 당신만의 사랑 선언문을 계속 읊을 수도 있습니다.

당신만의 사랑 선언문이 만들어지고 고쳐지는 동안에 당신의 순진한 자아가 그 과정에 온전히 참여하도록 하는 게 중요합니다. 삶에서 일어나는 다툼을 종식하기 위해서나 위협을 해결하기 위해서는 당신이 늘 듣고 싶어했던 말이 무엇인지를 알아내는 것이 중요합니다. 그 말은 이미 듣기는 했지만 충분히 자주 듣지 못한 말일 수도 있습니다. 혹은, 듣긴 했지만 진정성 있는 목소리로 말해진 적이 없었을 수도 있겠지요.

당신이 늘 듣고 싶어했던 말이 영적인 배경이나 종교적인 배경에서 나온 말이라면 어떨까요? 만약 그렇다면, 당신으로 하여금 당신은 어떤 잘못도 저지를 수가 없는 것처럼 느끼게 해줄 말은 무엇인가요? 그것을 느낄 수 있도록 당신의 '근원'이 해줄 수 있는 말은 무엇인가요? 당신이 온전히 당신 자신으로서 존재할 수 있게 해주는 말은 무엇인가요? 당신의 가능성의 문을 잠그지 않고, 모든 이의 해방을 위해서 앞으로 나아가게 해줄 말은 무엇일까요?

이미 깨닫기 시작했을지도 모르지만, 당신만의 사랑 선언문은 가슴과 더 깊은 대화를 나눌 수 있게 해줄 것입니다. 과거에 당신이 학대를 당하거나 침묵을 강요당하거나 왕따를 당했다 할지라도, 내면의 아이는 언제나 당신의 치유 여행에 동참하기를 바라고 있습니다. 당신이 인내로써 부드럽게, 한결같이 당신만의 사랑 선언문을 바칠 때, 당신의 가슴은 이내 열려서 당신의 성장과 확장을 가져다줄 비결을 알려줄 것입니다.

당신이 그토록 듣고 싶어했고 더 많이 듣고 싶어했던 말이 무엇인지를 알아내는 한 방법으로서, 다음의 구절들을 반복해서 읊어보시기 바랍니다.

넌 중요해.

넌 충분해.

넌 자주 만나서 이야기를 들어볼 만한 사람이야.

넌 특별해.

넌 여기에 존재할 이유가 있어.

넌 아름다워.

넌 재능이 많아.

난 네 기분이 어떤지를 늘 알고 싶어.

억누르지 마.

넌 있는 그대로 완벽해.

널 만난 건 내게 축복이고 영광이야.

날 용서해줘서 고마워.

너에게 한 나의 모든 짓이 너무나 미안해.

네가 얼마나 깊이 상처받았는지 몰랐어.

너의 기분을 고려하지 못해서 너무 미안해.

내가 잘못했어.

원하지 않는다면 날 용서하지 않아도 괜찮아.

너의 재능은 끝이 없구나.

몇몇 구절은 당신이 과거에 듣지 못했던 말로서, 들어보기를 온 가슴으로 원했던 말일 것입니다. 만약 그렇다면, 그토록 오래도록 받기만을 기다려왔던 그 선물을 바로 당신이 스스로의 가슴에 바칠 수도 있지 않을까요?

다른 사람들에게서 어떻게 대접받기를 바라든 간에, 당신이야말로 자신의 감정적인 요구를 더욱 깊은 열정으로, 더욱 변함없이 들어줄 사람이 될 수도 있지 않을까요?


## 피해자 의식과 자율적 의식의 차이

가슴으로 내맡길 때, 희생자 의식(victimhood)과 자율적 의식(empowerment)의 차이는 매우 단순해지지요. 희생당한 느낌이 들면 당신은 상대방이 당신에게 해줄 수 없을 말을 해주기를 기다리면서 스스로를 감정의 볼모로 만들어놓습니다. 당신이 듣고 싶어하는 말을 그들이 해줄 때까지 당신은 당신의 고통의 원흉인, 묵묵부답인 사람들을 비난하면서 삶에서 괴리된 채 남아 있습니다. 이런 일이 일어나면 당신은 걸핏하면 당신 자신을 방어하면서 아무리 해도 바뀔 기미를 보이지 않는 것을 붙잡고 씨름을 하게 되기가 십상입니다.

반면에 자율적 의식이란 상대방이 내가 듣고자 하는 말을 해주기를 기다리는 그런 것이 아닙니다. 그것은 자신이 내내 기다려온 것을 말해줄 사람은 바로 자기 자신뿐임을 아는 것입니다. 사람들이 당신을 정당화해주기를 얼마나 바라는지와는 상관없이, 시련에서 살아남은 자만이 과거에 듣지 못했던 말을 자신에게 해줄 수 있습니다. 고난을 견뎌내고 모든 장애를 극복한 사람만이 자기 자신에게 더 내밀하게 다가가서 일관되게 지지해줌으로써 자신의 가슴을 젖혀 열 수 있습니다.

당신의 잠재의식은 다른 사람이 하는 말과 당신이 자신에게 하는 말을 구분하지 못하므로, 당신이 듣고 싶어하는 사람으로부터 그 말을 듣지 않았다고 해도 당신의 가슴은 똑같이 치유될 수 있습니다.

한 걸음씩 나아갈 때마다, 가슴으로 내맡길 때 당신은 더 이상 희생자의 눈으로 인생을 바라보지 않게 됩니다. 당신을 비난하고 모욕하고 비판하는 사람들을 마음에 새기는 대신, 당신은 그들의 그런 행위가 자신을 스스로 돌보는 방법을 모르는 순진한 자아가 자기를 보아달라고 아우성치는 필사적인 외침임을 깨닫게 됩니다. 이런 깊은 진실을 알아차림으로써, 당신은 그들이 자신의 행동에 비추어 받아 마땅한 것보다 더 차원 높은 반응을 보냄으로써 그들이 일찍이 받아본 적 없는 사랑을 그들의 가슴에 바칠 수 있게 됩니다. 사람들의 잔인한 짓 때문에 그들의 가슴을 사랑하는 마음까지는 도저히 낼 수가 없다고 할지라도, 당신은 언제나 그 격한 상황에서 자신을 빼내어 가슴이 당신의 중심이 되게 할 수 있습니다. 당신의 가슴이 존중되면 존재하는 모든 것에 축복이 보내어집니다. 어떤 행위도 할 필요가 없습니다. 단지 잘못 대접받았다고 느끼는 당신 내면의 순진한 아이를 알아차리는 것만으로도, 당신을 욕한 사람들에게까지도 축복이 보내어지는 것입니다.

가슴으로 내맡기면, 누군가로부터 대접받기보다 누군가를 대접하는 당신의 모습이 삶에서 훨씬 잘 드러나게 됩니다. 그들이 당신을 잘 대접하지 못하는 것은 당신과는 아무런 상관이 없습니다. 그것은 그들이 그들 자신과 관계 맺는 방식을 보여주는 것일 뿐입니다. 상대방의 무의식적인 행동은 치유가 필요한 가슴, 고통 속에 잃어버린 아이의 존재를 선명히 드러내주는 것일 뿐이니, 당신은 희생자가 되기를 잊어버립니다. 누군가가 자기심판에 빠진 채 당신을 노려보든, 당신이 깊이 존경하는 사람에게서 상처를 받았다고 느끼든 간에, 당신은 당신 자신을 더 적은 사랑이 아니라 더 많은 사랑을 하라는 숭고한 권유로서 그것을 받아들일 모든 자격을 지니고 있습니다.

가슴으로 내맡기는 과정의 다음 발걸음으로, 다음의 치유 만트라를 반복해서 읊으시기 바랍니다.


나는 싸우자고 계속 달려드는 사람들과 더 이상 싸우지
않는다. 누구든 싸우는 사람의 목적은 자기 자신으로부터
애정 어린 관심을 받으려는 것임을 나는 알고 있다.

그것이 뒤섞인 감정들로 내 몸에 나타나든, 끝없는
생각으로 시끄러워진 마음으로 나타나든, 혹은 내가 만나는
사람들의 무모한 행동으로 나타나든 간에, 나는 필요로

하는 곳에는 어디든지 내 애정 어린 관심을 그저 베푼다.

사람들이 내 눈앞에 있든 없든 늘 그들이 그들 자신을
스스로 얼마나 더 훌륭히 대접해야 하는지를 깨닫게 해주는
태도와 목소리로 말함으로써, 나는 이 지구별의 진동을
고양시키는 일을 돕고 있다. 나의 길은 다른 사람이 나를
대하는 태도에 의해 규정될 수 없으며, 오직 내가 거기에
어떻게 반응하기로 선택하는지에 의해 정해지는 것임을
나는 잘 알고 있다.

나는 지금 내 연극 속의 다른 배역들을 향해 말하고 있는
것처럼 보이나, 만고의 진실은 상대방에게 하는 나의 모든
말이 모든 이의 가슴을 향해 보내는 하나의 러브레터라는
것이다. 이것을 알므로, 나는 싸우거나 타협하거나
방어하려는 습성과 욕망을 내려놓고 만고의 진실을 품으로
안아 사랑으로 돌아간다.

내가 의식적으로 사랑하는 이들이 나의 선물을 받아들이든
말든, 만남의 순간마다 이전의 어느 순간보다도 더 열리고
깨어 있고 더 큰 힘을 얻고 떠나는 것은 나다.

## 선택과 결과

　가슴으로 내맡기면 더 이상 다른 사람들의 행동에 무의식의 주파수가 맞춰지지 않습니다. 자신을 더욱 깊이 존중하게 된 당신은 다른 이들의 잔인한 행동을 보더라도 그 배경을 이해할 수 있게 됩니다. 그것은 그들이 개인적으로 너무나 큰 혼란에 휩싸여 있어서 자신의 신성을 기억하기는커녕 자신이 존중받아야 하는 것처럼 상대방의 감정도 존중해줄 줄을 모르기 때문이지요.

　개인사에서 일어나는 혼란이란, 그 당사자가 치유를 가져다줄 수도 있는 위기상황을 맞아 정신을 잃고 그 속에 완전히 휘말려 들어버리는 바람에 그런 일이 일어나고 있는지조차 깨닫지 못하고 있는 상태에 있음을 암시해주는 신호인 경우가 많습니다. 드라마에 휩쓸려 들어서 매 순간 영적인 기회가 주어지고 있음을 까맣게 지각하지 못하는 사람들은, 삶의 겉껍질 그 아래로는 아무것도 모르는 순진한 존재들이라고 볼 수 있습니다. 상대방이 당신의 친절을 받을 만한 가치가 있다고 믿든 말든 간에, 그들의 상황과 처지는 언제나 당신이 그들로부터 듣고 싶어하는 바로 그 말을 당신 자신에게 스스로 말해줄 또 한 번의 기회가 됩니다. 그럼으로써 당신은 희생자로부터 몸으로 사랑을 베풀기 위해 태어난 사랑의 화신으로 변신합니다. 결국 당신은 더 이상 다른 누군가의 주의나 존중심을 얻기만을, 혹은 그로써 정당성을 인정받기만을 기다리는 감정의 볼모로 자신을 묶어두지 않게 됩니다.

　내맡기는 순간마다, 당신은 싸움판에서 기운을 얻는 사람들과 맞

씨름하는 데 시간을 낭비하지 않고 자신에게 스스로 주어야 할 것이 무엇인지를 더 잘 알아차리게 됩니다. 좀더 깊이 들여다보면, 당신은 또한 선택의 힘에 관련된 중요한 것을 깨우치기 시작합니다. 선택을 현실이나 일의 결과를 통제하는 수단으로 바라보는 대신 그것을 한 단계 더 높은 견지에서 바라보게 되지요.

당신의 모든 선택은 진동 주파수와 관련됩니다. 그것을 정확한 주파수의 숫자로까지 이해할 필요는 없지만 자신의 감정체를 일종의 에너지 측정기로 활용하는 것이 중요합니다. 높은 주파수의 진동에 동조된 선택은 몸에 설렘과 평안과 이완을 가져다주는 경우가 많습니다. 낮은 주파수의 진동에 동조된 선택은 위축되고 무거운 느낌을 가져다주고, 의심과 수치심, 죄책감, 걱정, 분개심으로 당신을 채웁니다.

대다수의 사람들은 기회를 놓칠지도 모른다는 두려움으로 선택을 하는 데에 적응되어 있습니다. 그것은 선택이 결과를 만들어낸다는 믿음에서 생겨나온 것이지요. 의식이 확장되면 당신은 결과가 우주에 의해 짜여져 나온다는 것을 깨닫게 됩니다. 당신이 다음 단계의 높은 의식 차원에서 깨어나기에 가장 적당한 상황으로 당신을 밀어넣고자 말입니다.

결과란 보장될 수 없는 것이지만, 각각의 선택의 주파수에 동조되어 들어갈 때 느껴지는 기분은 그 결과가 어떤 느낌일지를 살짝 엿볼 수 있는 예고편을 — 결정이 내려지는 동안 내내 — 맛보게 해줍니다. 그것은 마치 어떤 사람이 당신을 저녁식사에 초대하면 당신의 가슴이 부풀어 오르는 느낌을 받는 것과 흡사합니다. 그렇다고 해서 당신이 맛있는 음식을 먹게 되리란 보장을 받는 것은 아닙니다. 근사한 식당에 예약이 되었다는 것도 아니고, 음식을 먹기까지 한 시간이나 기다려야 할지도 모르는 상황을 예방해주는 것도 아닙니다. 실제로 상황이 어떻게 펼쳐지든 간에, 선택을 고민하는 동안 당신이 감지하는 느낌은 당신이 가질 수 있는 경험이 어떤 종류의 것일지를 짐작하게 해줍니다. 그것은 마치 감정이 당신에게, "네가 처하게 될 상황엔 관계없이 이 방향으로 간다면 이런 느낌이 들 거야"라고 말해주고 있는 것과도 같습니다.

사랑은 현존하는 최고의 진동이기에, 당신은 자신에게 가장 깊은 사랑이 느껴지는 결정을 기꺼이 선택함으로써 참으로 놀라운 경험을 불러올 힘을 갖게 됩니다. 당신의 몸이 그 지혜를 발휘하여 어느 쪽이 사랑의 주파수에 동조된 선택인지를 알려주게 하면, 당신의 삶은 더욱 영감과 즐거움, 충만으로 가득한 탐사 여행이 될 수 있습니다.


## 가슴으로 결정하기


당신의 모든 결정을 가슴이 내리게 하여 자기불신 상태로부터 영구히 벗어날 수 있다면 어떨까요? 몸이 가장 편안하고 사랑으로 가득하고 가슴 설레는 선택을 내리도록 놔두면 당신은 더 이상 앞날에 대해 노심초사할 필요가 없게 되고, 무엇을 해야 할지 끝없이 바쁘게 머리를 굴리지 않아도 될 겁니다. 느낌이 알려주는 대로만 따라가면 당신의 삶은 직관이 안내하는 그 흐름으로 인도됩니다. 그러면 현실을 어떻게 해보려고 안간힘을 쓰다가 결국은 기진맥진해서 쓰러져 버리는 것과 같은 일은 일어나지 않습니다. 현실이란 오로지 당신이 운명에 잠재된 가장 높은 가능성을 성취하도록 보장해주기 위해서 존재하는 것일 뿐입니다.

직관의 인도를 따르면 당신은 스스로 당신만의 사랑 선언문의 쓰임새를 자연스럽게 확장해가고 있음을 깨닫게 될 것입니다. 당신이 늘 듣고자 하던 바로 그 말을 자신에게 해주는 것 역시 멋진 일이지만, 살면서 만나는 누군가에게 그런 격려의 말을 해주면 그 영향력은 더욱 강력해질 것입니다. 당신이 그토록 받고자 하던 바로 그 선물을 양쪽 가슴에 주는 하나의 방법으로서, 만나는 모든 이에게 칭찬이나 격려의 말을 해주는 것이 얼마나 멋진 일일지를 상상해보십시오. 당신이 그토록 듣고 싶어하던 말이 다른 사람들도 듣고 싶어하던 말이었음을 깨닫는다면 놀랄 것입니다. 자신에게 그토록 의미 있는 그 말을 해주는 것만으로 다른 사람의 치유를 도와줄 수 있다는 사실은, 모든 시간과 공간을 촘촘히 잇고 있는 영의 존재를 드러내줍니다.

영감 어린 선택을 한 번씩 내릴 때마다 그 낱낱의 결정은 사랑의 지고한 권위에 내맡겨지므로, 그릇된 선택에 대한 두려움은 더 이상 설 자리가 없어집니다. 당신 자신은 물론, 주변 사람들의 삶 속에서 일어나는 모든 일들이 전체의 진화 속에서 치유가 필요한 다음 순간을 드러내 보여줍니다.

영적 성장의 문지방을 가로질러 가장 놀라운 단계로 온전히 진입하기 위해, 다음의 치유 만트라를 되뇌어보십시오.

나는 이렇게, 사랑의 가장 높은 진동 앞에 내 모든 선택을
내맡긴다. 나는 이 몸 안에 사랑이 그 가장 순수하고 강력한
형태로 온전히 거함으로써, 사랑이 모든 말을 하고, 모든
선택을 내리고, 모든 행동을 지휘하고, 내가 매 순간을 내가
늘 듣고 싶어했던 말을 상대방에게 해줄 수 있는 기회로
받아들이게 해주도록 허용한다,

내가 이렇게 하는 것은, 만나는 모든 이들에게 나만의
사랑의 선언을 나눠줄 때, 감사히도 이렇게 살아남아 있는
내가 일찍이 들어본 적 없는 말을 되풀이해 외치는 일에다
이 땅에서 주어진 나의 시간을 쓰고 있음을 알기 때문이다.

이 순간부터 나는 나만의 사랑의 선언을 모두의 진화를
위한 선물로 바친다. 이것은 내 손가락질이 어디를 향하게
되든 간에, 그것은 곧 내가 나 자신에게 사랑 어린 관심의
은총을 쏟아부어주기를 갈구하고 있는 것일 뿐임을
상기하도록 도와준다.

이제 나는 사랑이 나를 대신하여 모든 선택을 내리도록
허락했으니, 어떤 차원에서는 내 여정의 중요한 단계가
마무리된 것이다.

그리하여 나는 모든 이의 치유와 깨어남과 행복과 상승을
위하여, 내 본성인 사랑으로 존재할 수 있으니, 실로
그러하다.

# 4
# 에고, 괴로움,
# 과잉자극된 신경계

　　단지 치유의 도구로서만이 아니라 의식의 강력한 변혁자로서 사랑이 중요함을 깨닫기 시작했던 때를 기억합니다. 나의 인도령들과 매우 상서로운 대화를 나누던 중, 내가 한번은 이런 질문을 했습니다. "인간이 겪는 고통의 핵심은 무엇입니까?"

　이런 질문을 한 것은 내 여정의 매우 초기 단계에, 에고가 내부에서 어떤 작용을 일으키는지를 터득하게 되면서, 에고야말로 인간을 절망에 빠뜨리는 원인이라고 여기게 되었기 때문입니다. 에고는 다양한 역할을 연기하는 각 배역의 몸속에 살아 있는 생명 자체가 진정한 자신이라는 사실을 잊은 채, 영화 장면 속의 배역을 자신과 동일시하고 있는 형국과 같습니다. 가족관계의 드라마 속에 갇혀 있든, 직장생활의 부침에 같이 휩쓸리고 있든, 주변 사람들의 행불행에 덩달아 웃고 울고 있든 간에, 에고에 대한 집착은 벗어나고자 하는 고통을 오히려 더 지어내는 경우가 많습니다. 에고가 얼마나 많은 혼란을 일으키는지는 이미 깨달았지만, 거기에는 좀더 깊이 들여다보라고 손짓하는 뭔가가 있었습니다.

더 깊이 들여다보고 싶어하게 된 까닭은, 우리는 에고를 초월할 수 있는 전략을 개발하거나 어떤 식으로든 그것을 벗어나도록 애써야만 한다는 영적인 믿음이 널리 퍼져 있기 때문이었을 겁니다. 그렇게 많은 사람들이 고통의 원흉을 극복하려고 애쓰는 것도 의미 있는 일이긴 하지만, 나는 그것이 에고에 대한 완전한 이해라고는 느끼지 않습니다. 사랑 어린 접근법은 더더구나 아니지요. 그래서 뭔가가 내게 좀더 밝혀보라고 충동질을 하고 있었습니다.

내가 그런 의문을 가졌던 이유는, 가장 지혜로운 접근법은 항상 사랑에 뿌리를 내리고 있어야 한다는 것을 직관적으로 알았기 때문입니다. 자유의 문을 열려고 할 때나 개인적 절망의 불을 진화하려고 할 때도, 우리는 그 영적 목표에만 마음을 송두리째 빼앗겨버리기 일쑤여서 우리의 여정은 목표지향적인 것이 되어버리곤 합니다.

이것은 어린 시절의 핼러윈 데이를 생각나게 합니다. 친구들과 나는 저마다 좋아하는 의상을 차려입고 이 집 저 집 다니면서 공짜로 나누어주는 캔디 모으기에 열중해 있었습니다. 우리의 주머니를 채워주는 그 이웃들에게 감사 인사조차 할 틈이 없었지요. 마찬가지로, 당신 또한 신비체험을 수집하느라 눈이 멀어서, 혹은 당신이 얼마나 많은 것을 이해하게 되었는지를 헤아리기 바빠서, 자신이 이미 받은 선물을 온 가슴으로 받아들일 시간은 낼 겨를조차 없는지도 모릅니다.

가슴으로 내맡기게 되면, 당신은 모든 목표를 가능한 한 사랑의 방법으로 성취해야겠다는 열망을 품게 됩니다. 부조화가 있다면 사랑으로 치유되어야 할 것입니다. 혼돈이 있다면 사랑을 통해 명료해져야 할 것입니다. 선택해야 할 무엇이 있다면 사랑으로 선택되어야 할 것입니다. 깨어나야 할 무엇이 있다면 사랑으로 일깨워져야 할 것입니다. 이것은 당신으로 하여금 여정 위의 한 걸음 한 걸음을 한갓 목표를 위한 수단 이상의 무엇으로 바라보게 해줍니다. 그것은 분명히 교과서 뒤에 붙어 있는 정답을 찾는 것과 같은 문제도 아니고, 당신이 터득한 것을 얼마나 명료하게 정리할 수 있는가에 관한 문제도 아닙니다. 당신의 가장 높은 지혜가 얼마나 아름다운지는 당신의 결정에 사랑이 얼마나 많은 영향을 미쳤는지를 통해 드러납니다.


## 에고의 진정한 정체

우리는 보통 에고를 통제하거나 파괴하려 들고, 또 이런 접근법에서는 사랑이 실종되기 쉬우므로, 나는 에고에 대한 이런 전형적인 이해의 근저에 깔려 있는 것이 무엇인지를 파보아야 한다는 생각이 들었습니다. 당신의 목표가 부정적인 생각을 긍정적인 생각으로 바꾸는 것이든, 마음을 침묵시키는 것이든, 혹은 나를 제약하는 신념이 무엇인지를 온갖 노력으로 밝혀내는 것이든 간에, 그런 접근법은 대부분의 진지한 구도자들로 하여금 영적 탐구를 통제력을 얻기 위한 싸움으로 변질시켜놓게 만듭니다. 물론 어떤 형태든 간에 싸움은 에고를 더욱더 고통스럽게 부풀려놓기만 할 뿐입니다.

사랑은 가장 높은 진동이므로 당신은 마주치는 모든 것을 — 당신의 최악의 적, 가장 극적인 경험들, 심지어는 에고 자체도 — 열린 마음으로, 자비로, 돌보는 마음으로 만나야 합니다. 우주의 가장 지혜로운 가르침을 접하려면 말입니다. 그러지 않으면 당신은 자기 자신과 화합하지 못할 것입니다. 자신의 영적 목표를 너무 공격적인 태도로 달성하려고 하다가 새로운 형태의 고통에 빠지게 되는 것이지요.

나의 인도령들께 인간의 고난의 핵심이 무엇인지를 물었을 때, 처음으로 들은 대답은 "에고란 인생에서 맡은 배역을 통해 인격화된, 허구의 인물이다"였습니다. 이 대답을 듣자 몇 가지 부정할 수 없는 의문이 떠올랐습니다. 이런 경향성이 대체 왜 존재하는지, 그것이 야기하는 것으로 보이는 끔찍한 고통을 어떻게 해야 해결할 수 있는지, 그리고 깨어남의 길에서 그것이 맡은 역할은 무엇인지가 궁금해졌지요.

그래서 스승들께 "에고란 게 도대체 뭔가요?"라고 묻자 이런 대답이 돌아왔습니다. "에고란 과잉자극된 신경계(overstimulated nervous system)가 상상해내는 자아상이다." 이 대답이 나의 심금을 자극했습니다. 하지만 그 말이 무슨 뜻인지는 분명하지 않아서 계속 질문했습니다.

나는 닫힌 가슴, 소란한 마음, 낮은 자아감, 통제불가능한 에고의 배후의 근원은 '과잉자극된 신경계'임을 발견하게 됐습니다. 과잉자극된 신경계가 괴로움의 근본원인이라면, 당연히 다음 질문은, 그렇다면 신경계는 어떻게 지나친 자극을 받게 되었는가 하는 것입니다.

신경계의 중요한 기능은, 다차원적으로 동시에 존재하는 성질을 지닌 삶 속에 머무는 동안 단선적單線的으로 유지되는 질서의 느낌을 지닐 수 있도록 돕는 것입니다. 이런 질서를 유지하는 방법은, 당신의 에너지장에 떠도는 미지의 가능성들을 밀어냄으로써, 일관적인 인생 경험에 끊임없이 모순을 일으킬 그런 경험이 끼어들지 못하게 하는 것입니다. 새로운 무언가가 당신의 잠재의식에 들어와 받아들여지기 전까지는, 그것이 바로 눈앞에 있어도 간과되거나 투명한 것처럼 보입니다. 한 무리의 사람들이 동일한 사건을 목격해도 저마다 다른 사람이 못 본 것을 보듯이, 신경계가 우리 의식 속에 질서를 어떤 식으로 유지시키고 있느냐에 따라 우리는 저마다 독특한 인식의 렌즈를 통해 삶을 바라봅니다. 어떤 사람은 사실로 알고 있는 것이 다른 사람에게는 보이지 않는 미지의 것일 수도 있습니다. 우리는 모두가 같은 땅 위에 살고 있는 것 같지만 사실은 저마다 제 버전의 삶을 살고 있는 것입니다. 자신이 보는 세상만이 존재하는 유일한 현실이라는 가정은 에고에 대한 집착이 형성시킨 제약적인 신념입니다. 이 완강한 신념이 당신의 지각을 통해 확인되어가면 그것은 대개 삶에 대한 불만과 좌절의 느낌을 만들어냅니다. — 당신의 그 생각이 아무리 옳다고 생각될지라도 말입니다.

지나친 자극에 의해 의식이 한정되면 신경계는 당신이 가장 확고하게 믿고 있는 신념에 반하는 지각은 제거해버립니다. 의식이 확장되면 뿌리박혀 있던 신념들이 와해됩니다. 그런 신념들이 사라지면 신경계가 이완되어 문을 열고 더 폭넓은 가능성들을 맞아들입니다. 이 가능성들은 내내 거기에 존재했지만 당신의 인식범위를 넘어선 의식의 표현이었던 동안에는 지각되지 않은 것입니다.

신경계가 잠재된 가능성들을 당신의 지각 밖으로 몰아내는 한 가지 중요한 이유는, 당신이 소화할 수 있는 경험만 하도록 당신을 돕기 위해서입니다. 눈가리개를 갑자기 없애버리면 당신의 의식은 급속히 팽창되어 현실의 다차원적인 속성 때문에 방향을 잃고 혼돈에 빠져버릴 것입니다. 당신은 그런 상태에서는 여러모로 제 기능을 할 수가 없게 됩니다. 그것은 마치 거울로 온통 둘러싸인 방에서, 어떤 게 자기 모습인지를 모르는 채 살아가게 되는 것과 같습니다. 당신의 본성은 모든 형상들 속에 빛으로 살아 있지만, 신경계는 자연스럽고도 끊임없이 새로운 것을 계시해주어 의식으로 하여금 더 많은 가능성을 맞아들이게 하면서 경험의 수위를 조절합니다.

어떤 이들은 무의식의 가리개가 갑자기 제거되면서 뜻밖의 초월적 체험을 겪기도 하지만, 대부분의 깨어남은 신경계와 조화를 이루면서 점진적으로 일어납니다. 그것은 꽃이 꽃잎을 하나씩 하나씩 펼쳐 피어나면서 자신의 기적을 즐기는 것과도 같습니다.

신비주의의 역사를 통틀어 이런 희귀한 형태의 깨어남의 사례들이 사람들의 입을 통해 전해지고 있습니다. 이런 이야기들은 많은 사람들로 하여금 자신의 영적 여정에도 이런 극적인 돌파가 이정표처럼 필요한 것이라고 여기게 만들 수 있습니다. 빨리 깨어나고 싶다는 열망에 사로잡히면 영성 탐구의 동기가 진지하지 못해져서 지나친 성과주의에 오염되어 쉽게 좌절하게 됩니다. 역설적이게도, 마음을 조급하게 먹을수록 신경계가 과잉자극되고 의식 수준이 위축되어 당신이 추구하는 그 경험을 오히려 지각범위 밖으로 몰아내버립니다.

당신이 아무리 오랜 세월 동안 영적 추구에 몸과 마음을 바쳐왔어도, 신경계가 이완되기 전에는 진실에 대한 살아 있는 깨달음이 온전히 계시되지 못합니다. 신비 차원에서 천사와 유령과 이異차원계를 보는 일이나, 직관의 메시지를 수신하는 일까지도 신경계가 얼마나 이완되어 있느냐에 달려 있습니다.

한편, 조건화에 매여 있는 사람들은, 주변에 늘 존재하지만 자신이 아직 목격하지 못한 가능성에는 코웃음을 칠 것입니다.


## 심리적인 누에고치

신경계는 '심리적인 고치'를 만들어내기 위해서 과잉한 자극을 받아들입니다. 당신의 순수한 본성이라는 '나비'가 유아기부터 부화를 해오는 동안에, 당신은 더 깊은 모험에 대비한 개인적 경험을 얻습니다. 그 과정이 사춘기에 시작되든, 성인기에 접어들어 저절로 펼쳐지든 간에, 고치는 영적 진화라는 자극을 통해 그 막이 찢김으로써 제임무를 다합니다. 에고의 목적이란 결국은 깨지는 것이니, 삶에서 일어나는 모든 일은 우리의 발달과정에서 더 큰 우주적 현실을 드러내 보여주기 위해 필요한 단계입니다.

초월의 번쩍이는 순간을 경험하지 못한 사람들도 뭔가를 놓쳤다거나 뒤처진 것이 아니라는 것을 명심해야 합니다. 그들 역시 더 심오한 현실을 감지할 수 있는 시점에 이르려고 에고의 고치를 풀어헤쳐가는 중이니까요.

번쩍이는 깨달음을 경험한 사람들조차도 그 경험이 가물가물해지거나 좌우간 기억을 못하는 바람에, 신경계는 다시금 조건화된 그 익숙한 패턴으로 되돌아가게 됩니다. 이렇게 되면 그는 자신이 퇴보하는 건 아닌가 하고 생각할 수 있습니다. 깨달음이 물결쳐 밀려올 때는 너무나 선명하게 보였는데, 어느새 모든 것이 영적인 길에 발을 들여놓기 이전의 상태로 되돌아가버린 것처럼 여겨지지요.

이런 일을 겪으면 크게 낙심할 수도 있지만, 그 경험은 신경계로부터 아주 중요한 피드백을 제공해줍니다. 마치 인간의 굴레로부터 휴가를 나온 듯한 경험을 했을 수도 있지만, 그렇다고 해서 과잉자극의 패턴들이 당신의 에너지장에서 완전히 풀려난 것은 아니라는 사실을 각인시켜주지요. 신경계의 역할을 이해하지 못한다면 당신은 이것을 개인적인 일로 받아들이거나 영적 사명에 실패했다고 느낄 수도 있습니다.

반면, 당신이 과잉자극된 신경계가 삶의 전모를 선명히 보지 못하도록 가리기 위한 수단임을 알아차리고 나면, 당신은 자신의 영적 여정의 은총 속으로 더 깊이 들어가게 됩니다. 앞으로 더 나아갈수록 신경계는 풀어헤쳐지고, 그러면 몸은 더 깊이 이완할 수 있게 됩니다. 그리하여 당신 가슴의 꽃이 피어남에 따라 에고의 고치는 계속 벌어져 열립니다.

## 과잉자극은 어떻게 일어나는가?

신경계가 애초에 어떻게 지나친 자극을 받게 되는지 이해하기 위해 아기들의 행동을 살펴봅시다. 무엇보다도, 당신은 아기들이 이미 순수의식 상태에서 살고 있다는 것을 알고 있습니다. 그 상태로부터 아기들은 새로운 세상의 감각에 지속적으로 적응해갑니다. 자신의 에너지장에 낯선 가능성이 들어올 때마다 아기들은 울곤 합니다. 운다고 해서 그것이 꼭 아기가 고통을 당하고 있다거나 기분이 상해 있다는 뜻은 아닙니다. 그것은 낯선 가능성을 몸의 세포들로부터 쓸어내는 신경계의 작용입니다.

존재의 순수한 상태에서는, 당신의 장으로 들어온 감각적 경험은 자연스러운 리듬으로 즉각 반사되어 나갑니다. 이런 일이 일어날 때마다 잠재의식이 불려나와 그 패턴을 기록합니다. 잠재의식의 역할은 당신의 에너지장의 동향을 지속적으로 추적하면서 몸이 해야 할 일을 줄일 방법을 찾는 것입니다. 당신의 에너지장 속의 생명력이 가장 효율적으로 작용하게 하려는 것이지요.

아기가 낯선 소리를 듣는다고 상상해보세요. 그 소리의 파동은 즉시 아기의 에너지장을 지나가고, 아기의 신경계는 자동으로 그것을 반사해 내보냅니다. 이것은 마치 아기가 그 소리에 대항하여 우는 것처럼 보입니다. 이로 인해 잠재의식은 파동이 반사될 때마다 에너지 소비가 치솟는다는 것을 알아차리게 됩니다. 아기는 대부분의 경험에 줄곧 낯설게 반응할 것이므로 아기의 잠재의식은 그런 급등이 얼마나 자주 일어나는지를 추적합니다. 아기가 다중감각적인 삶에 자주 반응할수록, 신경계도 더 자주 나서서 감각을 반사해 내보냅니다.

그러면 에너지 소비의 급등이 잠재의식에 더 많이 기록되고, 결국 잠재의식은 결심을 합니다. — '에너지 소비가 급등하는 일이 이토록 잦으니 이렇게 치솟는 에너지의 정점을 새롭게 조건화된 에너지 상태로 삼아버리면 되겠군' 하고요.

이런 결정을 내리는 이유는 에너지가 급등했다가 다시 밑바닥의 자연 상태로 돌아가면서 발생하는 에너지의 소모를 줄이기 위해서입니다.

에너지가 급등한 상태가 새롭게 조건화된 존재 상태가 되면 삶에 대한 지각이 증폭되어서, 자연 상태는 그 밑에 감춰져버립니다. 이것은 찌그러진 렌즈를 써야만 보이는 양극성의 세계를 만들어냅니다. 양극성의 세계에서는 보이는 것을 있는 그대로 인식하는 대신, 모든 것을 다른 것과 비교하여 규정하고 이름을 붙입니다. 기준이 이렇게 바뀌고 나면 존재의 기적은 삶이라 불리는 관념이 됩니다. 이것이 바로 연극의 주연배우가 자신의 진정한 정체를 잊어버리게 되는 경위입니다. 낱낱의 장면마다 당신 존재의 순수한 본성은 힘겹고 복잡한 생존 패턴을 거치는 와중에 실재와의 접점을 잃어버리고, 끊임없는 긴장 상태에 휩싸이게 됩니다. 그러면서 결핍과 절망의 위협이 당신의 일상이 되어버리지요. 사랑으로부터 떨어져 나온 듯한 뿌리 깊은 느낌이 당신의 현실 속으로 기어들어오는 것도 이때입니다.

## 상호의존성과 중독의 패턴

이렇게 조건화된 왜곡이 자리를 잡으면 당신의 장場에 들어오는 경험들은 더 이상 반사되어 나가지 않습니다. 대신 그것은 몸속 세포들의 기억으로 기록됩니다. 곧이어, 세포기억의 정점은 한 인격의 정체성의 느낌, 곧 '나'라는 것을 창조해냅니다. 다른 사람들에 대응하여 자기를 강화하고 방어하고 보호하기 위해서이지요. 아기였을 적에 가졌던 순수성이 아동의 조건화된 기질로 변해가면, 더 많은 세포들이 신경계의 과잉자극된 상태를 유지하기 위해 암호화된 기억들로 점령당합니다. 그와 같은 의식 차원에서는 두 가지 패턴이 수시로 나서서 작용하는데, 상호의존성과 중독이 바로 그것입니다.

상호의존성이란 당신의 경험의 질이 다른 사람들의 행위나 행동에 의존하게 되는 경우를 말합니다. 그것은 다른 사람들이 만족하지 않으면 나도 행복할 수 없다는 믿음으로, 그 과정 속에서 당신은 자신을 부인하고 다른 사람들을 위해 살게 됩니다. 중독이란 자신이 삶을 통제하고 있다는 인식의 느낌을 유지하기 위해 어떤 경험이나 느낌을 요구하는 습관입니다. 상호의존적인 관계를 어느 정도로 쌓아가고 있는지, 얼마나 중독적인 습관 속에서 살고 있는지에 따라 당신의 신경계가 얼마나 지나친 자극을 받고 있는지를 알 수 있습니다.

부모들은 이 글을 읽고, 자신이 이 같은 조건화 과정에서 아기를 보호해줄 수만 있었다면 인간의 역경으로부터 아이를 구해줄 수 있었을 텐데 하고 상상할지도 모릅니다. 실상은 이렇습니다. ― 우리는 모두가 폭넓은 스펙트럼의 경험을 해보기 위해 이 지구별에 온 것입니다. 처음부터 끝까지, 우주의 완벽한 인도를 받으면서 말입니다.

마찬가지로, 조건화가 일어나는 방식을 이해하는 것만으로 모든 아이들이 받아 마땅한 부드럽고 자비로운 사랑의 돌봄을 대신할 수는 없습니다.

## 뼛속까지 정직해지기

신경계의 긴장을 풀어주는 가장 직접적인 방법 중 하나는, 뼛속까지 정직해지는 것입니다. 정직이란 온전히 노출된 상태로 나설 수 있는 당신의 타고난 능력이지요. 그럼으로써 세상으로 하여금 할 대로 하고 말할 대로 말하도록 허용하는 것입니다. 그럼으로써 당신은 관념의 영역을 뛰어넘어, 자신이 누구인지를 알 수 있게 됩니다. 숨기거나 억누를 것이 아무것도 없을 때, 아무에게도 피해를 주지 않고 거침없이 진실을 말할 수 있게 됩니다. 논의의 주제가 무엇이든 간에, 진실은 그 어떤 형태의 심판도 담고 있지 않습니다. 당신이 기꺼이 마음을 열고 자신을 내어놓는 만큼, 진실은 당신 자신에 대한 당신의 속 깊은 앎을 기쁘게 누립니다. 이것을 안다면, 삶의 궁극의 지혜는 늘 변함없습니다. 즉, 뼛속까지 정직해지면 기분이 좋아진다는 말이지요.

내가 '뼛속까지 정직해지기'라 부르는 것의 의미를 많은 이들이 외면하는 이유는, 다른 사람들의 반응을 직면하기가 두렵기 때문입니다. 세포 차원에서 보면, 감정적으로 반응할 때마다 그 사람의 신경계는 겹겹의 조건반응을 내보입니다. 가슴으로 내맡기면 당신은 어떤 감정이든 간에 자신이나 다른 사람이 느끼고 있는 그것은 치유되고 있는 또 다른 습관적 패턴일 뿐임을 거듭거듭 알아차리게 될 것입니다.

낱낱의 반응이 얼마나 참된 치유가 될 수 있는지를 모른다면 당신은 그런 반응들을 에고의 틀 안에서 해석하게 되기 십상입니다. 에고로서는 누구든 간에 자신을 열 받게 하는 원흉이라고 믿는 상대에게 온갖 비난과 방어의 행동을 퍼붓는 것이 당연한 일로 느껴지지요.

어떤 느낌은 정말 꺼림칙하고 불편하기 때문에, 그토록 많은 사람들이 정직해지기를 꺼려하는 이유도 이해가 갑니다. 정직은 온갖 감정적 반응을 다 일궈내니까요. 하지만 자신이나 다른 사람이 느끼는 모든 감정은 치유가 일어나고 있음을 알려주는 하나의 현상임을 이해하고 나면 당신은 인류의 진화를 의식적으로 앞당기고자 하는 우주의 뜻에 자신을 동조시킬 수 있게 됩니다. ― 그저 한 번씩의 '가슴에 중심을 둔 상호작용'으로써 말입니다.

나날의 삶이 영적 진화의 놀이마당임을 깨닫고 나면, 자신의 치유 여행의 최선두에 나설 용기를 체득하는 것만이 진짜 목표가 됩니다. 순간순간 얼마나 놀라운 치유가 일어날 수 있는지를 깨달을수록 당신은 더 이상 자신을 심판하지 않게 됩니다. 사랑으로 행동하기에 실패했을 때조차도 말입니다.

아무리 많은 노력을 쏟아 붓더라도, 신경계가 지나치게 자극받고 있는 한은 가슴에 중심을 둔 행동이 지향하는 바를 무조건 이루게 하는 건 어렵습니다.

과잉자극된 신경계의 긴장을 가장 깊은 사랑으로 녹여주는 것이야말로 새로운 영적 패러다임의 주제가 되는 이유도 바로 여기에 있습니다. 삶의 유희 속에서 자신과 타인들을 치유할 기회가 얼마나 자주 주어지는지를 깨달으면 에고에 대한 집착이 녹기 시작합니다. 그런 공간에서는 자신이 느끼는 감정 때문에 더 이상 희생자가 되거나 타인을 비난할 필요를 느끼지 않게 되지요. 마찬가지로, 자신의 기분을 다른 사람들에게 투사하게 될까 봐 두려워할 필요도 없어집니다. 왜냐하면 투사는 모든 감정을 안에 담아두고 억누르고 있을 때만 일어나기 마련이기 때문입니다.

감정적인 반응이 막 일어날 때는 속에서 끓어오르는 분노가 눈에 보이는 모든 사람들을 덮쳐서 폭발해버릴 것만 같이 느껴지기도 합니다. 하지만 모든 감정과 느낌을 열린 가슴으로 맞아들이면서 어떤 느낌이든 그 한가운데로 호흡하여 들어가면, 당신은 불편과 불만과 고통에 휩싸이지 않고 매 순간을 치유의 기회로 만들어주는 신성한 공간을 열 수 있습니다.

가슴을 활짝 열고 감정을 맞이하지 않으면 과잉자극된 신경계는 연료를 공급받아서 더욱 영속적으로 반응합니다. 당신에게 감정적 반응을 일으킨 사람을 비난하고 심판할 때마다 치유되고 있던 세포들은 곧장 감정적 패턴의 찌꺼기로 가득 찹니다. 이것은 나중에도 같은 감정적 반응이 일어나게 만들고, 그러면 삶은 당신으로 하여금 분노를 폭발시키고 마음 문을 닫아걸고 숨어 있게 만드는 감정을 다시금 경험하게 할 온갖 사건들을 편성합니다.

그런 습관 반응들을 하나하나 정직하게 대면하면, 당신은 강력한 변신의 순간을 가져다줄 촉매에 맞서 싸우는 습성으로부터 해방됩니다. 새로운 관심으로 자신의 느낌과 감정을 기쁘게 안아 들이면서 상대방을 정직하게 대면하면, 삶은 한층 더 수월하게 당신을 가장 높이 진화해가도록 도와줄 관계망 속으로 인도해줄 수 있게 됩니다.

사람들이 자신의 진실을 다룰 방법을 모른다고 믿는 이들도 있지만, 내가 말하는 정직성은 그 어떤 종류의 무기도 아닙니다. '뼛속까지 정직해지기'는 고발이나 비난이나 대립과는 아무 상관이 없습니다. 그것은 자신의 경험에서 느껴지는 바를 마음 열고 나누는 것과 비난의 마음을 투사하는 것의 차이를 직관적으로 알아차리는 식별력입니다.


## 더 깊은 치유 여정으로

뼛속까지 정직해지는 것이 갖는 또 하나의 좋은 면은, 상대방의 반응이 어떠하든 상관없이, 사람들과 모든 것을 진실하게 나누는 속에서 자신의 진화가 이뤄짐을 늘 잊지 않는다는 점입니다. 이것은 기꺼이 나누고자 하는 당신의 의지가 당신의 치유를 돕는 것과 마찬가지로, 그들의 반응은 그들의 에너지장에서 풀려나려고 하는 그것을 드러내주기 때문입니다. 당신이 자극을 받고 있든 아니면 상대방을 자극하고 있든 간에, 목표는 모든 이의 진화를 위해 당신의 방어기제를 내려놓는 것입니다.

누군가의 말에 귀를 기울여주는 것이 그 사람에 대한 최선의 지지가 되는 경우가 적지 않습니다. 또 어떤 때는 거리를 유지하여 필요한 공간을 주는 것이 든든한 도움이 되기도 합니다. 많은 이들이 알아차리지도 못하고 있는 가운데 걷고 있는 치유의 여정을 당신이 어떤 식으로든 존중해주기만 하면, 삶이 일으키는 믿을 수 없는 기적들이 당신의 현실 속으로 들어옵니다.

토론이 급물살을 타고 뜨거운 논쟁으로 고조될 때 중요한 것은, 상대방의 의견에 동의하느냐 동의하지 않느냐의 문제도 아니요, 당신의 입장을 정당화시키는 데 필요한 상대역도 아닙니다. 그것은 한 사람의 성장을 응원하기 위해서 모든 일이 얼마나 용의주도하게 짜여져왔는지를 목격할 좋은 기회입니다. 어떤 상황에서든 불편한 느낌은 당신이 자기 자신이나 상대방에게 뼛속까지 정직한 상태가 아님을 분명히 알려주는 장치로 작용합니다. 불편함이란 곧, 정직을 싫어함으로써 정체상태에 갇힌, 풀려나고 싶어하고 있는 세포의 기억을 가리키기 때문이지요.

이것이 "진실이 너희를 자유케 하리라"라는 말의 가장 중요한 의미를 부각시켜줍니다. 자유를 필사적으로 갈구하는 사람들이 많지만, 기꺼이 진실의 자리에 섬으로써 자신을 해방시키고자 하는 사람들은 그리 많지 않습니다.

이 같은 진실이 처음부터 남 앞에서 뭔가를 인정하라는 요구는 아닙니다. 다만 자신이 경험하고 있는 것의 속내를 자신에게 고백함으로써 뼛속까지 정직해지라는 부름에 응답하기를 요청하는 것일 뿐입니다. 자기 자신 앞에서 진실을 인정하고 나면 남들과의 친밀한 나눔이 훨씬 덜 위협적인 일로 느껴지기 시작합니다. 또한 정직해지는 순간에는, 당신이 결정을 회피하고 있는 어떤 중요한 사안이 사실은 당신이 따라야 할 최선의 관심사이자 이익을 가져다주는 일임을 인정할 수 있게 됩니다.

설사 당신의 정직이 대인관계나 사업의 기회를 갑작스럽게 끊어놓더라도, 그것은 완벽한 삶이 본래부터 지니고 있는 은총의 결과입니다. 전혀 상상하지 못했던 새로운 길을 제시받고 나면 당신은 자신의 길이 얼마나 놀랍게 예비되어 있었는지를 깨닫게 될 것입니다. 우주의 섭리에 대한 새로워진 믿음과 함께하는 당신의 정직은 더 이상 도움되지 않는 것들을 당신의 길에서 깨끗이 청소해줄 것입니다. 당신의 삶이 송두리째 뒤집힌다고 할지라도 그것은 더 광대한 지평이 나타날 수 있도록 공간을 비워주는 것일 뿐입니다.

당신만의 그 길을 가는 동안, 당신은 뼛속까지 정직해지는 일이야말로 새로운 영적 패러다임의 가장 강력한 영적 수행법 중의 하나임을 깨닫게 될 것입니다. 자신이 지금 이 순간 느끼고 있는 모든 것이 곧 치유임을 잊지 않는다면, 당신은 우주의 섭리와 더불어 세상을 끌어올리는 일에 하루에도 얼마나 자주 함께할 수 있는지를 깨닫고 기뻐할 수 있게 됩니다.

고통스러운 과거를 떠올리게 하는 감정을 환영하기란 많은 이에게 어려운 일이 될 수 있습니다. 이런 기분만은 받아들일 수가 없다고 포기할 수도 있겠지만, 사실 당신의 순수한 본성이 위협을 느끼고 숨기로 하든 그러지 않기로 하든 당신이 그것을 통제할 수는 없습니다. 아무리 막막하더라도, 당신은 당신이 가진 사랑의 힘으로 부정의 베일을 걷어 올리기 위해 지금 여기에 있는 것입니다.

"사랑해"라는 하나의 선언문으로 시작하든, 한 번에 몇 분씩 당신만의 사랑 선언문을 자신에게 되풀이해서 말해줄 수 있든 간에, 그것은 옷장 속에 숨어 있는 아이에게 이젠 드디어 나와 놀아도 괜찮다고 속삭여주는 것과도 같습니다. 이 비유에서 아이는, 당신 가슴의 옷장 속에 숨어 있는 당신의 순수한 본성, 순진무구한 자아를 가리킵니다. 그 아이가 숨어 있던 곳에서 나와도 괜찮다고 느꼈다면 당신은 앞으로 펼쳐질 여정에 대한 아이의 신뢰를 되찾은 것입니다.

당신의 그 모든 영적인 성취는 접어두더라도, 뼛속까지 정직해지고자 하는 당신의 의지와 자신을 사랑하는 마음이야말로 당신의 가슴이 얼마나 성숙하고 열려 있는지를 웅변해줍니다. 정직해지기가 두려운 마음이 들더라도 두려워하는 그를 사랑하는 시간을 가짐으로써 세포들의 기억을 당신의 에너지장에서 더욱더 많이 해방시키도록 하십시오.


## 공감 잘하는 아이

성년이 되어 에고의 작용을 이해하게 되었을 때, 나는 곧 공감을 잘하던 나 자신의 어린 시절을 떠올렸습니다. 그리고 나의 어린 자아가 '에너지의 스펀지'와도 같았음을 분명히 깨달았습니다. 나는 주변 사람들의 가슴속에 있는 풀리지 않은 감정의 찌꺼기들을 곧잘 느끼곤 했지요. 그리고 그 조그마한 아이였던 내가 잠재의식 속에서 이런 결심을 하는 모습을 '보았습니다.' ─ '상대방이 있는 그대로의 나를 사랑하려고 하지 않거나 가로막혀 있는 것처럼 보이면, 그들의 장에서 느껴지는 조건화된 패턴을 복제하여 그들의 가슴을 해방시켜주자.'

그렇게 순진하게 길을 가면서, 나는 생각했습니다. 그들을 짓누르고 있는 것으로 느껴지는 이 조건화에서 자유로워지기만 하면 자신들의 짐이 가벼워졌음을 느끼게 될 것이고, 내가 그렇게 열망하던 사랑을 나에게 주지 않도록 가로막는 것들이 그들의 가슴에서 더 이상 자리 잡지 못하게 될 것이라고요. 내 의도는 그들의 고통을 내가 짊어져 짐을 덜어주려는 것이었지만, 나는 단지 내 몸의 세포들 속에 그들이 경험했던 느낌을 그대로 복제하고 있었을 뿐이었습니다. 이 복제 과정이 일어날 때, 나는 그들을 조건화하고 있는 것들을 비춰주는 완벽한 거울이 되고자 했습니다. 그들이 내 안에 비친 자신의 모습을 볼 수 있다면 나에게 마음을 더 열리라는 희망으로 말입니다.

어떤 차원에서 나는, 내가 바라보는 세상과 더 닮아지려고 그렇게 했던 겁니다. 내 주변 사람들의 과잉자극된 신경계와 공명을 일궈내는 한 방법으로서 말입니다. 그때 나는 모든 존재의 과잉자극된 신경계가 집단 무의식으로 알려져 있는 지구의 에너지장을 만들어내는 과정을 보았습니다. 이 집단무의식은 신경계의 과잉자극된 상태야말로 일상사회 속에서 영위하는 인간들의 정상적인 상태라는, 문화적 동질성의 느낌을 만들어내고 있었습니다.

그런 기억들이 계속 떠오르는 동안 나는 이 지구에 와서 내 가족의 일원으로 몸을 입기 이전의 나를 보게 되었습니다. 나는 모든 사람들이 더욱 깨어나도록 부추기기 위해서 이 조건화된 패턴을 복제하기로 동의한, 하늘나라에서 내려온 천사 같았습니다. 나는 그러기로 동의했고, 내 진화 과정의 어느 시점에 이르면 내가 수집한 그 조건화된 패턴들을 변성시키기 위해서 깨어나기 시작하기로 되어 있었습니다. 나는 그 변성 과정이 '하나(One)'가 지닌 상호연결성에 의해 물결 효과를 일으켜 존재하는 모든 것을 일깨우리라는 것을 알았습니다. 인류 역사에 걸쳐 조건 지어진 무수한 계보의 풀리지 않은 패턴들을 해방시키기 위한 하나의 방법으로서, 내가 일부러 한 가족의 일원으로 몸을 입고 내려와서 그들이 지니고 사는 조건화된 패턴을 떠안았다는 사실을 깨달았습니다.

신경계가 과잉자극되는 만큼 에고에 대한 집착도 강해져서 문자 그대로 옥죈다는 사실을 이해하기 시작했을 때, 나는 몇 가지 흥미로운 연관성도 알아차리게 되었지요.

가슴의 문이 닫히면 우리는 자신의 신성에 관한 진실로부터 분리된 기분을 느끼기 쉽습니다. 그러면 타협하고 싸우고 방어하여 에고라는 가공의 정체성을 호시탐탐 강화하려는 노력이 거의 저절로 일어납니다. 나는 에고라는 현상을 나쁜 것으로 보지는 않고, 그것을 나의 치유 여정이 시작될 때까지 나의 순수한 본성이 몸을 숨길 곳으로 여겼습니다.

어떤 일이 일어나든 그것을 사랑하는 법을 터득했을 때, 나는 내 몸이 얼마나 재빨리 이완되곤 하는지를 알아차렸습니다. 그런 이완 상태에서 나의 순수한 본성이 이제는 숨어 있던 곳에서 나와도 괜찮을 정도로 안전하다고 느꼈습니다. 내가 더 이완되고 느긋해질수록 의식은 더욱 확장됐습니다. 이때 나는 차크라, 곧 몸속의 에너지 중

추가 열리고 휴면 DNA 가닥이 활성화되고 더 큰 직관력이 생기는 것을 경험했습니다. 많은 사람들이 무진 애를 써서 추구하는 다른 많은 영적 징표들과 함께 말입니다.

사랑만이 일궈낼 수 있는 이 같은 각성과 더불어, 나는 모든 것이 나를 위해 공모하고 있는 듯한 느낌 속에서 삶과 조화롭게 어우러질 수 있었습니다. 나를 위해서 일어나는 일들은 동시에 내 주변의 모든 사람들을 위한 가장 고귀한 가능성이기도 하다는 사실 또한 분명해졌습니다.

조율된 에너지로 새로워진 그 공간으로부터, 나는 일들을 상상하는 것만큼이나 빠르게 현실화할 수 있었습니다. 나는 사람들을 내게로 끌어오되, '더욱 의식이 깨어 있는 버전의 그들'과 함께 일했습니다. 그들도 내가 없는 곳에서는 전혀 다른 행동방식으로 되돌아갔지만요. 깨달음의 다양한 단계들과 그 너머의 단계에서조차, "사랑해"라고 할 때마다 신경계가 이완되면서 영적 여정에서 추구해온 낱낱의 목표들이 애쓰지 않고도 술술 이뤄진다는 것을 나는 발견했습니다.

그 결과로 가슴에 중심을 둔 의식이 드러남에 따라, 다투고 방어하고 타협할 필요성은 사라져버렸습니다. 그 공간에는 잘못된 사람은 아무도 없었고, 옳을 필요도 없었습니다. 그저 삶이 일으키는 작용들을 알아차리고, 모두의 진화를 위해 사랑으로써 응답하고자 하는 의지만 남았습니다.

## 불만족과의 다툼 끝내기

옳을 필요가 없어진다면 어떻게 될까요? 더 이상 누구에게도 방어적인 태도를 취할 필요가 없어진다면 어떻게 될까요? 심지어 무시당하거나 억울한 비난을 받더라도 말입니다. 자신이 가지지 못한 것이나 삶의 불공평에만 주목하지 않고, 가슴을 활짝 열 때 펼쳐질 놀라운 가능성을 삶 속으로 맞아들이면 어떻게 될까요? 당신은 자신의 연극무대의 매 장면 속에서 탁 트인 공간이 펼쳐져 열리는 것을 발견하게 될지도 모릅니다. 그 공간에서는 사랑만이 보여줄 수 있는 정직하고 너그럽고 따뜻한 연기를 마음껏 펼칠 수 있을 것입니다.

존재의 완전히 새로운 방식을 발견하고 나면 당신은 삶 속의 거의 모든 고투가 불만족이라는 느낌에 맞선 싸움임을 알 수 있게 됩니다. 자신의 어떤 경험에 대해 탓을 돌릴 사람이나 상황이 존재한다면 그것은 불만감이 있다는 분명한 징표입니다.

사실, 스트레스 쌓이고 고통스러운 상황에서도 남을 탓하는 습성을 내려놓기만 하면 고통과 스트레스는 훨씬 줄어들 겁니다. 이것은 당신이 방어적인 태도로 고통과 스트레스를 영속화하는 대신 그 고난의 구덩이로부터 벗어날 수 있도록 도와줍니다. 불만이란 것이 당신이 느끼고 싶지 않은 방식으로 여겨질 때에는, 그에 대적하는 것이 정상입니다. 하지만 당신이 거기서 더 의미 깊은 뭔가를 발견하지 못하도록 가로막는 것은 불만족의 원인에 대한 부정과 회피, 차단, 비난의 충동입니다.

## 찾아 헤매는 강박

불만감의 근저에는 늘 뭔가를 찾아 헤매는 강박적인 습관이 자리 잡고 있습니다. 이런 잠재의식의 습관 속에는 결핍의 좌절을 피하기 위해 뭔가를 자꾸 찾고 싶어하는 충동이 있습니다. 예를 들어봅시다. 사람들은 안전의 방도를 많이 찾아낼수록 불안감을 멀리할 수 있으리라고 믿습니다. 그것은 에고가 '뭐든 많이 모아서 쌓아놓으면 불가피한 상실(inevitability of loss)이라는 놈에게 조금이라도 덜 당하겠지' 하고 믿는 것과 같습니다.

결핍의 고통을 피하기 위해서는 뭐라도 찾아봐야 한다는 잠재의식의 습성이 사회구조 전반에 물들어 있습니다. 예컨대 자신의 보잘 것없는 경력에 좌절한 젊은이는 온 세계를 떠돌다가 아주 새로운 나라를 찾아갑니다. 하지만 도착한 지 얼마 지나지 않아 에고는 또 뭔가를 더 하고 싶어 다른 곳으로 눈을 돌리고, 새롭던 그곳은 더 이상 새롭게 느껴지지 않게 됩니다.

사랑하는 사람을 잃고 나면 에고는 사치품을 구입하거나 지금보다 행복했던 과거의 추억 속에 빠져 듦으로써 고통을 억누릅니다. 물론 모든 결정이나 구입행위가 에고의 작용이라는 말은 아닙니다. 에고가 결핍의 치료제로서 뭐든 자꾸 끌어모으려 하고 있는 것인지 아닌지는, 당신이 스스로의 선택에 대해 어떤 믿음을 품고 있는지, 혹은 그것이 무엇을 가져다주리라고 기대하는지를 살펴보면 알 수 있습니다.

영적인 길에서조차도 불만을 해결하기 위한 방법을 찾으려는 경향이 보이는 건 신경계가 얼마나 잘 과잉자극될 수 있는지를 말해주는 징표입니다. 어떤 경우에는 에고가 삶의 혼란을 덜 겪고 싶다는 희망으로 명료한 의식상태를 찾아 영적인 길을 나설 수도 있습니다. 그것이 더 나아가서는 고통을 덜 겪기 위한 방법으로서 더욱 자유로운 상태를 추구하는, 가장 높은 수준의 열망이 될 수도 있습니다. 에고는 또한 마음을 더 평화롭게 하기 위한 방편으로 잡념이나 두려움을 줄이도록 애씀으로써 양극성을 다소간 누그러뜨릴 수도 있습니다.

삶의 여러 양태들이 에고가 자기 자신을 재창조하기 위한 한 방법인 경우가 많습니다. 심지어 새롭고 진보된 영적 인간이라는 이미지를 차용하기도 하지요. 그럼에도 에고가 영구적인 재창조물로 사용할 수 없는 한 가지가 있다면, 그것은 사랑입니다. 왜냐하면 사랑은 에고의 근원을 바로 건드리는 높은 진동수의 에너지이기 때문입니다.

삶 속으로 사랑을 맞아들이면, 뭔가를 찾아 헤매도록 끊임없이 들쑤셔서 당신을 그토록 불만족에 빠뜨리는 잠재의식의 습관적 패턴이 해체됩니다. 이것은 영적인 현미경 아래에서 살면서 그토록 진을 뺄 필요가 없다는 뜻입니다. 대신에 가슴을 여는 일에만 전념함으로써 당신 대신 사랑이 그것을 모두 해체해버리도록 내버려둘 수 있는 것입니다.

## 채움과 버림의 쳇바퀴

　신경계가 지나치게 자극될 때, 에고는 채우기와 버리기의 양극 사이를 주기적으로 오가며 흔들립니다. 먼저, 에고는 결핍의 고난을 겪는 일로부터 멀어지려고 더 많은 것을 찾아 나섭니다. 더 많은 것에 대한 갈구를 잠시 채우고 나면 에고는 불가피하게 기어를 바꾸어서, 찾아 헤매는 데 사용하던 그 에너지를 삶에서 뭔가를 없애는 데에 사용합니다.

　그 한 예로는 외로움의 처방으로 여겨지는 소울 메이트에 대한, 채워지지 않는 욕망을 들 수 있습니다. 그렇게 짝을 찾아 나서면 더러는 그런 짝을 만납니다. 그 로맨스는 어쩌면 일주일, 몇 달, 혹은 몇 년까지 가기도 하겠지만, 결국은 그런 관계를 그토록 열망했던 사람이 이제는 마음을 바꿔 혼자 살면 행복해지리라고 믿게 됩니다. 그래서 다시 혼자가 되면 그들은 곧 다른 짝을 찾아 나서고, 그 새로운 관계가 얼마나 가든지 말든지 동일한 패턴을 되풀이합니다.

　물론 헤어지는 게 훨씬 더 행복할 텐데도 같이 사는 사람들도 있습니다. 하지만 채우기와 버리기의 주기(cycle) 사이의 왕복이 그토록 어김없이 반복된다면 그들에게도 어떤 힘이 손을 뻗치기 시작하고 있는 건 아닌지를 살펴봐야 할 때가 된 것일 수도 있지요.

　당신은 이 글을 읽으면서 이렇게 생각할지도 모릅니다. '나도 이런 패턴과 주기에 대해 알고 있어. 그래서 난 그런 문제를 해결하려고 영적인 길을 열심히 가고 있는 거야.' 하지만 에고의 문제를 해결해보려고 가는 그 길이 에고가 자신을 새로 지어내게 하는 새로운 길이 되어버린다면 그건 더 절망스러운 일이 될 수도 있습니다.

또한 영적인 길이 당신의 에고를 감시하거나 반대하도록 가르친다면 문제가 더 복잡해질 수 있습니다. 그러면 에고는 그저 새로운 영적 인격을 지어내고, 그것은 에고가 겉으로 모습을 드러내지 않도록 마음을 감시하기 시작할 테니까요.

모든 걸 반듯하게 정돈하고 바로잡으려고 무진 애를 쓰다가 스스로 나자빠지지 않도록, 당신 자신을 사랑에 잠기게 하라고 권장하고 싶습니다. — 당신 안에 아무리 많은 습관적 패턴과 신념과 분별, 자해적인 습관들이 득실거리고 있더라도 말입니다. 당신이 지금 이 글을 읽고 있다는 사실 자체가 삶이 당신에게 가장 큰 성공이 보장된 쪽을 가리켜주고 있다는 새로운 희망입니다.

올바르게 살 줄을 모르는 사람이나 실패자로 느끼는 사람, 불만의 짐을 잔뜩 지고 있는 사람마저도 사랑하면, 당신은 그 즉시 가슴으로 느껴지는 진정한 구원의 길을 향해 모퉁이를 돌게 됩니다. 이것이 바로 내가, "당신은 언제나 더 적은 사랑이 아니라 더 많은 사랑을 받을 자격이 있다"고 말하는 이유입니다. 당신의 순진무구한 자아에게 더 많은 사랑을 베풀수록, '채움과 버림'의 패턴과 함께 '따고 잃음'의 척도까지 금방 떨어져 나가버릴 것입니다.

요컨대 에고의 패턴에 사로잡히는 것은 에고가 해결하려고 하는 바로 그 불만족을 창조하게 됩니다. 사랑으로 영원히 돌아가서 인간의 고통의 속알맹이를 온전히 처리할 때까지 말입니다.

'이건 더 많이, 저건 더 적게' 하는 충동이 일어날 때마다 그것은 당신 내면의 아이가 사랑을 갈구하여 외치는 소리임을 알아차리기만 하면 고통과 스트레스와 불의와 적개심의 세상이 평화와 자유와 격려와 기쁨의 현실이 됩니다.

# 5

# 마음의 과잉반응


'어떤 일이 일어나든 그것을 사랑하기'를 익히는 과정에서, 당신의 주의를 요하는 신체부위가 언제나 가슴뿐인 것은 아닙니다. 가슴은 당신이 항상 주의를 모아야 할 중심으로 남아 있지만, 쉴 줄을 모르고 분주히 움직이는 마음에 사랑을 보내어 신경계를 풀어주는 것도 도움이 됩니다. 당신도 살면서 겪겠지만, 가슴이 닫히기 쉬운 만큼 마음 또한 소란해지기 쉽습니다. 친절과 포용과 도움과 관심이 필요한 아이를 안아주듯이 마음을 포근히 껴안아주면, 한순간도 침묵할 줄 모르는 그를 존중해줌으로써 그 모든 갈등의 끝을 내게 됩니다. 많은 이들이 심판으로 가득하여 상처 주고 파괴하는, 주의를 빨아 당기는 생각들에 반응하는 탓에 마음을 싸움터로 보냈습니다.

마음의 플러그를 뽑아버릴 수만 있다면 얼마나 평화로워질지를 상상해보는 것도 나름 의미는 있겠지만, 마음은 우주가 당신이 사랑으로 돌아오도록 돕기 위해 '관심을 끌어당기는 장치'로 사용할 때만 과잉활동 상태를 유지합니다.

마음이 의심과 두려움과 고통과 비판으로 과잉반응하여 스스로 진을 빼는 이유는 당신이 그것을 즐기든가 동의하든가 하는 것과는 전혀 무관합니다. 영성을 결코 복종 훈련 같은 것으로 오해해서는 안 됩니다. 당신의 목표는 마음과 씨름하여 굴복시키는 것도, 가슴을 억지로 열어젖히는 것도 아닙니다. 당신의 길에 보내는 나의 권유는, 마음의 활동과 움직임까지 포함하여 '그 모든 것을' 사랑의 기회로 여기라는 것입니다. 그칠 줄 모르는 마음의 지껄임을 하나의 알람시계로 생각해도 됩니다. 그 알람시계의 용도는, 흔들림 없는 지지와 응원의 가슴으로 자신의 마음을 껴안을 완벽한 순간을 알려주어서 당신을 일깨우기 위한 것입니다.

이 조화롭고 그윽한 공간으로부터, 당신은 마음을 꾸짖는 대신 마치 아파하는 다섯 살짜리 아이에게 사랑이 뻗쳐가듯이 마음에 반응하게 됩니다. 내가 자주 말하듯이, 보채는 아이를 달래는 식까지는 아닐지라도 지금까지처럼 자신을 다그치는 식이어서는 안 됩니다.

아이를 달래는 부모 같은 태도로 마음을 대할 때, 그 안전한 느낌이 당신의 가슴을 활짝 열리게 해줍니다. 마음의 알람시계가 당신이 사랑해줄 다음 차례가 누구인지를 제대로 알려주어 제 기능을 잘 하고 나면, 다음 알람이 울릴 때까지 마음은 잠잠해집니다.

자동차에는 연료 게이지가 있어서 연료가 갑자기 바닥날 일을 걱정할 필요가 없는 것처럼, 감정적 반응이나 머리의 지나친 활동이 완벽한 경보장치로 작용하고 있으면 자신을 언제 사랑해줘야 할지를 몰라서 걱정하거나 스트레스를 받을 이유는 전혀 없습니다.

이해의 정도를 떠나, 당신의 실로 신성한 본성을 드러내주는 가장 훌륭한 본보기는, 열린 마음과 열정으로 삶에 참여하는 데에 망설임이 없을 정도로 안전함을 느끼는 몸입니다. 당신이 오기만을 내내 기다리고 있던 가슴 설레는 그 가능성에 응하고 나면 당신은 세상이 아무리 혼란스러워 보여도, 누가 아무리 들쑤셔도 편안히 응답할 수 있게 됩니다.

## 호흡을 늦춰야 할 때

신경계가 지나치게 자극되었음을 알려주는 또 다른 신호는 얕은 호흡입니다. 가슴이 닫히는 만큼 마음도 소란해지듯이, 신경계가 지나치게 자극되면 그만큼 호흡도 얕아집니다. 호흡이 느려지고 깊어지면 마음은 침묵을 회복하고, 가슴은 열립니다. 하루에 몇 차례 잠시 멈추어 호흡을 가다듬기만 해도 어디를 가든지 안전함을 느끼는 본능적 능력을 키울 수 있습니다.

강력한 치유의 연습으로서, 다음과 같이 호흡을 해보십시오.

느리고 깊게 호흡하는 법을 확실히 모른다면, 평상시보다 더 편안하게 코로 숨을 들이쉬십시오. 마치 꽃향기를 맡고 있는 것처럼, 서서히 숨을 들이쉬면서 숨의 길이가 얼마나 길어지는지를 알아차리십시오. 한껏 들이마셨다고 느껴지면 잠시 멈추십시오. 그런 다음 서서히 입으로 숨을 내쉽니다. 아이가 음료에 빨대를 꽂아 거품을 내듯이

입을 통해 부드럽게 숨을 내쉬십시오. 다시 한 번 서서히
코로 숨을 들이쉬고, 잠시 멈춘 다음, 서서히 입으로 숨을
내쉽니다.

코를 통해 숨을 들이쉼으로써 신성의 향기를 맞아들이고, 잠시 숨을
멈춤으로써 삶의 장려함을 음미하고, 그런 다음 자신과 모두를 위해
자비와 기쁨, 평안의 축복을 내보냅니다. 천천히 숨을 들이쉬고 내쉬
면 당신은 타인의 행동을 통제하고자 하는 습성에서 해방될 수 있습
니다. 조화란 다른 사람들이 내 의식의 진동에 일치되는 것이라고 더
이상 우기지도 않게 됩니다.
　상대방이 당신의 입장에서 당신을 이해해주기만을 바란다면 다
른 사람들의 저마다의 독특한 여정에 대한 고려를 망각해버리게 되
기가 쉽습니다. 당신은 자신이 다루기 쉬운 장애물들을 경험해왔을
지 몰라도 똑같은 장애물이 다른 사람의 인생에서는 넘기 어려운 역
경이 될 수도 있습니다. 다른 사람과 관계를 맺을 때 그 사람이 당신
을 떠받들듯이 대해주기를 바라는 당신의 마음은 이해가 가지만, 중
요한 것은 상대방의 해결되지 않은 습성에 말려들지 않고 자신의 의
식의 진동수를 유지할 수 있도록 상대방보다 여유롭게 천천히 호흡
하는 것입니다.
　다른 사람의 호흡 속도를 알아보는 쉬운 방법은, 그들이 말하는
속도를 귀 기울여 살피는 것입니다. 얕은 호흡은 발음이 부정확하고
빠른 말투로 이어지기 쉽습니다. 천천히 말하면 성급하게 결론을 끌
어내려고 문장을 몰아치는 강박에서 벗어날 수 있습니다. 방어적이

고 산만하거나, 열린 가슴으로 만나기 힘든 사람 앞에서는 더욱 천천히 말하고 호흡을 더욱 깊게 하십시오. 그러면 그들 자신보다 당신이 그들의 삶에 더욱 귀를 기울여주는 사람이 될 것입니다.

상대방의 말을 방해하지 않고 관심을 깊이 기울일수록 그들도 당신의 진지한 태도와 진지한 경청자의 자세를 느끼게 될 것입니다. 그러면 그들 또한 자기 자신을 더욱 자주 대면하여 귀 기울이고 싶어지게 되기가 쉽습니다.

자신이 바라는 응원과 친절과 관심을 스스로가 자신에게 줄 수 있기 전에는 누구도 타인에게 진정한 관심을 기울일 수가 없다는 사실을 명심해야 합니다. 이것은 당신으로 하여금 다른 사람들과의 만남을, 마치 명상을 하듯이 호흡 속도를 늦추면서 상대방의 말에 귀 기울이는 연습을 할 기회로 받아들이게 해줍니다.

마찬가지로, 상대방의 말에 응답하는 일은 당신이 오매불망 듣고 싶어했던 그 말을 큰 소리로 속 시원히 말해줄 수 있는 기회를 덤으로 제공해줍니다.

상대방이 살아온 환경이 당신이 살아온 내력과 엇비슷하지 않더라도 감정의 차원에서는 언제나 공동의 장을 찾아낼 수 있습니다. 그들이 당신과 얼마나 다른가에 주목하는 대신 자신에게 차분히 이렇게 물어보십시오. ― '그의 분위기에서는 어떤 감정이 느껴지는가? 나도 그런 식으로 느꼈던 적이 있었던가? 그렇다면 그때 누군가가 내게 해줬으면 기분이 한결 나아졌을 말은 무엇이었을까? 내가 이 두 가슴을 모두 쓰다듬어줄 그런 말을 해주는 사람이 될 수 있을까?'

상대방이 당신의 친절에 어떻게 반응하는가와는 상관없이, 당신이 실컷 — 혹은 전혀 — 듣지 못했던 말을 되뇌기만 해도 당신은 예전보다 훨씬 더 치유되고 조율되고 폭넓어진 삶을 스스로에게 보장해주고 있는 것입니다.

호흡을 늦추며 자신의 말을 음미하고, 상대방의 말에 더 주의 깊게 귀를 기울이고, 당신만의 사랑 선언문을 상대방에게 선사하면, 당신은 더 높은 진동의 의식 속에 닻을 내리게 됩니다. 그러면 상대방의 얕은 호흡이나 말하는 속도에 자기도 모르게 끌려가지 않고, 상대방이 최대한 당신의 주파수에 맞춰 다가오도록 상대방의 잠재의식을 맞아들일 수 있게 됩니다.

상대방의 습관에 말려드는 것이 대화 중에 오해가 일어나게 되는 원인입니다. 갈등이 일어날 때, 보통 각자 상대방에 대한 지적이나 요구를 통해 서로 우위를 차지하려고 씨름을 벌입니다. 가슴에 중심을 둔 삶을 살면 대화는 곧 자신의 순수한 본성에 더욱 조율해 들어갈 수 있는 기회가 됩니다. 그것은 당신이 실컷 듣고 싶어했던 말을 다른 사람에게 들려주고, 다른 사람들이 예전에 당신의 말을 들어주었던 것보다 더 깊은 차원에서 상대방의 말을 경청해줄 수 있는 연습의 기회인 것입니다.

잠재의식은 당신이 자신에게 하는 말과 다른 사람에게 하는 말을 구분하지 못하므로, 대화는 곧 상대방의 치유를 돕는 칭찬을 선사할 기회이자 당신의 내면을 다시 프로그래밍할 수 있는 아주 요긴한 방법이 됩니다.

아이와 이야기를 하고 있든, 친지를 만나고 있든, 일을 하고 있든 간에, 당신이 지금 처해 있는 상황은 당신이 자신의 본성인 사랑으로서 조화로운 삶을 살 수 있게끔 당신의 변화를 돕고자 우주가 마련해 준 것입니다.


## 양극성의 법칙

대인관계의 진동수를 끌어올리는 가장 효과적인 방법의 하나는, 양극성의 법칙을 활용하는 것입니다. 이 법칙에 비추어보면 상반되는 힘들 사이의 균형을 더 잘 이해할 수 있게 됩니다. 상대방의 에너지에 맞서는 대신 그 반대로 하기만 하면 되는 것이지요. 상대방이 외친다면 당신은 듣는 쪽을 택합니다. 외침은 얕은 호흡을 통해서만 일어나므로 당신은 호흡을 고르고 늦춥니다. 상대방이 긴장하고 경직되면 당신은 몸을 편안히 이완합니다. 상대방이 불평하면 당신은 칭찬으로 응수합니다. 심지어 상대방의 에너지와 언행이 당신을 압도해오는 느낌을 받더라도, 양극성의 법칙은 당신이 뒤로 물러서도록 속삭여 상대방에게 더 많은 시간과 공간을 내어주게 합니다. 그러면 그들도 자기 자신과 좀더 가까이 함께할 수 있게 됩니다.

스트레스나 고통, 혹은 남을 탓하는 마음이 일어날 때마다 그 반대의 행동을 하는 법을 터득하면 당신은 삶에서 일어나는 결정적인 치유의 순간마다 모든 가슴을 위한 '신성한 공간'을 열어놓을 수 있게 됩니다.

이것은 또한, 삶이 늘 베풀어주고 있는 조화와 축복과 기쁨을 느끼기 위해서 다른 사람이 특정한 방식으로 행동해줘야만 할 필요는 없다는 사실을 깨닫도록 도와줍니다. 어떤 배우자가 당신을 가장 열렬히 지지해주고, 당신에게 필요한 모든 사랑을 베풀어주는 사람이라면 그 또한 의미 있는 일이겠지만, 인정받을 때와 무시당할 때의 느낌에 차이가 난다면 그것이야말로 당신이 자신의 가슴을 얼마나 사랑하는지를 비춰 보여주는 거울이 됩니다.

상대방이 당신을 더 잘 대해주기를 고대하고 있는 동안에는 자신의 순진무구한 자아가 요구하는 것을 자기도 모르게 무시해버리기가 십상입니다. 이런 습성에 빠져 있을 때는 모든 사람이 당신의 말에 더 주의 깊게 귀 기울이고 달리 행동하기를 배워서 당신의 입맛에 맞는 상대가 되어주기를 바라는 당신의 바람은 끝을 모릅니다.

어떤 관계에 대해 당신이 품고 있는 요구가 당신으로 하여금 상대방에게 영향을 끼치는 사람이 되기를 부추긴다면, 양극성의 법칙은 당신을 도와 아무리 잘 타협해도 얻기 힘든 따뜻한 지지와 주의 깊은 경청을 당신과 상대방 모두에게 선사하는 공간이 발견되게 합니다. 이 같은 우주의 법칙은 관계를 한결 더 친밀하게 바꿔줄 잠재력을 지니고 있지만, 헤어지기를 두려워하여 관계를 피하면서 홀로 자신을 사랑하는 방법으로 쓰이도록 의도된 것은 결코 아닙니다.

에너지에 민감한 영혼인 우리는 자기 내면의 인도자의 지혜에 따르기보다는 상대방의 느낌이나 반응에 더 주목하게 되기가 쉽습니다. 심지어는 '그들이 먼저 나를 선뜻 놓아주기 전까지는 그들을 신경쓰지 않을 도리가 없다'는 믿음마저 있을 수 있습니다.

상대방을 다치게 하거나 절망하게 만들지도 모른다는 두려움에 자기도 모르는 사이에 이미 깨진 관계 속에서 머뭇거리게 될 수도 있습니다. 자신의 길을 가는 것이 두 사람 모두의 가슴을 위해 가장 자비로운 길임을 깨닫지 못하고 말입니다. 당신의 가장 깊은 진실을 말할 때는, 거기에 누가 어떻게 반응하든 상관없이 나눔의 순간은 모든 이의 영적 성장을 위한 촉매로서 작용하게 됩니다.

## 영적 상호의존

에너지에 민감한 영혼들에게 있어, 상대방이 상실의 아픔을 소화하도록 도우려는 뜻으로 이미 끝난 관계 속에서 머뭇거리는 것은 당연한 겁니다. 당신이 상대방에게 얼마나 집착했든, 혹은 그 사람이 당신에게 얼마나 많이 매달렸든 간에, 그와 같은 역학관계는 당신이 거기서 나와서 당신의 관심을 요구하고 있는 순진무구한 자아를 위해 시간을 내줄 수 있게 되지 않는 이상 갈수록 더 해로울 뿐입니다.

어떤 관계에 시간과 에너지를 얼마나 쏟아 부었든 간에, 양극성의 법칙은 당신이 영적 상호의존 관계 속에서 길을 잃지 않으면서 모든 가슴을 치유해줄 신성한 공간을 열 수 있게 해줍니다. 이것은 다른 사람들이 당신의 입맛에 맞는 선택을 할 때까지 기다림으로써 당신 자신의 진화의 발목을 잡는 일로부터 당신을 자유롭게 해줍니다. 설령 당신에게 옳다고 여겨지는 선택이 다른 사람을 다치게 하는 듯 보일지라도, 그로써 일어나고 있는 삶의 가장 깊은 치유 앞에서 당신은 겸허해져야 합니다. 상대방이 겪고 있는 고통 때문에 당신의 속이 아무리 상하더라도, 그것은 의식의 확장이라는 선물이 주어지는 것일 뿐이라 죄책감을 느낄 이유가 없지요. 당신의 결정을 다른 사람들이 거부할 때 그것을 어떻게 밀고 나가야 할지 모르겠다면, 그것은 당신 내면의 안내에 따라 돌파되어야 할 큰 기회가 아닐 수 없습니다. 상호의존성을 당신이 사랑으로 극복해야 할 다음 문제로 받아들이면서 말입니다.

자신이 누구에게도 등을 돌리고 있지 않다는 걸 기억하는 게 중요합니다. — 당신은 최고의 가능성이 기다리는 방향으로 나아가고 있을 뿐입니다. 가장 절망적인 순간에 사람을 버리는 것처럼 느껴진다고 할지라도, 당신은 상대방에게 적당한 거리를 주도록 우주의 인도를 받고 있는 것입니다. 많은 사람들에게는 그것이야말로 내면으로 눈을 돌려 자신의 순수한 본성을 더 높은 영적 차원에서 발견하게 하는 유일한 방법이기 때문입니다.

양극성의 법칙을 통해, 당신은 당신의 현실 속으로 들어오는 인물들 하나하나가 모두 개인적 성장을 위한 살아 있는 플래시 카드(그림과 글자가 적힌 학습용 카드, 역주)임을 알아차리게 됩니다. 각각의 카드는 당신을 비난하는 사람들이나 문을 닫아거는 사람들에 반응하여 당신이 그 반대의 행동을 하도록 고무함으로써 삶 속에서 이 우주 법칙을 실현하도록 도와줍니다. 이 만남 하나하나가 당신의 신성의 빛에 더욱 조율되게 하는 방법으로서 호흡을 더 늦추고, 말을 더 부드럽게 하고, 행동을 더 우아하게 행동하라는 부추김입니다. 이것은 당신이 주변 환경에 좌우되는 게 아니라, 당면한 상황에 자신이 얼마나 자비롭게 반응하고자 하는지에 따라 안전을 몸으로 느낄 수 있게 해줍니다.

당신의 순진무구한 자아는, 오직 당신이 세상에 어떻게 응답하고 반응하는지에 따라, 당신이 바라보는 세상을 이해하는 것 같습니다. 당신 주변의 그 누가 어떤 기분이 되기를 택하든지 상관없이, 동시성 현상으로 이어지는 삶을 발견하느냐, 스트레스만 끝없이 이어지는 세상을 발견하느냐는 오직 당신이 — 순간순간 — 어떻게 말하고 숨 쉬고 움직이느냐에 달려 있습니다.

# 6

# 에고 탐구

　에고로부터 깨어나 보면, 거기에 실제로 당신이 초월한 어떤 '것'이 발견되지는 않습니다. 다만 당신은 자신의 에고에 관해 추측했거나 배워온 모든 것의 거죽을 꿰뚫고 그 속을 들여다보게 됩니다. 영적 여정에서 반복되는 주제는, 당신이 가장 소중히 여기는 명료한 의식의 순간에 떠올랐던 것을 포함하여, 그 모든 결론과 믿음과 준거점으로부터 깨어나서 그것을 벗어나오는 것입니다. 이것은 탐사의 모든 단계에서 일어납니다. ― 오로지 사랑의 진실만이 남을 때까지요. 사랑을 제외한 모든 것을 버려야 할진대, 그 모든 통찰과 수행과 공부는 한쪽에 밀어두고 그저 가슴이 길을 인도하도록 내맡기십시오.

　에고란 과잉자극 받은 신경계의 상상이 지어낸 가공의 자아상이지만, 이것이 실제로 무엇을 뜻하는지에 대해서는 좀더 실질적인 이해를 가질 필요가 있습니다. 가슴에 중심을 둔 여정에 확고히 뿌리를 내리면 당신은 자신의 삶을 이해할 수 있게 됩니다. 하지만 거기에는 영적으로 가장 높이 성장해가기 위해서라는 명분하에 훈계하거나 벌하거나 박해하거나 버리거나 피해야 할 것이 아무것도 없습니다. 당신이 지금까지 에고에 대해 배운 것이 틀렸다는 말은 아닙니다. 당신이 에고에 대한 자신의 이해를 좀더 우주적으로 확장시킬 준비가 된, 가슴 뛰는 역사적 지점에 도달해 있다는 말을 하는 겁니다.

많은 전통에서, 에고는 육신이 취한 인격(personality)으로 간주됩니다. 많은 사람들을 사후세계로 안내해주고, 이미 그 너머 세계에 가 있는 영혼들과 대화해본 결과, 나는 인격이란 영혼의 한 측면으로서, 육신의 경계를 훌쩍 뛰어넘는 존재라는 사실을 발견했습니다.

인격은 영원한 빛의 개체화된 표현물로서 형체 속에 담긴 신성의 독특한 개성을 찬양하며 드러냅니다. 사후세계로 건너간 존재들과 대화해본 나의 경험에 의하면 그들은 아직도 인간으로 살았을 때의 그 사람의 모습과 형체로 나타나 보입니다. 방법을 설명할 수는 없지만, 이 의식과 연결되면 나는 마치 당신이 전화기로 통화를 하듯이 영혼과 대화를 나눌 수 있습니다. 처음에는 나도 그것이 상상 속 이야기인 줄만 알았습니다. 하지만 그들이 말해준 내용을 그들이 사랑하는 사람들이 확인시켜줬을 때, 우리 각자의 내면에 깃들어 있는 무한한 가능성과 엄청난 능력에 대한 찬탄이 샘처럼 솟아났습니다. 영혼들과 대화하는 동안, 그들은 이곳에서 몸을 입고 있을 때 보여주었던 성격과 기벽과 유머를 그대로 지니고 있었습니다. 그러나 그것은 그들이 살아 있을 때는 자각하지 못했을, 훨씬 더 폭넓은 맥락에서 발휘되고 있었습니다.

인격을 영혼의 한 측면으로 이해하면 당신은 자신의 성격과 개성을 더 이상 부끄러워하지 않게 됩니다. 영적 여정 속으로 아무리 깊

142

이 들어가더라도 당신만의 독특한 성품은 진화에 의해 지워지지 않고 당신이 확장해가는 것과 같은 속도로 그 가장 높은 가능성까지 꽃을 피워냅니다.

당신은 인격을 지니지 않는 초월적인 경지를 성취하기 위해 여기에 있는 것이 아닙니다. ― 인격을 지니지 않으면 당신이 세상으로 가져온 바로 그 독특함도 깨끗이 부정되어버릴 테니까요. 모든 사람은 하나의 고유한 인격을 지니고 있고, 그것은 역사상 다른 그 누구도 이 땅에 가져다주지 못한 유일한 진동 주파수를 지니고 있습니다. 다른 누구도 아니라 오로지 당신이라는 존재를 통해서만 비춰낼 수 있는 무지개 빛깔처럼, 당신은 모두에게 주어지는 선물인 진실에 관한 특별한 추억거리를 이 삶 속에 가져다주고 있는 것입니다. 당신은 비록 제한적이고 고통을 느끼는 하나의 인격 안에서 살아가지만, 최종적으로 당신은 우주의 사절로서 온갖 감정들로 이루어진 이쪽 세계를 탐사하여, 더 높은 진동의 의식을 표현해낼 발사대와 동력을 갖추기 위한 작업을 하고 있는 것입니다.

당신이 희생자 의식의 고통 속으로 아무리 깊이 빠져 내려가더라도, 그것도 마침내는 두려움과 수치심와 회한의 잿더미를 뚫고 솟아올라 모든 가슴을 치유하는 광채를 발하게 될, 기적과도 같은 여정의 한 모퉁이일 뿐입니다.

## 인격에 발생하는 염증

　현실이란 것을 다양한 인격을 상징하는 파도들이 연이어 일어나는 상호작용 속에서 밀리고 부딪치고 있는 대양에 비유하자면, 우리는 대양도 파도도 똑같이 '하나인 영원한 진실'의 일부임을 깨닫게 됩니다. 에고란 육신의 인격이라는 고전적인 정의를 믿고 있다면 당신은 본질상 대양에는 파도가 존재하지 않아야 한다고 할 것입니다. 파도가 아무리 어지럽게 부딪쳐도 대양을 삼켜버릴 수 없는 것과 마찬가지로, 인격도 당신의 내면에 늘 존재하는 진실에 대한 인식을 가리지는 못합니다. 이런 관점에서 보면 에고의 본질을, 과잉자극된 신경계로 인해 흥분하여 '감염된' 인격 구조 속에서 길을 잃어버린, 조건화된 습성으로 이해할 수 있게 됩니다.

　'염증(inflammation)'이란 말은 통상 신체가 환경에 반응하는 다양한 방식과 관련되어 있습니다. 여기에는 체내에서 염증이나 중독 반응을 일으킬 수 있는 알레르겐(알레르기를 일으키는 물질, 역주)을 함유한 특정한 종류의 음식에 대한 반응도 포함됩니다. 에고는 인격에 염증이 생길 때 발생하는 것입니다. 예컨대 화를 내는 사람은 감정적인 염증 반응 상태에 있습니다. 그가 '에고 상태에 있다'고 하는 것도 맞는 말일 수 있지만, 우주의 눈으로 바라보면 그가 자신의 '조건화된 존재상태'에 대해 '알레르기 반응'을 겪고 있다는 것을 알 수 있습니다. 이것은 곧 에고란 '무의식'에 대한 알레르기와 흡사하다는 뜻입니다. 우리는 저마다 이를 해결하기 위해서 여기에 와 있지요. 에고가 활동할 때 우리 내면의 순수한 본성은 부풀려져서 과장된 태도를 띱니다.

하지만 어떤 일이 일어나든 그것을 사랑하면 당신은 자신의 알레르기 진동을 치유하여, 진화해가는 이 행성에서 즐겁게 살아갈 수 있습니다. 주변의 다른 사람들이 얼마나 빨리, 혹은 느리게 성장하는 것처럼 보이는가와는 상관없이 말입니다.

에고를 인격의 염증으로 바라보기 시작하면 자신이 얼마나 자주 '부풀려질' 수 있는지를 알아차리게 됩니다. 자신이 옳다는 느낌 때문에 부풀려지든, 방어적인 태도로 부풀려지든, 불의에 대한 반응으로 부풀려지든 간에, 염증을 일으킨 인격은 삶에 대한 과장된 인식을 만들어냅니다. 지구에서 일어나는 진동에 알레르기 반응을 일으키는 삶은, 의식의 상태가 증폭됨에 따라 당신을 영적으로 고조된 상태와 감정적으로 침울해진 상태 사이에서 요동하게 만듭니다. 인격을 본래의 상태로 되돌리기 위해 사랑을 에너지 치유제로 삼기 전까지, 당신은 상당한 고통을 받을 수 있습니다.


## 염증의 네 가지 유형

직관의 인도를 받아 에고를 탐사해가는 동안, 나는 염증에는 네 가지 기본 유형이 있다는 것을 깨달았습니다. 첫째는 '독선의 염증'입니다. 이것은 다른 사람들을 부당하게 만듦으로써 자신은 언제나 옳은 편에 속하고 싶어하는 욕구를 먹고 사는 에고 구조가 특징입니다. 명백히 옳은 말을 하고 있는 사람 앞에서조차, '독선의 염증'을 가진 에고는 그보다도 자기가 더 옳고 싶어서 거기다 뭔가 한마디를 덧

붙여야만 합니다. 이런 유형의 에고에게는 우위권과 결정권을 쟁취하는 것이 삶의 목적입니다. 이런 사람은 문제에 대해 양쪽이 다 동의하고 있더라도 자신이 나서서 최종적인 선언을 해야만 합니다. 독선의 염증은 '나는 언제나 옳다'는 명제를 주제로 삼습니다.

'독선의' 에고가 지닌 다른 측면은 회의주의입니다. 자신이 세상을 바라보는 방식대로 남들도 그렇게 바라봐야 한다고 확신할 때 회의주의가 생겨납니다. 독선의 염증이 살아남게 하려고 애쓰는 그의 잠재의식은 자신의 특정한 관점 외에는 모든 것을 의심합니다.

두 번째 유형은 '희생의 염증'입니다. 이 염증에 걸린 에고는, 자신이 항상 상황의 희생자라고 믿습니다. 이런 관점에 서 있으면 삶이 잘 굴러가고 있다가도 그것을 뒤집어놓는 일이 곧잘 벌어지곤 합니다. 희생의 염증에 걸린 에고는 자신의 삶이 늘 혼돈 속에 빠져 있어야 할 이유로서 자신의 판단과 신념과 견해를 단단히 붙들고 있습니다. 이런 종류의 염증은 대개 미신에 대한 믿음을 먹고 삽니다. 영적인 분위기를 잘 살린 미신일수록, 이러한 유형의 에고 구조를 더욱 불붙게 합니다. 세상을 빛과 어둠의 싸움으로 믿든, 선악의 대립을 부추기든 간에, 희생자가 된 에고는 상대방이 반응하는 방식 때문에 상처받거나 마음이 상하게끔 되어 있는 혼란상황을 부추기는 선동자로 나서기 마련입니다. 심지어 상대방이 아무런 반응도 하지 않을 때조차 희생의 염증에 걸린 에고는 그것을 자신이 있으나마나 한 존재이거나 열등한 존재라고 느낄 증거로 삼습니다.

희생의 염증에 걸리면 자신의 상황을 우주적인 뜻의 신성한 촉매로 바라보기가, 불가능하지는 않더라도 매우 어려워지며 현실의 모든 것이 자신의 변화를 도와주기 위해 존재한다는 것을 이해하지 못합니다. 끊임없이 변화하는 세계에서 성장에 대한 거부와 정체를 연료로 삼기 때문이지요.

독선의 염증이 지닌 주제가 '나는 언제나 옳다'라면 희생의 염증의 주제는 '삶은 불공평해'입니다. 희생의 염증에 걸리면 나를 뺀 모든 사람을 내 고통의 근원으로 여기게 되어서 우주의 더 큰 그림을 보지 못합니다.

세 번째 유형의 염증은 '남용의 염증'입니다. 이것은 내가 원한다면, 심지어 다른 사람이 피해를 입게 되더라도 내 맘대로 할 권리가 있다고 믿을 때 발생합니다. 물론 자신이 소망하는 것을 모두 받을 권리가 있다고 믿는 것 자체에는 본래 그르거나 문제될 게 전혀 없습니다. 우리에게 그럴 권리가 있다는 것은 지고한 진실이니까요. 하지만 우리의 인격이 이 염증에 걸리면 권리가 있다는 그 천부의 느낌이 과장되어 부풀어 오릅니다. 남용의 염증에 걸리면 에고는 자신의 모든 변덕과 요구를 온 세상 사람이 나서서 충족시켜줘야 마땅하다고 믿게 됩니다. 다른 사람들의 안위에 대해서는 거의 혹은 전혀 아랑곳하지 않고 말입니다. 상상이 되겠지만, 남용의 염증에 걸린 에고의 주제는 '나는 어쩌고?'입니다. 다른 사람들에게서 봉사받을 때조차도, 자신의 삶에 출연한 인물들을 마음대로 부릴 수 있다고 믿는 에고의 요구는 한도 끝도 없습니다.

네 번째 유형의 염증은 '궁핍의 염증'입니다. 이 유형의 에고는 다른 사람들로부터 아무리 많은 관심을 받더라도 충분히 채워졌다는 느낌을 받지 않습니다. 그의 말을 아무리 주의 깊게 귀 기울여 들어

줘도 자신이 무시당하고 인정받지 못하고 경청받지 못했다는 그의 느낌은 고스란히 그대로 남아 있습니다. 궁핍의 염증에 걸리면 자신이 오해받는다는 느낌을 갖게 되기 쉽습니다. 이런 사람은 누가 아무리 오랫동안 주의와 관심을 기울여주더라도 그보다 더 많은 관심을 갈구하게 마련이지요.

당신이든 당신이 아는 누구든 간에 궁핍의 염증에 걸린 사람은 상대방을 매우 진 빠지게 할 수 있습니다. 궁핍의 염증이야말로 말 그대로 '에너지 뱀파이어'를 현실 속에 풀어놓습니다. 이 염증에 걸린 사람은 다른 사람이 아무리 다짐을 하고 안심시켜도 언제나 버림받을까 봐, 남겨질까 봐, 가진 것을 잃어버릴까 봐 두려움에 떱니다. 궁핍의 염증의 주제는 '이걸론 충분치 않아'입니다.

이 같은 시각에서 자신이나 다른 사람들을 살펴보면 사람들은 대개 이런 측면들이 몇 가지씩 조합된 상태이거나, 아니면 마치 날씨가 변하듯이 다양한 측면들이 번갈아 들락거립니다. 나는 네 가지 측면이 모두 동시에 존재하는 에고 구조를 본 적도 있습니다. 염증이 그토록 심해진 상태에서조차, 어떤 의문이나 걱정거리에도 변함없이 자신을 사랑하는 것으로만 반응한다면 진정한 안식에 이를 가능성은 언제나 있습니다.

염증의 이 네 가지 측면 속에도 언제나 진실의 알맹이는 존재합니다. 하지만 인격이 염증에 걸리면 모든 것이 매우 부풀려지게 됩니다. 예를 들자면 순진무구한 자아의 본연의 상태에서는, 상대방의 삶을 변화시킬 통찰을 제공하여 불필요한 고난에서 벗어나게 해주고 싶어하는 주체는 독선의 마음이 아니라 우주의 지혜입니다. 누군가의 여정을 도와주려는 마음으로 더 나은 방향을 가리켜주려는 소망을 품는 것은 영감에 찬 아름다운 충동입니다. 하지만 인격에 염증이 생기면, 다른 이들의 삶을 높여주고자 하는 소망이 상대방을 그릇된 것으로 만듦으로써 결국 자신만이 언제나 옳다는 독선의 욕망으로 변질되고 맙니다.

희생의 염증에서도, 모든 것이 자기 자신에게 일어나고 있는 것 같은 경험을 하게 됩니다. 이것은 인생의 부침을 가까이 다가가서 밀접하게 경험해보고자 하는, 당신의 순진무구한 자아의 한 반영입니다. 인생극장에서 당신의 자리는 주인공의 몸속임을 늘 잊지 말아야 합니다. 당신이 앉아 있는 맨 앞자리는 곧 '나'라는 존재입니다. 모든 일이 나에게 일어난다는 그 직접경험에는 일정 부분 진실이 담겨 있는 것입니다. 하지만 인격이 염증에 걸려서 삶에 대한 인식이 과장되고 증폭되면 세상의 모든 것이 공모하여 당신을 감당할 수 없을 정도로 가차 없이 공격해오는 것처럼 보입니다.

마찬가지로, 남용의 염증도 순진무구한 자아의 상태에 뿌리를 내리기만 하면 꿈꾸고 소망하는 모든 것을 받을 수 있는 당신의 신성불가침한 권리와 연결되어 있습니다. 당신은 들이쉬고 내쉬는 숨마다 상상 이상의 엄청난 풍요를 누릴 수 있으며, 신뢰가 가득한 인간관계를 가질 수 있고, 온 세계를 누비며 여행을 다닐 수도 있고, 형체를 입고 태어난 온갖 놀라운 생물들을 구경할 수 있는 권리가 있습니다. 본연의 상태에서는 영성의 독특한 표현이 활성화된 상태로서의 당신의 인생을, 당당하고도 충분히 누릴 수 있다는 건강한 우주적 신뢰가 존재합니다. 하지만 인격에 염증이 생겨 삶에 대한 관점이 과장되면 자신의 가치를 자각하는 생래의 자신감은 세상이 온갖 대가를 다 치르며 당신의 시중을 들어주기만 바라는 일그러진 욕망으로 변질돼버립니다.

궁핍의 염증에도 눈여겨봐야 할 진실이 담겨 있습니다. 당신 존재의 핵심에는 자신의 신성을 다양한 형상으로 만날 독특한 하나의 방법으로서, 타인들과 연결을 맺고 싶어하는 뿌리 깊은 욕구가 있습니다. 일생에 걸쳐 다른 이들과 관계를 맺고, 말을 주고받고, 자신의 개성을 표현하고자 하는 등의 욕망이 있습니다. 하지만 인격에 염증이 생기면 관계 맺고 표현하고자 하는 욕구는 어느새 사라질 줄 모르는 허기와 갈망의 구덩이가 됩니다. 인격에 염증이 생기면 남들에게서 아무리 받더라도 오히려 더 큰 갈구가 생겨날 뿐입니다.

좀더 확고히 가슴에 중심을 두고 에고를 탐구해가다 보면 당신은 나날의 만남 속에서 더 깊은 인내와 자비를 발휘할 수 있게 됩니다. 내 삶 속의 등장인물들을 비웃거나 괴롭히는 대신, 과장된 인식의 난무 속에서도 신성의 빛이 벌이는 춤사위를 발견할 수 있게 될 것입니다. 인격에 생긴 염증 때문에 이 같은 우주적 차원의 시야가 잠시 가릴 수도 있겠지요. 하지만 에고의 고치 속에서 부화하며 보내는 모든 시간은 더 큰 보편적 진실에 눈을 뜨기 위한 준비의 시간이 될 것입니다.

## 비교가 가져오는 재앙

에고는 과잉자극을 받은 신경계가 만들어내는 부산물이지만 그것을 '염증이 발생한 인격 구조'로 이해하는 것이 더 쉬울 수 있습니다. 나의 신경계가 지나친 자극을 받고 있는지 어떤지를 감시하며 지내는 것보다는 인격에 염증이 생기는 순간을 하루종일 깨어서 알아차리는 것이 더 효과적인 대처법이 될 수 있습니다. 잠시든 장기간이든 염증이 일어나면, 당신은 과장의 렌즈를 통해 삶을 인식하게 되기 쉽습니다. 이것은 당신으로 하여금 세상을 온갖 범주로 갈라놓고 해석하게 만듭니다. 판단이나 비교를 통해 당신의 시야가 흐려지면, 당신은 사물을 좋은 것과 나쁜 것으로, 많은 것과 적은 것으로, 심지어 빛과 어둠의 양극으로 나누어서 정의하려는 무의식적인 습관을 갖게 됩니다.

비교하는 행위가 오늘날의 사회에서는 자연스러운 것이지만, 눈에 보이는 모든 것을 다른 것과의 유사점이나 차이점으로 잘라 규정하는 것이 반드시 삶의 모든 것을 더 선명하게 만들어주지는 않습니다. 당신이 어떤 사람을 보고는, 당신이 존경하는 누군가를 연상시킨다는 이유로 그를 좋아하게 되었다고 상상해보십시오. 당신은 그의 개성을 있는 그대로 받아들이는 대신, 당신의 경험상 그가 닮은 사람에 기반하여 그를 받아들이거나 거부하게 되는 것이지요.

비교 행위가 가져오는 재앙을 아주 기발하게 풍자하는 TV 시트콤도 있지요. 한 예로, 주인공이 드디어 꿈꾸던 이상형의 여인을 만났는데 공교롭게도 그녀가 어머니와 같은 이름을 가지고 있다는 사실을 알고는 끔찍이도 괴로워합니다. 이제 그녀를 만날 때마다 그의 에고는 자신이 어머니와 데이트를 하고 있다고 믿습니다. 주인공은 그녀에게서 어머니의 이미지를 떼놓으려고 애쓰지만, 꿈의 여인은 수시로 어머니와 비슷한 말투를 써서 그로 하여금 그녀의 몸뚱이 위에 어머니의 얼굴이 얹혀 있는 모습을 상상하게 만들지요. 이것이 자꾸 반복되자 주인공은 견디지 못해 괴로워하고, 시청자들은 그 꼴을 보며 재밌어합니다.

그 시트콤에 등장하는 또 다른 대표적인 시나리오는, 주인공의 가까운 친구가 멋도 모르고 주인공이 마음속에만 담아두고 있던 철천지원수와 친구가 된다는 설정으로 주인공과 친구 사이에 긴장을 일으키는 것입니다. 이것은 친구로 하여금 궁극의 선택을 내려야만 하게 만듭니다. 주인공과 한편이 되어 그 공동의 적에게 어릿광대 같은 짓의 보복을 가하여 골탕을 먹이든가, 아니면 주인공의 또 다른 원수가 되든가 말입니다. 그들의 에고가 일으키는 상황 속에서 주인공의 각색된 행동을 보며 재미있어하는 것은 쉬운 일이지만, 비교의 필터를 통해 삶을 바라보는 습성을 알아차리지 못하여 그것이 계속 우리 안에 남아 있게 한다면 그것은 훨씬 더 고통스러운 일이 됩니다.

인격에 염증이 생기면 당신은 자신의 가치 관념을 규정하는 사람이나 장소나 사물을 바짝 긴장하여 경계하게 되기 쉽습니다. 이런 태도는 가깝게 느껴지는 사람을 친구로 만들어줄 수도 있지만 동시에 멋모르고 당신의 영역을 침범하는 이들을 끊임없이 원수로 만들어놓을 수도 있습니다. 그것이 일터의 새로운 등장인물과 경쟁하게 된 것이든, 좋아하는 야구팀이 홈경기에서 패배해서 그보다 더 기분 나쁘게 된 것이든, 당신이 좋아하는 사람을 홀대했다는 이유로 다른 사람을 심판하게 되는 것이든 간에, 텃세를 부리는 에고의 성질은 그것이 신의라는 가치와 혼동될 때는 간과되기가 쉽습니다.

누군가의 충실한 지지자가 되는 것은 훌륭한 일이지만, 그러다가 '반대편'에 있는 사람을 비난하게 만드는 무엇을 외치려 나설 때는 그것이 오히려 세력다툼을 키우는 일일 수 있습니다. '반대편'의 인물을 향해 비난을 퍼붓는다고 해서 당신이 지지하는 사람이 받은 가슴의 상처를 치유하는 데 도움이 되지도 않습니다.

인격에 염증이 생기면 사랑의 의지는 당신이나 다른 사람의 느낌에 반응하여 금방 비난의 충동으로 변질돼버립니다. 에고란 오직 신경계가 과잉자극을 받는 동안에만 염증에 걸린 인격으로서 존재할 수 있으므로, 에고는 삶을 다른 무엇과 비슷하거나 비슷하지 않거나 할 필요가 없는, 신선하고 새로운 기회로 바라볼 수가 없습니다.

당신의 신경계가 과잉자극 받는 패턴에서 풀려나오면 비교나 대조를 통해 무엇을 판단하려는 충동은 남아 있지 않게 됩니다. 대신 그 자리에는 하루하루를 전혀 새로운 경험의 장으로서 기쁘게 맞아들이고자 하는 천성적인 태도가 자라나게 됩니다. 삶 속에서 당신이 만나는 사람들이 역경을 맞아 좌절해 있더라도 그들이 그 뜻밖의 변고의 순간을 벗어나도록 격려하고 경청하고 지지해준답시고 그들의 적을 당신까지 적대시할 필요는 없습니다. 신경계가 이완되면 당신은 남의 적개심에 불을 붙이기보다는 그가 치유되도록 다독이고 격려해주는 사람들에게 동조됩니다.

배신당하여 가슴이 아무리 찢어지더라도 그런 고통을 일으킨 원흉으로 보이는 이를 심판하여 처단하려고 무리를 모으는 일에 시간을 쏟는 한 치유는 일어나지 않습니다. 공동의 적을 무너뜨리기 위해 에고들이 뭉치면 거기는 거짓된 힘이 느껴질지언정, 당신의 세계가 살기에 평화롭고 기쁘고 행복한 곳이 될 수 없습니다. 상처를 주는 이들과 맞서 싸우는 습성을 그들을 끌어올릴 기회로 바꿔놓지 않는 한 말입니다. 그것은 어떤 일이 일어나든 그것을 사랑할 때 일어납니다. 고통에 아파하는 이를 사랑하든지, 복수의 칼을 가는 이를 안아들이든지, 원한 품기에 이력이 난 이를 용서하든지, 갈등을 부추겨놓고 유리한 고지를 차지하려는 자를 동정하든지 간에, 삶의 이 모든 단면들은 오로지 받아본 적 없는 이해와 인정을 받아보고 싶어서 나타나는 것입니다.

당신이나 다른 누군가가 아무리 옳고 희생당했고 자격과 권리가 있고 궁핍을 겪고 있더라도, 그것은 오로지 당신이 열린 가슴의 은총으로써 감화시키러 온 이 세상을 보여주고 있는 것일 뿐입니다.


## 사랑이라는 소염제

에고에 빠진 사람들이 얼마나 어처구니없는 짓을 저지르는지를 잘 알면서도, 당신의 인격 역시 어떤 일이든 판단을 앞세움으로써 똑같이 온갖 종류의 염증에 걸릴 수 있습니다. 삶 속에서 따뜻한 응원을 얻어보지 못하여 절망했든지, 자신의 행복이 상대방의 달라진 행동에 달려 있다고 상상하든지 간에, 그 모든 상황은 당신으로 하여금 자신의 사랑의 혁명을 더욱 밀고 나갈 수 있도록 기회를 제공해주고 있는 것입니다.

사랑의 혁명은 이 사실을 기억할 때 일어납니다. — '아무리 실망하고 화나고 다른 사람들의 변화가 절실히 필요하다고 느껴지더라도, 나는 더 적은 사랑이 아니라 더 많은 사랑을 받을 자격이 있다. 이 모든 느낌은 사랑받기 위해 여기 있다. 오직 나만이 그것을 사랑해줄 수 있으므로.'

당신의 인격이 하루에도 몇 번이나 염증을 일으키든지, 당신의 언행이 얼마나 걸핏하면 에고의 충동으로 튀어나오든지 간에, 그런 순간마다 자신을 심판하자는 게 목표가 아닙니다. 그것과는 달리 당신은 외부의 지지를 얻고자 하는 당신의 갈구와 당신의 성질과 고집을 '자신을 더 자주 사랑하라는 권유'로 인식할 수 있는지 없는지를 깨어서 알아차리는 습관을 훈련하고 있는 것입니다.

일에 떠밀려서, 혹은 마감시간에 쫓겨서 정신을 못 차릴 때도, 몸의 지혜에 주의를 돌리기보다는 목표를 달성하는 데에 주의가 더 매달려 있기가 쉽습니다. 염증이 일어나면 끊임없이 시간에 쫓기며 압박받는 느낌을 받기가 십상입니다.

삶의 가혹한 요구를 탓하게 되는 것이 인지상정이긴 하지만, 어쩌면 삶은 당신의 신경계가 지나친 자극을 받았을 때만 그토록 가혹하게 느껴지는 것인지도 모릅니다.

그 다급한 순간의 한복판에서 가슴을 열었더니 그 마감시간의 일이나 벅찬 문제가 전혀 힘들지 않고 오히려 신이 나더라면 어쩌겠습니까?

모두의 행복을 위해서 당신의 가장 높은 덕목을 불러내려면 자신의 성취의 근원, 그 자체가 되어야만 합니다. 당신이 아무리 끈질기게 에고의 자리에서 살고 있더라도 그런 순간들은 당신이 다음을 깨닫도록 일깨워줍니다. — '나는 나 자신이나 타인의 행동을 비웃으려고 여기 있는 것이 아니다. 나는 더 적은 사랑이 아니라 더 많은 사랑을 받을 자격이 있다.'

이 진실을 완전히 새로운 존재방식으로 받아들여 체화하려면 다음의 치유 만트라를 반복해서 되뇌시기를 권합니다.

'나는 옳다' 라는 생각이 일어날 때마다, 그것은 사랑받기 위해 거기에 있는 것이다. 오직 나만이 그것을 사랑해줄 수 있으므로.

'나는 희생자다' 라는 생각이 일어날 때마다, 그것은 사랑받기 위해 거기에 있는 것이다. 오직 나만이 그것을 사랑해줄 수 있으므로.

'나는 권리가 있다'는 생각이 일어날 때마다, 그것은 사랑받기 위해 거기에 있는 것이다. 오직 나만이 그것을 사랑해줄 수 있으므로.

'나는 부족하다' 라는 생각이 일어날 때마다, 그것은 사랑받기 위해 거기에 있는 것이다. 오직 나만이 그것을 사랑해줄 수 있으므로.

비난의 손가락이 어디를 향하더라도, 심지어 나 자신을
향하더라도, 그것은 사랑받기 위해 거기에 있는 것이다.
오직 나만이 그것을 사랑해줄 수 있으므로.

스트레스와 압박감, 기대, 역할에 대한 의무감, 가족을 위한
책임감, 아니면 직장이나 인간관계의 문제로 내가 아무리
시달리고 있어도, 그것은 사랑받기 위해 거기에 있는
것이다. 오직 나만이 그것을 사랑해줄 수 있으므로.

더 갖고자 하는 요구와 덜 가진 두려움, 덜 받고 싶은
요구나 심지어 더 올 것에 대한 두려움이 가장 높고 명징한
지혜를 가릴 때도, 그것은 사랑받기 위해 거기에 있는
것이다. 오직 나만이 그것을 사랑해줄 수 있으므로.

죄책감, 수치심, 절망, 위축감, 지루함, 무관심, 비난, 잔인함,
무감동, 불성실, 악의, 경솔함, 냉담, 비관, 수동적 공격성,
심지어 조소를 띨 때도, 그것은 사랑받기 위해 거기에
있는 것이다. 오직 나만이 그것을 사랑해줄 수 있으므로.

# 카르마 지우기

　사후세계의 영혼들과 교류하던 때 가장 흥미로웠던 일 중 하나는, 영혼들이 이 세상에서 육신을 입고 살던 동안에 죄책감과 의무감 때문에 얼마나 많이 시달렸는지를 얘기해줬던 일입니다. "나는 여러 번의 생애에서 여러 가지 약속을 했던 것을 기억합니다. 그런 약속들을 지키려고 애쓰면서 나는 나 자신을 심판하고 벌했어요."

　그 죄책감과 심판은 그들이 삶을 훨씬 더 넓은 관점에서 바라볼 수 있게 되었을 때야 사라졌습니다. 나는 그들이 이렇게 말하는 것을 자주 들었지요. "그런 약속에 매일 필요가 없었다는 것을 이제야 알았어요. 그 모든 약속이 하는 일이란 오직 빠져나가고 싶게 만드는 틀에 도리어 계속 매여 있게 만드는 것이었지요. 이제 거기서 해방되고 나니까 그런 약속들이 내가 한 것이 결코 아니었다는 것을 알게 되었어요. 그것은 내가 제정신이 아니었을 때에 동의했던 것들입니다."

　여러 생애에서 했던 약속의 뒤처리를 하고 있는 많은 영혼들을 접촉해본 결과, 나는 그런 약속들을 깨끗이 지워버리는 것이 얼마나 유익한지를 피부로 깨달을 수 있었습니다. 당신이 타협하여 맺은 약속의 대부분은 에고가 만들어낸 것들입니다. 인격이 더 이상 감염되지 않으면 당신은 약속의 때와 조건에 더 이상 매이지 않게 됩니다. 본질적으로, 이것은 에고가 한 약속들을 파기하고 나면 당신은 더 이상 의무감에 짓눌릴 필요가 없어진다는 뜻입니다. 의무감이 없으면 당신은 마음대로 결정할 수 있고, 당신만의 신성한 권위가 지닌 자유로운 의지로써 새로운 약속을 만들어낼 수도 있게 됩니다. 에고의 약속은 우주가 이미 짜놓은 결과를 '보장'하려는 시도에서 이루어졌던 것이므로, 그것은 청산될 때 안도감을 느끼게 해준다는 것밖에는 이로울 것이 전혀 없습니다.

그 모든 의무감으로부터 해방을 경험하려면 다음의 치유 만트라를 반복해서 되뇌십시오.

> 이번 생에서든 다른 전생에서든, 의무감에서든
> 복종심에서든 두려움에서든, 혹은 무엇을 조작하기
> 위해서든, 인생의 정해진 운명을 바꿔보기 위해서든, 나는
> 내가 받아들였던 약속과 계약과 에너지 코드와 각인과
> 집착을 깨끗이 풀어서 무효화하여 변성시킨다. 나는 여기,
> 치유를 위해, 깨어남을 위해, 최후의 변성을 위해 이 모든
> 약속과 계약과 규칙과 각인과 집착을 내려놓는다. 이
> 순간부터 나는 자유롭고 깨끗하다. 이제 나는 나의 지고한
> 신성의 권위가 지닌 자유와 의지로써, 지금의 나(I AM)로서
> 되찾은 권능을 통해 자유롭게 결정한다. 그리고 실로
> 그러하다.

공감력이 좋은 사람들을 보면 대개 전생에 비구나 비구니였을 때로부터 이번 생까지 해묵은 서약을 지고 오는 경우가 많습니다. 보살도菩薩道를 지키겠다는 서약도 마찬가지입니다. 보살의 서약은 모든 존재들이 고통을 벗어나 해방되고 깨어날 때까지 이 땅을 떠나지 않겠

다는 뜻으로 잘못 해석될 수 있습니다. 액면 그대로 받아들이면 이것은 영적 순교에 대한 신념이 되어서 '독선의 염증'을 조장하기가 쉽습니다. 보살도의 진정한 핵심은 지키겠다는 약속에 있는 것이 아니라 성취하고자 하는 열망에 있습니다. 아름답고 영원한 광채를 발하며 세상에 우뚝 서는, 아마도 첫 번째일 사람이 되리라는 마음가짐으로, 당신은 가슴에서 우러나오는 의식의 진동을 일궈냅니다.

보살도 서원이 귀히 여기는 영적 열망은 꽃과 씨앗의 관계로 자주 묘사됩니다. 씨앗은 꽃의 가능성으로서 존재합니다. 그러므로 씨앗이 싹을 틔워서 뿌리를 내리고 꽃으로 피어나기 위해서는 땅에 떨어져서 자연의 원소들에 노출되어야 합니다. 씨앗이 꽃의 가능태로서만 존재하는 한, 실제로 꽃을 피워내기 전까지 꽃은 자신이 품고 있는 황홀한 향기를 알지 못하고, 인류의 정원에 그 향기를 뿜어낼 수도 없습니다.

당신의 뜻을 기쁘게 꽃피우려면, 뭇 씨앗의 성장 과정을 돕는 한 방법으로서, 염증에 걸린 인격의 영향하에서 부지중에 행한 모든 약속, 심지어 공식적인 영적 서약까지도 풀어놔야만 합니다. 그런 서약은 좋은 의도에서 나온 것이더라도 당신을 영적 에고 속에 가둬놓아 당신의 성장과 영적 진화를 훼방하기 십상입니다. 어떤 서약이든 행해진 당시에는 일정한 목적이 있었겠지요. 하지만 그런 목적의식이 더 이상 나아갈 수 없게 발목을 붙잡기 때문에, 자신들의 역할의 성취를 향해 달려가는 마음조차도 내려놓아야 하는 것입니다.

당신이 자신은 순수하기 그지없는 가슴의 공간으로부터 났다고 믿더라도, 그런 말을 저울질하여 '서약'까지 하는 것은 에고밖에 없음을 상기시켜주는 사실이 있습니다.

즉, 영적인 맹세나 서약을 할 때, 거기에는 당신이 마치 형상 우주 밖의 누구, 또는 무엇인 것처럼 우주에 '대해' 약속을 한다는 듯한 인식이 있습니다. 씨앗이 약속을 할 수는 있지만 그 약속은 꽃의 현실에게는 더 이상 효력이 없습니다. 신성의 씨앗을 진실의 꽃으로 변신시키려면 당신을 묶어놓고 있는 모든 맹세와 서약을 풀어놓아야만 합니다.

두 사람 사이에 합의를 할 때조차 그들은 흔히 각자가 마치 형상 우주 밖의 무엇인 것처럼 온갖 조건을 놓고 서명합니다. 그들이 만일 자신이 총체인 만유와 하나라는 앎에 뿌리박고 있다면 약속을 할 필요성조차도 일어나지 않지요. 그것은 손가락들이 합쳐서 하나의 손으로 기능하기 위해서 서로 합의를 해야 할 필요가 없는 것과 마찬가지입니다. 아이가 부모의 체벌을 면하려고 부모의 요구에 동의하는 것이든, 좀더 자애로운 인정을 얻고 싶어서 그러는 것이든 간에, 이런 종류의 동의는 대개 강요받는 상황에서 일어납니다.

나 자신도 전생에는 티베트의 승려였다는 사실을 알므로 나는 내가 했던 서약들이 존재의 가장 아름다운 선언으로서 행해졌음을 인정합니다. 그렇다고 하더라도 그런 서약들은 우주에서의 조건을 협상하기 위해 우주가 아닌 무엇으로서, 즉 한 인물로서, 아니면 인물들 사이의 약속으로서 선언되었던 겁니다.

결코 서약을 하거나 그 조건에 동의하지 말았어야 했다는 건 아닙니다. 그보다 그것은 행성의 진화 도상의 어떤 시대를 가리켜주는 징표로서만 의미가 있을 뿐입니다. 존재들이 진화해가듯이, 영적인 길도 진화해가야만 합니다. 그리하여 깨어남을 열망하는 이들의 성장과 확장에 영감을 불어넣어주어야 합니다.

나는 이로써 당신이 역사상 매우 흥미진진한 시점에 다다랐음을 확언할 수 있습니다. 당신은 자신의 가장 깊은 영적 충동이 부추기는 일을 성공적으로 해냈습니다. 이날까지 생존해온 경험을 통해 당신은 모든 약속이나 서약이 당신의 길에서 요구해온 온갖 것들을 다 충족시켰습니다. 새로운 의식 수준으로의 진입을 경축하고 있는 지금은, 다시 태어난 듯 새로운 상태로 이 순간을 진입할 수 있도록 과거의 짐을 덜어서 자신을 해방해야 할 때입니다. 이 순간을 영적으로 새롭게 조율된 재탄생의 순간으로 바라보기 시작하면 당신은 완전히 새로운 현실의 조화를 삶에 가져올 수 있습니다.

그와 같은 전례 없이 용감한 발걸음을 뗀 것을 기리는 의미에서, 다음의 치유 만트라를 반복해서 되뇌어보시길 권합니다.

내 운명의 주인이자 현실의 창조자로서, 나는 내가 했던
모든 계약과 약속, 모든 공식적 서약이 참나인 그것에
의해 행해진 것이 아님을 받아들인다. 그것은 내가 나라고
생각했던, 염증이 생긴 인격 구조가 동의한 것이지만, 이제
나는 그것이 내 존재의 가장 높은 차원의 진실이 아님을
안다.

내가 무의식의 부풀려진 상태에서 길을 잃었을 때 했던
언약에 대해서는 우주도, 내 가장 높은 차원의 진실도

내게 책임을 묻지 않을 것이고 물을 수도 없다는 사실을
받아들인다.
내가 그런 서약이나 약속을 한 것이 잘못이 아니었음을
받아들인다. 내가 계약과 서약과 약속이 이미 횡행하는
세상에 태어난 것은 신성한 계획의 일부였다. 그것을
서서히 파기해감으로써, 나는 자신과 세상을 해방시킨다.

지금의 이 사실들을 앎으로써, 나는 이 자리에서 모든
세포 기억과 잠재의식을 통틀어 알려진 것이든 모르는
것이든, 기억나는 것이든 잊힌 것이든 모든 계약과 약속을
파기한다. 나는 또한 내가 비구나 비구니로서 행했을
수 있는 모든 형태의 맹세를 풀어 내려놓는다. 여기에는
가난의 맹세, 순결의 맹세, 금욕의 맹세, 침묵의 맹세, 그릇
이해된 보살도의 서원, 희생자 의식, 상호의존, 순교자 의식,
그밖에 에고가 믿거나 상상하거나 동의하거나 가정한 다른
모든 것들도 포함된다.

나 자신의 신성의 결정에 따라, 나는 이 모든 맹세가
이 에너지장으로부터 깨끗이 풀려나서 애초에 나왔던
근원으로 돌아가 완전히 변성됨으로써 영원한 빛의
순수하고 온전하고 완벽한 상태로 환원하도록 허용한다.
이 순간부터, 나는 나의 온전하고 절대적인 권능을
되찾아 이 인격으로 하여금 내가 여기서 이루려고 온

소명을 완수하도록, 신성의 빛을 창조적으로 표현할 것을 허용한다. 이 순간부터 나는 지금 내가 그런 것처럼 만인이 치유되고 깨어나고 거듭나고 해방되게 하는 가슴 중심의 새로운 의식을 각성시켜 체현한다. 그리고 실로 그러하다.

## 네 가지 염증으로부터의 해방

약속과 계약과 서약을 깨끗이 청산하면 당신은 자신의 인격을 네 가지 종류의 염증으로부터 해방시킬 수 있습니다. 예컨대 공감 잘하는 많은 사람들이 세포 속에 각인하고 다니는 비구나 비구니 시절의 서약들을 청소하고 나면, 인격은 독선의 염증과 남용의 염증에 걸린 자아상으로부터 해방됩니다. 이렇게 되면 당신은 특정한 역할의 틀 속에 갇혀 있을 필요 없이 겸허한 가슴의 느낌 속에서 평안히 쉴 수 있습니다. 그러면 당신에게 선물을 나눌 기회를 제공해주기 위해 고통에 시달리는 세상이 존재해야 할 필요는 더 이상 없게 됩니다. 고통받는 사람들 없이도, 당신은 세상이 더 높은 차원의 의식으로 진화해가도록 도와줄 온갖 선물을 멋지게 베풀지요. 당신에게 상처를 주거나 당신을 버리거나 배신한 사람들과의 인연을 포함하여 모든 약속을 놓아 보내버리고 나면 생존만을 위해 발버둥치던 과거를 바탕으로 자신을 규정하려는 습성이 떨어져 나갑니다.

많은 약속들이 결국은 파기되어 청소될 운명이지만, 삶 속의 '모든' 서약을 쓸어내야만 하는 것은 아닙니다. 약속을 사랑의 축복이자 의식적 선택으로 여기는 아름다운 애정관계나 혼인관계라면 그것은 두 사람의 영적 진화에 도움밖에 줄 게 없을 것입니다. 동시에, 아무리 많은 약속과 서약도 어느 날 당신이 바로 그 약속들을 했던 염증 걸린 인격이 아닌 새로운 버전의 자신이 되어 깨어나리라는 사실을 바꿔놓지는 못합니다. 여태껏 해왔던 것처럼, 어떤 관계가 도움이 될지, 어떤 서약을 놓아 보내야 할지에 대한 결정은 내면의 지혜가 인도해주도록 믿고 내맡기십시오.

인간관계가 정리되는 어떤 마무리 시점에 이르면, 마치 당신은 더 이상 새로운 결정을 내릴 권리가 없는 것 같은 기분, 혹은 우주의 뜻과는 다른 것을 원하는 당신을 굽어보고 있을 우주에 대한 경외감 때문에 더 이상 동반자 관계를 이어가고 싶지 않은 데 대해 죄책감을 느끼게 될 수도 있습니다. 이것은 다름 아니라 사랑해야 할 다음 대상은 죄책감임을 알아차릴 기회가 되어주긴 하지만, 죄책감으로써 에고의 무모한 선택을 막을 수는 없으니, 오로지 당신 자신만이 막을 수 있습니다. 의식적인 인간관계, 애정관계, 혼인관계를 맺고 있는 이들에게 가장 깊은 헌신은, 매일 아침 깨어날 때마다 이렇게 말하는 것입니다. "오늘 나는 이전의 내가 아니다. 나는 오로지 오늘만이 영감을 불어넣어줄 수 있는 완전히 새로운 버전의 나다. 이 새날의 새 순간에, 오늘이 어떤 일을 가져다주든 상관없이 나는 당신을 다시금 선택한다."

이 같은 태도는 당신이 과거의 사슬에 묶이지 않고 지금의 현실 속에서 관계를 설정할 수 있게 해줍니다. 상대방과의 여정을 마무리해야 할 지점에 이르렀다고 느껴진다면, 그것은 다름 아니라 당신을 성장과 확장의 더 큰 장으로 인도하는 우주의 지혜입니다. 이것은 모든 사람을 훨씬 더 깊이 안아 들일 수 있게 합니다. 함께 지내는 날들이 언제까지 이어질지 모르는 만큼 소중해지기 때문이지요. 이 공간으로부터 모든 관계는 살아 움직이고 있는 속 깊은 사랑의 표현이 됩니다. 그것은 낱낱의 숨 속에 연결성의 촛불이 다시 켜지게 하여, 우리가 함께하기로 동의한 관계 속에 의식적으로 참여하도록 부추겨 줍니다.

의식이 깨어날수록 깨어 있는 의식적인 인간관계가 삶의 중요한 중심축이 됩니다. 에고들 간의 협상으로서가 아니라 가슴과 가슴 사이의 공명으로서 약속이 맺어지면, 그런 인간관계는 생명을 얻습니다. 약속이 더 이상 의무감이나 결핍이나 두려움이나 강요에 뿌리를 두지 않게 되면 당신은 언제든지 가능한 무한한 선택을 까마득한 기억으로부터 되살려내어 삶 속에 가져올 수 있습니다.

매 순간 당신은 사랑의 이름으로 자유로운 선택을 내려 당신이 그토록 갈망하던 환희를 찾아낼 수 있습니다.


## 산 위의 수도승

당신이 약속과 서약을 청산했음을 기리는 의미로, 수도승으로 살았던 내 과거생의 추억담을 나누어볼까 합니다. 한번은 내가 수도승의 모습으로 산꼭대기에 앉아 명상을 하고 있는 모습이 현실 속의 만져지는 대상처럼 선명하게 보였습니다. 그 명상 속에서, 나는 내면에

166

서 어떤 감각을 느끼면서 혼잣말로 이렇게 말했습니다. "곧 열반을 체험하겠군." 수도승들에게는 열반이란 절대적인 깨달음이요 진리의 체현으로서 영적 성취의 정점으로 여겨지지요.

열반이 곧 찾아올 것 같은 직감을 느끼는 동안 나는 이 졸업식이 시작되기를 기다리면서 의식의 초점을 잃지 않으려고 애쓰며 떨고 있었습니다. 열반이 시작되자 수도승으로서의 내 육신은 해체돼버렸습니다.

나는 즉시 빛 속으로 들어서서 근원으로 돌아갔습니다. 이것은 천국이나 사후생 체험의 묘사에 흔히 나오는 표현이지요. 육신을 떠나자 마음이 매우 혼란스러웠던 기억이 납니다. 나는 거기서 나를 돌아가도록 인도하고 있던 천사에게 물어봤습니다. "열반에 막 도달할 뻔했는데 왜 체험이 좀더 지속되지 않았죠?" 나는 너무나 실망했었지요. 천사가 나를 보며 말했습니다. "당신은 줄곧 열반을 당장이라도 체험할 것처럼 느끼며 살아왔을 거예요. 한순간도 빠질세라 그런 기대 속에 갇힌 채로 지내왔겠지요."

좀더 자세히 설명해달라고 하자 천사는 이렇게 말했습니다. "당신은 자신이 언제나 열반의 지척에 있는 것처럼 느껴왔을 거예요. 졸업식도 이제 금방이라고 생각했을 거고요. 왜냐하면 당신은 자신이 완성되려고 애쓰는, 마치 우주와는 별개인 존재인 것 같은 느낌 속에 있었으니까요. 자신이 명상하는 사람, 혹은 구도하는 수도승으로서의 인생을 경험하는 한편 이미 늘 열반 속에 있었다는 사실을 깨닫지 못하겠나요?"

그 말과 함께 우주적 차원의 실상이 드러났습니다. 나는 전능한 관점으로부터 홀로그램 입체상으로 펼쳐진 나 자신의 모습을 지켜보고 있었습니다. 나를 수도승이 되게끔 이끌었던 삶의 모든 장면들이 주마등처럼 지나갔습니다. 폭력적인 집안에서 학대받고 자라면서 주변의 에고들을 상대하려다가 인격에 염증이 생기게 되었던 장면들을 보았습니다. 그리고 '나도 저들과 비슷하게 돼야겠어. 그러면 좀 덜 맞을 수 있겠지' 하는 타협적인 합의가 내 무의식 속에 숨어 있는 것을 깨달았습니다.

나는 그 폭력적인 집안에서 에고의 타협적인 합의를 통해 제발 조금이라도 덜 맞게 해줄 자비만을 빌면서 살았습니다. 자신을 스스로 추스를 수 있는 10대 후반의 나이가 되었을 때, 나는 수도원에 몸을 피신했습니다. 그리고 폭력적인 집안에서 입은 피해의식과 기억을 지워버리고 싶어서 출가 서약을 했습니다.

그 서약의 조항들을 받아들이면서 나는 에고의 희생의 염증에서 구원받은 듯한 안도감을 느꼈습니다. 에고에서 실제로 벗어나진 못했어도 새로운 영적 인물로 변신한 것을 볼 수 있었지요. 나 자신의 잘못 때문이 아니지만, 아무튼 나는 희생의 염증으로부터 아주 높은 차원의 독선의 염증으로 옮겨갔습니다. 나는 그것이 그 어떤 종류의 오해도 실수도 아니라는 것을 알았습니다. 그것은 단지 다른 길이 없었던 내 여정에서 거쳐가야만 할 단계였지요. 나는 이런 사건들이 나를 내가 있어야만 할 곳으로 정확히 데려다주는 것을 지켜봤습니다. 열반을 지척에 두고 산꼭대기에 앉아 있는 것 말입니다.

이 생애를 지켜봤을 때, 나는 내가 한 약속과 서약들이 당시에는 너무나 타당하고 중요하고 필요했지만 그 시기를 지나면 더 이상 필요가 없어진다는 것을 깨달았습니다. 의식의 어떤 수준에서는 안도감과 명료한 의식상태를 가져다주었던 촉매가 이제는 나를 더 멀리 가지 못하도록 가두는 틀이 되어버렸지요.

내가 그 특별한 전생을 돌아볼 때, 폭력 가정에서 내가 한 다짐들은 학대를 조금이라도 덜 받기 위한 것, 살아남기 위한 것이었습니다. 출가 서약을 하는 것조차도 희생자 자아상으로부터 나를 해방시키기 위해서는 필수적인 일이었습니다. 그것이 좀더 세련된 영적 자아상으로 대치하는 것에 지나지 않는 일이라 할지라도 말입니다.

이 장면을 다 지켜보고 나니 나는 더 이상 의무감에 사로잡혀 약속을 한다거나 두려움 때문에 서약을 하는 일은 없으리란 게 확실해졌습니다. 이제 나는 사랑의 자유에 뿌리박은, 영감에 차고 가슴 뛰는 선택만을 할 것입니다.

무엇보다도 놀라웠던 부분은, 내가 선택의 여지를 자신에게 허락했을 때, 나만의 권능을 되찾는 일이야말로 내가 직면하게 될 가장 큰 두려움이었음을 깨달았다는 사실입니다. 에너지에 민감한 너무나 많은 사람들과 마찬가지로, 결국 당신은 어둠 속에 숨어 있는 뭔가가 두려운 것이 아니라 자기 자신의 신성한 권위의 빛과 힘에 스스로 위협을 느끼고 있는 것입니다.

당신은 자신이 감당할 수 없는 상황이나 피할 수 없는 상실이 두렵다고 생각할지 모르지만, 아마 정말 두려운 것은 너무나 찬란히 빛나는 존재인 자신을 대면하고 받아들이는 일일 겁니다.

사랑만이 포용할 수 있는 그것을 자유로운 마음이 선택하게 해놓고 순수한 본성의 지고한 광채를 발하면서 우뚝 서 있을 때, 거기에는 어떤 의무감도, 죄책감의 충동질도 없습니다. 거기엔 오직 눈앞에 있는 모든 이들에게 선사할 하나의 선물로서 당신이 되게끔 되어 있는 '그것'이 되고자 하는 의지만이 있습니다.

# 7

# 관계의 달인

자신이 물질계의 형상 놀이를 하고 있는 온 우주이고, 다른 이들도 똑같은 놀이를 하고 있음을 깨달았다고 하더라도 그 놀이는 여전히 이어집니다. 우리는 그 놀이를 끝내기 위해서가 아니라, 그것을 의식의 더 높은 진동수로 변성시키려고 왔습니다. 놀이판이 확대될수록 사람들은 저마다 자신들의 원대한 꿈을 실현하면서 살아가게 됩니다.

당신만이 줄 수 있는 사랑을 당신 자신에게 주면, 당신은 인간관계의 통달을 통해서 얼마나 더 심오한 차원의 영적 진화가 일어날 수 있는지를 깨닫기 시작합니다. 여기에는 머리와 가슴 사이의 관계도 포함됩니다. 이 관계는 부모와 그들 내면의 아이 사이의 유대관계를 통해 반영되지요. 또한 거기에는 주변세계에 대한 인식을 통해 자아와 대상 사이의 관계를 통달하는 것도 포함됩니다.

가족, 친구, 그리고 직장 동료들과의 모든 만남이 인류 의식을 일깨우는 기회가 된다면, 관계의 달인이 태어난 것입니다. 당신은 더 이상 사람들 앞에서는 염증을 일으키다가 혼자 있을 때만 깨달은 상태가 되는 것으로는 만족하지 않게 됩니다. 모든 갈등의 순간은 삶이 주는 귀한 선물을 발견할 기회가 되지요.

몸담고 있는 진동수가 비슷하지 않은 사람들과 어울려서 가장 순수한 사랑의 상태에 머물며 대화하기란 보통 어려운 일이 아닐 수 있습니다.

서로 다른 파장의 의식 상태인 사람들은, 당신이 관심을 가지는 것들에 대해서는 흥미를 갖지 않을 수 있어서, 당신만큼 오랫동안 거기에 시간을 할애하고 싶어하지 않을 수도 있습니다. 아마 그들은 당신이 그들에게 베푸는 만큼의 인내심을 당신에게 베풀고 싶지 않거나, 베풀 수가 없을 것입니다. 그들은 당신이 그들의 삶에 대해 품는 관심만큼 당신의 삶에 대해 알고 싶은 호기심이 없을 것입니다. 그들은 당신이 신을 내며 이야기하는 영적 여정의 깊은 내용을 알아보고 싶은 관심조차 없을 것입니다. 이런 상황에 놓이게 될 때, 그처럼 다른 입장에서 사는 다른 사람들과 깨어서 함께한다는 것은 힘들 수 있습니다.

사랑의 인도를 따르면 당신의 가장 귀한 선물이 표면으로 드러나게 하는 대화를 나누도록 영감을 얻을 수 있습니다. 당신이 얼마나 관심을 갖고 신경을 쓰고 있는지 보여주고 싶은 마음에 다른 사람들이 영적으로 동일한 수준이 되기를 기다릴 필요가 없어지지요.

잠재의식의 차원에서는, 상대방이 당신을 대하는 방식은 당신 경험의 질을 좌우하지 않습니다. 오히려 만남의 질은 당신이 얼마나 거침없이 주는지, 아니면 얼마나 주저하는지에 달려 있습니다. 이것은 타인들과의 부조화의 경험은 사실 그들이 당신에게 무엇을 주고 무엇을 빼앗아가는가에 좌우되는 것이 아니라 당신이 그들에게 무엇을 주고 무엇을 붙들고 있는가에 좌우된다는 것을 의미합니다.

당신은 더 적은 사랑이 아니라 더 많은 사랑을 기꺼이 주고자 하므로, 당신의 그런 선물에 딱히 어울리지 않는다고 여겨질 수 있는 태도를 보이는 사람 앞에서조차 당신은 가장 고상하고 영적으로 의미 있게 상대방과 어울리기로 마음먹을 수 있습니다.

누군가가 육감부터 좋게 느껴지지 않고 말투도 냉소적이어서 당신을 높여주기보다는 깎아내리려는 듯한 말을 할 때, 이 또한 당신의 반응 진동수를 높일 수 있는 더 좋은 기회를 제공해주고 있는 것일 뿐입니다.

누구의 비판이든지 사랑과 자비와 포용으로써 응대한다면 당신은 인간관계의 달인이 되어 당신만의 경험을 창조하고 있는 것입니다. 그것은 누가 당신을 어떻게 대접하는가와는 전혀 상관이 없습니다.

너무나 혁명적이게도, 결국 당신은 자신의 경험이 오로지 당신이 상대방에게 어떻게 반응하느냐에 따라 결정된다는 것을 깨닫게 됩니다.

## 칭찬의 치유력

수치와 절망 혹은 위기에 빠진 사람을 만날 때조차 당신은 언제나 그의 염증 걸린 인격과 타협하지 않고도 더 즐거운 경험을 만들어

내어 그의 진화를 도울 수 있습니다. 사랑이 길을 인도하므로 당신은 더 이상 상대방이 변화해서 당신에게 고양된 경험을 제공해주기를 요구하지도 않고, 그들의 에너지에 맞춰주기 위해 그들이 더 진화될 때까지 당신의 진동수를 낮춰야 할 필요도 없습니다.

이것이 바로 어떤 일이 일어나든 그것을 사랑하는 것이 나의 인간 관계와 만남의 질을 낱낱이 변화시키는 것을 목격하면서 터득했던, 그 귀하디귀한 통찰입니다. 나는 우리가 저마다 자기만이 세상에 가져올 수 있는 독특한 주파수를 담고 있는 진동체임을 깨달았습니다. 이 에너지를 전파할 수 있는 길은 '칭찬'을 통해서입니다. 칭찬은 사회에서 악용될 수 있고, 내가 원하는 것을 얻어내기 위해서 상대방을 조종하는 수단으로 전락할 수도 있지만, 영적인 차원에서 칭찬의 목적은 상대방이 얼마나 존귀한 존재인지를 상기시켜주는 사심 없는 인정의 축복으로 작용하게 하는 것입니다.

이처럼 진심에서 우러나오는 칭찬을 만나는 모든 사람에게 — 신념이나 행동이 당신과 다른 사람에게도 — 베푸는 것은 아마도 영적으로 가장 의미 있는 수행법일 것입니다. 심지어 짧은 순간의 눈빛이나 미소를 보내는 것만으로도 당신은 그들의 경험을 고양시켜줄 당신만의 주파수를 선사하는 것입니다. 당신이 다음에 누구와 마주칠 운명이든 간에, 그것은 그가 바로 당신의 선물을 받을 다음 사람임을 삶이 상기시켜주고 있는 것입니다.

그런 칭찬과 관심과 따뜻한 응원을 보내줄 때, 당신은 아마도 그들이 그토록 오래도록 듣기를 고대해왔던 그 말을 해주는 사람이 되어가고 있는 중일 겁니다. 그 공간으로부터 당신은 또 하나의 가슴을 고통으로 점철된 과거로부터 놓여나게 해줍니다. 다른 누구도 줄 수 없는 당신만의 독특한 주파수라는 선물과 함께 말입니다.


## 선물로 바뀌게 하기

내가 본 것 중에, 영적 발전의 모든 단계에서 가장 공통적으로 부각되는 주제 중의 하나는, 혼자 있을 때는 다 깨달았다가도 밖에만 나가면 염증에 걸리곤 하는 습성입니다. 이것이 에너지에 민감한 사람들을 집에만 처박혀 있게 하거나 영성 공동체 안에만 움츠려 있게 만들 수 있습니다. 세상이 눈에 보이지 않도록 말이지요. 세상을 멀리하고 숨는 것은 대개 다른 사람들의 에너지장에서 느껴지는, 풀리지 않은 감정의 찌꺼기에 어떻게 반응해야 할지를 모르기 때문입니다.

잠재의식의 차원에서 보면, 상대방의 말이나 행동에 어떻게 반응해야 할지 혼란스러울 때, 당신은 상대방의 에너지에 맞추기 위해 자기도 모르는 사이에 자신의 진동수를 낮추게 됩니다. 이것은 당신이 그들의 의식의 거울이 되려고 애쓰는 가운데 일어납니다. 그러면 그들이 당신을 동류로 인정하고 자신들이 당한 고통과 박해와 학대를 당신에게 덮어씌우지 않을 테니까요.

문제는, 만나는 사람을 어떻게 대할 것이냐 하는 것입니다. 상대방이 영적 여정의 어느 단계에 있든 거기에 맞춰 당신의 경험 수준을 낮춤으로써 에너지 차원에서 자신을 방어하려 하지 않고 말입니다. 그 답은, 내가 '선물로 바뀌게 하기'라 부르는 과정을 통해 칭찬의 행위를 전달하는 방법을 배우는 것입니다. 나는 이 과정을 어떤 대화를 통해서 터득했는데, 그 계기로 어떤 일이 일어나든 그것을 사랑하게 만드는 창의적이면서 참신한 방법이 머릿속에 절로 떠올랐지요.

몇 해 전에 나는 자연요법을 하는 의사의 안내를 받아 장기 해독 작업을 하고 있었습니다. 나는 이내 이 치유과정이 이 의사가 믿고 있는 영적 미신과 두려움과 음모론을 경청해줘야 하는 단계로 접어들었다는 것을 깨달았습니다.

편안한 마음으로 그녀의 말에 귀를 기울이다가, 나는 그녀가 영적으로 마음이 열려 있고 강력한 체험도 했으리라 느꼈지만 과잉자극된 신경계는 아직 다루지 못하고 있다는 것을 알 수 있었습니다.

그녀의 에고는 아무 데도 손상 받은 데 없이, 무수한 영적 신념의 레이스로 장식되어 있는 것만 같았습니다. — 이겨내야 할 큰 적, 싸워야 할 싸움, 대비해야 할 걱정거리들 말입니다. 그녀가 인류 멸망의 가능성에 대해서 이야기하고 있을 때, 나는 그녀가 하는 말에 반대하고 싶은 마음도 없이 그저 귀를 기울여 듣고만 있었습니다. 그녀가 말할 때 그녀가 얼마나 얕고 빠르게 숨을 몰아쉬는지가 보였습니다. 나는 거기에 맞추어 일부러 더 느리게 호흡했습니다.

그녀가 그토록 열을 내서 두려운 에너지를 다 토해놓았을 때, "난 그런 부정적이고 두려움으로 가득 찬 이야기를 제 시간에 하고 싶지 않아요" 하고 당당하게 말해줄 수도 있었을 겁니다. 그렇게 했다면 우리 사이에는 분리의 벽이 쳐졌을 것이고 그녀의 영적 여정이 한층 고양되도록 영감을 불어넣어줄 기회는 주어지지 않았겠지요. 나는 그녀가 염증 상태에서 말하는 동안 그녀가 오로지 사랑받기 위해 여기에 있는 것일 뿐임을 알아차렸습니다.

그 순간 나의 과제는, 그녀의 잘못을 바로잡으려 들거나 희생과 궁핍과 독선의 염증에 걸린 그녀의 생각에 동조하지 않고 대화하는 것이었습니다. 에고는 혼자만의 주장으로는 결코 만족하지 못하므로 항상 다른 사람들을 자신의 계획 속으로 끌어들이려고 합니다. 그녀가 물었습니다. "당신은 어떻게 생각하세요?"

나는 잠시 멈추어 숨을 한 번 들이켰다가 내쉬고는 사랑이 말하게 했습니다. "당신이 이 문제에 대해서 매우 열정을 품고 계신 건 분명하네요. 당신에게 그토록 중요한 이야기를 내게 나눠주신 사실만으로도 나는 이전보다 훨씬 더 당신과 연결된 느낌이 듭니다. 이 선물에 감사드려요."

그녀는 완전히 놀란 표정이었습니다. 그녀를 숨 막히게 할 생각은 전혀 아니었지만, 그녀는 할 말을 잃고 있었습니다. 서로 빤히 눈을 들여다보고 있는 동안 10초의 시간이 흘렀습니다. 나와 약속한 시간 동안의 의사 역할로 돌아오자, 그녀는 그 두려움에 찬 이야기를 다시는 꺼내지 않았습니다.

선물로 바뀌게 하기의 또 다른 예는, 쇼핑몰에서 10년 동안 만나지 못했던 친구를 우연히 마주쳤을 때였습니다. 그 친구가 한 첫마디는 "너 살이 5킬로 정도 찐 것 같네!"였습니다.

그 순간 나는 깨달았습니다. — '여기 또 선물로 바뀌게 할 기회가 왔구나!'

나는 가슴에서 우러나오는 진심을 담아서 대답했습니다. "맞아. 정말 5킬로 정도 쪘어. 그 사실을 다시금 알게 해주는 걸 보니 넌 나의 건강을 정말로 염려해주는구나. 널 증인으로 삼고 이제부턴 건강을 최우선으로 돌보기로 새롭게 맹세해야겠어. 이 살을 빼고 그 어느 때보다도 건강해지기로 맹세하는 김에, 네가 그토록 염려를 해주니까 나의 진척을 너에게 정기적으로 보고하도록 할게. 신경 써줘서 고마워. 정말 좋은 선물이야. 너의 그 말이 내게 진정으로 큰 도움이 될 것 같아."

그는 놀란 눈으로 나를 바라봤습니다. 나는 그가 이렇게 생각하고 있다는 것을 알 수 있었지요. '그런 뜻으로 한 말은 아니었는데!' 물론 나도 그가 관심과 염려의 의미로 그런 말을 한 게 아니란 걸 알지만, 나는 그것을 좋은 뜻의 말로 받아들이고, 또 그것을 나의 보답 선물로 바뀌게 하기로 선택한 것입니다. 어떤 상황에서든지 사랑은 그어떤 종류의 비난과 조롱도 견뎌내고 오히려 그것을 모든 가슴이 반길 선물로 바꿔놓습니다.

상대방이 당신의 칭찬을 들을 자격이 있다고 생각하든 없다고 생각하든 간에, 그들에게 품위 있게 반응하는 당신의 능력은 누구를 만나든 상관없이 당신의 경험을 즐거움으로 만들어주는 결정적인 요인이 됩니다. 다른 이들이 비난하고 욕하고 박해할 때, 그것은 그들이 자신의 순수한 본성을 얼마나 자주 무시하고 있는지를 상기시켜줍니다. 그들의 행동은 그들의 진화 정도를 알려주지만, 동시에 그들이 자신에게 줄 줄 모르는 선물을 당신이 주도록 기회를 만들어줍니다. 다른 이의 무의식적인 행동이 당신으로 하여금 그것을 선물로 바꿔게 하도록 영감을 줄 때, 당신은 가슴에서 우러나오는 찬사가 지닌 권능을 얻어 현실을 품위 있게 변화시킵니다.

## 진정성 일궈내기

내가 '선물로 바뀌게 하기' 수행법을 가르칠 때 염증에 걸린 인격 안에서 불협화음이 느껴지는 경우가 있습니다. 물론 그것은 누군가를 칭찬함으로써 해결할 수 있습니다. 자기를 함부로 대하는 사람에게 좋은 말을 해준다는 것에 대해 어떤 이들은 자신에게 정직하지 못한 짓이 아닌가 하는 의심을 품습니다. 예컨대, '그 사람에게 찬사를 늘어놓는 것이 진심으로 느껴지지 않는데 어떻게 칭찬을 할 수가 있어?' 하는 의문이 일어날 수도 있지요.

진정성은 잠재의식의 마음으로부터 방사되어 나옵니다. 내가 앞서 말했듯이 잠재의식은 기본적으로 두 개의 범주를 가지고 있습니다. ─ 친숙한 것과 낯선 것 말입니다. 당신의 에너지장에 뭔가 새로운 것이 들어오면, 그것은 당신의 잠재의식이 당신 경험의 역사에 등재하지 않은 것이므로 '이건 믿을 만해 보이지 않아' 하는 느낌을 받게 됩니다.

어떤 경험이 '낯선' 범주에 들면 당신의 몸은 대개 거기에 공명하지 못하게 됩니다. '선물로 바뀌게 하기' 가르침도 때로는 당신의 잠재의식의 필터에 걸려서 당신이 이렇게 반응하게 만듭니다. ─ "나는 이런 걸 일상적으로 해본 적이 없고 어릴 때 보고 들은 적도 없어서 낯설게 느껴져. 몸이 거기에 반응하지 않는걸. 그래서 그건 별로 도움될 만하게 느껴지질 않아."

불손한 사람을 상대할 때일수록 당신의 잠재의식에게는 상대를 방어하거나 물리치려는 반응이 더 익숙할 겁니다. 이 같은 가슴의 가르침이 당신에게 '삶 속의 혼란에 사랑으로 반응하라'고 하면 그 진정성에 대한 의문이 일어날 수 있습니다. 하지만 가슴에서 우러나오는 찬사를 한 번씩 할 때마다, 당신은 잠재의식의 마음을 다시 프로그래밍하고 있는 것입니다. 그럼으로써 당신에게 닥치는 모든 경험을, 마음을 닫아걸고 웅크리고 있거나 비난을 퍼부을 기회가 아니라 가슴을 열 기회로서 바라보게끔 말입니다. 마음을 닫아거는 것은 공격을 당할 때나 고통스러울 때 자신을 보호하기 위한 자연스러운 반응입니다. 그런 방어적인 태도가 바라는 것은 더 큰 갈등이나 스트레스를 피하려는 것이지만, 사랑은 방어적인 에너지가 아니라는 것을 명심하십시오. 사랑은 오직 선물만을 무자비하게 나눠주는 공격적인 에너지입니다.

어떤 일이 일어나든 그것을 사랑함으로써 당신은 깊은 눈빛을 나누고, 지나치는 이에게 미소를 보내고, 자신을 더 깊이 안아 들이고, 마주치는 모든 것을 선물로 바꾸게 하는 이 모든 나날의 수행이 가장 높은 형태의 가슴의 환희를 드러내준다는 것을 깨닫기 시작합니다. 새로운 영적 패러다임 속으로 발을 내딛으며 진화해가는 달인으로서, 당신은 자신의 여정에서 사적으로 수집한 모든 지혜는 만인을 위한 본보기로서 보여지게끔 되어 있었던 것임을 깨닫게 됩니다. 그런 일이 일어나면 당신은 상대방의 무의식적인 행위가 당신의 경험의 질을 갉아먹도록 용납하지 않는 한편으로 그들의 확장을 도와줄 수도 있게 됩니다.

진정성의 문제가 단순히 당신의 잠재의식 앞에 영감에 찬 새로운 선택들을 펼쳐놓는 것이 될 때, 당신은 낱낱의 만남을 통해 삶 속에 사랑을 가져다줌으로써 모든 기도와 꿈과 소망이 이뤄지도록 도울 수 있습니다.

상대방의 행동에 당신이 아무리 상처받고 실망했다고 하더라도, 그것을 인간의 고통스러운 절망으로부터 당신을 해방시켜줄 선물로 바뀌게 하는 것은 당신의 의지에 달려 있습니다. 바로 그 순간, 당신의 가슴속에서는 끝없는 선물이 쏟아져 나옵니다. 당신은 여기, 당신의 순결한 은총의 기적을 받아들일 준비가 되어 있는, 진화해가는 세계를 탐험하고 있습니다. 그 치유의 선물을 어떻게 전해줄지를 정하는 것은 전적으로 당신의 몫입니다.

# 8

# 머리와 가슴의 통합

혼란스러운 경험이든 조화로운 경험이든 간에, 타인과의 경험에 걸림 없이 그저 당신 자신의 삶을 누릴 수 있다면 어떨까요? 누군가가 어떤 경험을 해야 하는 것을 안쓰러워하거나, 그들을 끊임없이 구원해줘야 한다고 생각하기보다는 자신의 순수한 본성을 구원의 길로 삼는 것이 훨씬 더 본질에 가까운 태도입니다. 머리와 가슴이 합일하면 당신은 점차 분리된 무의식적 상태를 넘어서 사람들을 바라보게 됩니다. 이것은 인내심과 수용성과 용서와 자비를 불러들여서, 당신의 만남의 토대가 되게 합니다. 상대방이 아무리 심한 염증에 걸려 있더라도 상관없이 말입니다.

마음의 노력에 의해서든 몸의 습관적 반응에 의해서든, 어떤 일이 일어나든 그것을 사랑하면 당신은 만나는 사람들의 희생자가 되지 않고도 세상에 온전히 존재할 수 있게 됩니다. 머리와 가슴이 합일되면 삶 속에 오가는 일들이 점점 가벼워지기 시작합니다. 인간에게 실망하여 모든 희망을 잃어버리게 하곤 했던 게 이제는 여태껏 경험해본 적 없는 높은 주파수를 일궈낼 절호의 기회가 되었습니다. 영감에 찬, 가슴 뛰는 선택을 내릴 때마다 당신의 진동수가 급상승해가면, 삶에 대한 당신의 인식도 진화하여 당신의 주변세계를 확장해갑니다.

세상은 당신이 어디에 있든 간에 가슴을 사랑해야 할 때를 알려주게끔, 우주에 의해 설계되어 있습니다. 눈앞에 어떤 상황이 펼쳐지든 간에, 당신의 경험은 자애로운 부모의 위안과 응원과 관심을 갈구하는 순진무구한 아이를 드러내어 보여줍니다. 물론 그 자애로운 부모는 당신이 어디에 있든 찾을 수 있게 마련이고요.


## 머리와 가슴: 감정의 통합

통합된 감정 속에서 머리와 가슴이 하나가 되면 그것은 당신이 영원한 하나의 나(the eternal one I AM)인 만유의 상호연결성을 탐험해볼 준비가 됐음을 우주에 알려줍니다. 흔히 '자아실현'이라고 일컬어지는 깨어남의 경험을 일별할 때마다, 당신은 우주의 눈을 통해 삶을 바라보는 기쁨과 지극한 존엄성과 초월의 느낌을 맛볼 수 있습니다. 그 같은 우주적 전망은 아마 이미 거기에 있을 것입니다. 그것은 단지 당신의 가슴이 열려 오로지 당신만이 보게끔 되어 있는 그 진실을 직접 목격할 수 있게 되기만을 기다리고 있는지도 모릅니다.

과잉자극된 신경계의 어릿광대짓으로 자신을 가장하고 있긴 하지만, 당신의 진정한 본성은 종종 어린아이 같은 방법으로 자신을 표현하기도 하는, 의식의 씨앗입니다. 내가 그것을 당신의 정말 순수한 본성이라고 부르는 것은 이 때문입니다. 삶 속의 낱낱의 모든 반응 속에서, 당신의 아이 같은 본성은 가슴의 놀라운 경이를 누려보라고 당신을 초대하고 있습니다. 마치 부모가 자식을 부르듯이 말입니다. 자신의 순수한 본성과 살아 있는 연결고리를 만들어내면 당신은 일체의식의 가장 높은 차원에서 대화하게 됩니다.

머리와 가슴이 신성한 가약을 맺어 다시 하나가 되면 당신은 자신에게로 오는 모든 것을 선물로 바뀌게 하는 법을 터득하고, 모든 만남에서 한층 더 열린 태도로 수월하게 사랑을 일궈낼 수 있게 됩니다.

하지만 인격에 염증이 생기면 의식의 영원한 진실이 쪼개어져서 하나인 감정을 분리된 듯 보이는 두 부분으로 분열시킵니다. — 걱정과 고민에 싸인 부모 같은 머리와, 조심스럽고 순진하고 상처받기 쉬운 아이 같은 가슴으로 말입니다. 그래도 과잉자극된 신경계가 풀리기만 하면 머리와 가슴의 분리는 회복됩니다.

이것은 마치 아이들이 처음으로 삶을 탐사해가는 모습을 지켜보던 부모가 자신의 여리고 상처받기 쉬운 본성에 다시금 친숙해지는 과정과도 같습니다. 부모는 자신의 아이들을 통해 새로운 관점으로부터 모든 것을 재경험하면서 살기 시작합니다. 동시에 아이는 싹을 틔워 잠재된 모든 가능성을 활짝 꽃피울 수 있도록, 필요한 관심과 애정과 보호를 받아들입니다.

아이와 부모란 가슴이 열리기 시작할 때 서로를 받아들이기 시작하는, 의식의 서로 다른 측면들입니다. 이런 일이 일어나면 당신도 형체를 입은 신성의 빛인 자신의 진정한 본성으로 돌아올 수 있는 여건이 만들어집니다.

가슴에 중심을 둔 달인의 통합된 공간으로부터, 당신은 만나는 모든 사람에게 전례 없는 최상의 부모, 잊어버렸던 최고의 절친, 상상으로도 받아본 적 없는 은총의 전달자가 되어줄 수 있습니다. 영원한 아름다움을 지닌 삶의 진실이 발견되고 나면, 그것은 당신을 관통해 흐르면서 당신과 마주치는 모든 이들의 의식을 깨워줍니다.

이처럼 깊은 자각이 일어날 수 있는 지점까지 과잉자극된 신경계를 풀어놓기 위하여, 당신의 순수한 자아는 당신이 자신에 대해서나 다른 사람들에 대해 판단했던 모든 것을 주의 깊게 숙고해야만 합니다. 그것들과 하나씩 하나씩 연결되는 순간마다 당신의 아이 같은 가슴은 내면의 달인을 일깨우는 가장 직접적인 방법인 '조건 없는 사랑'에 당신을 입문시킵니다.

판단을 하는 자와 받는 자를 구별 없이 모두 사랑하면 당신의 순수한 자아는 어떤 말을 하든 무엇을 요구하든 상관없이 당신의 절대적 신뢰를 받게끔 되어 있습니다. 이 과정을 통해 되풀이되는 주제는, 당신의 순진무구한 자아에게 당신이 이해와 관심과 응원을 베풀려고 늘 기다리고 있음을 상기시켜주는 일입니다. 시간이 가도 변할 줄 모르는 당신의 관심 어린 행동은 당신의 순수한 자아가 앞으로는 더 이상 예전처럼 홀대받지 않을 것임을 확신할 수 있게 해줍니다.

입문을 마치고 자신의 순수한 자아로부터 믿음과 신뢰를 회복하면, 당신은 자신의 아이 같은 빛나는 가슴의 지혜로운 수호자가 됩니다. 가슴의 충동적인 요구를 항상 들어주지는 않을지 몰라도, 그 같은 요구가 모든 대화의 목적은 아니라는 것을 당신은 언제나 알고 있습니다. 부모와 아이 사이의 모든 상호작용은 사랑에 뿌리박고 있습니다. 모든 존재가 가슴 한가운데로부터 하나둘 깨어날 때, 우주는 그토록 오래 기다려온 운명의 날을 기쁘게 맞이합니다.


## 자기칭찬의 기술

당신이 다른 사람들을 위해 행동하는 법을 터득한 것과 마찬가지 방식으로, 당신은 내면의 순수한 자아를 만나서 그것이 하는 모든 말도 칭찬의 선물로 바뀌게 할 수 있습니다.

어쩌면 당신은 두려움과 슬픔, 분노를 경험하면서 그것을 긍정적인 칭찬으로 바꿀 수 있다는 것을 알고는 놀란 적이 있을 것입니다. 두려움을 느낄 때는 어떻게 하면 거기서 벗어날 수 있을지를 궁리하는 것이 자연스러운 반응이긴 하지만, 어떤 감정이든 그것을 떼놓으려고 하는 것은 당신의 가슴에게 또다시 버림받는 느낌을 주는 결과를 가져올 뿐임을 깨달아야 합니다.

슬픔을 느꼈을 때 당신은 '이 슬픔을 어떻게 치유할까? 이걸 어떻게 벗어나지?' 하고 궁리했을지도 모릅니다. 이런 궁리는 슬픔은 벗어나라고 생긴 것이 아니라는 사실을 깨달을 때까지 당신을 깊은 패배감 속에 빠뜨려놓을 것입니다. 슬픔을 벗어난다는 것은 곧 당신의 순수한 자아를 밀쳐내는 것입니다. 그것이 좀더 '올바로' 행동할 때까지 말입니다. 두려움과 마찬가지로, 슬픈 순간은 물리치거나 치유하거나 벗어날 수가 없습니다. 그것은 오로지 기꺼이 사랑하고자 하는 당신의 의지로써만 변화시킬 수 있습니다. 두려워하거나 슬퍼하거나 노여워하는 사람들까지도 따뜻이 다독거려주는 법을 터득한다면, 당신은 통제하거나 부정할 수 없는 감정과의 관계를 변화시켜가면서 겹겹이 조건화되어 있던 층들을 하나하나 치유해낼 수 있습니다.

자기칭찬의 기술로써 이런 감정들에 응답해가면, 당신은 조건화된 내면의 층들을 낱낱이 일대일로 대면하게 됩니다. 아이와 같은 가슴이 두려움과 슬픔, 분노를 가져오면 내면의 깊은 지혜가 영감을 받아 긍정적으로 반응해올 수도 있습니다. 그러면 가슴은 모든 감정을 편하게 느낄 수 있단 걸 깨닫게 되지요. 칭찬의 힘을 통해, 당신은 각 감정의 가장 긍정적인 느낌에 집중하게 됩니다. 거칠고 무섭고 고통스러운 경험까지 포함하여 낱낱의 감정 속에 감춰져 있는 선물을 찾아냄으로써 감당하기 어려운 감정에 반응하는 비결을 터득했다면, 당신은 삶의 흐름과 어우러져 조화롭게 살아가게 하는 한층 요긴한 기술을 얻은 것입니다.

예컨대, 두려운 순간을 경험할 때는 다음의 치유 만트라를 당신의 가슴에 반복해서 되뇌어줌으로써 자기칭찬의 기술을 가동해보기를 권합니다.

두려워도 괜찮아. 네가 두려워하고 있다는 사실은, 네가
특정한 경험을 피하고 싶어한다는 걸 알려주고 있어. 네가
두려워하는 때는 네가 나의 관심을 얻으려고 두려움을
이용하는 것인지, 아니면 내게 다른 쪽으로 가도록
일러주려는 것인지를 내가 물어볼 수 있는 기회야. 어느

편이든 간에, 두려움은 우주가 나를 어디로 인도하고
있는지를 더 분명히 알아낼 기회를 제공해주고 있어. 나의
순진무구한 가슴인 너를 어느 때보다 더 사랑할 기회도
고스란히 지켜주면서 말이야. 너의 선물은 굉장히 멋져!
고마워.

당신의 여정을 당신이 나서서 헤쳐가려고 하지 않고, 내면의 인도를
맞아들이도록 자신에게 존중심을 베풀면 가장 선명하고 직접적인
답을 얻을 수 있게 됩니다. 두려움이 매 순간 무엇을 하지 말아야 할
지를 일러주려고 애쓰든, 아니면 그저 당신의 관심을 끌려고 애쓰든
간에, 두려움은 언제나 변함없는 응원이 되기도 합니다.

　두려움을 칭찬하고 인정해줄 때 어떤 일이 일어나는지를 느껴보
세요. 아무리 끔찍한 두려움이라 하더라도 그조차도 신성의 한 표현
이어서, 간과하거나 무시하거나 비웃거나 부인해야 할 대상이 아닙
니다.

　슬픔이 일어나도 가슴에게 이와 같이 말하면, 사랑이 자기칭찬의
기술을 발휘할 기회를 얻게 됩니다.

　　너의 슬픔을 환영해. 네가 느끼는 모든 슬픔을 내게
　　나눠줘. 그게 네가 놓아 보낼 준비가 되어 있지 않은
　　것을 잃어버려서 생긴 슬픔이라 하더라도. 얼마나 슬픈
　　느낌이든, 그 느낌은 그것이 너에게 얼마나 의미 깊은
　　것인지를 보여줄 뿐이야. 무엇을 잃어버려서 슬퍼하든

변해버린 것 때문에 슬퍼하든, 그건 네가 자신에게
주어졌던 그것을 얼마나 소중히 여기고 있는지, 네게 온
선물을 얼마나 귀하게 여기고 있는지를 보여주지. 나는
그것이 용기 있고 칭찬받을 만한 일이라고 느껴.

마찬가지로, 자신이 지니고 있는 막강한 힘에 깜짝 놀랄 정도로 분노
가 솟구칠 때도, 호흡을 천천히 고르면서 가슴을 향해 이렇게 말함으
로써 사랑을 안으로 들여보낼 수 있습니다.

분노야, 안녕? 넌 그렇게 화낼 권리가 있어. 너도 그걸
알아둬. 넌 그런 식으로 자신을 표현할 자유가 있어. 원 없이
실컷 폭발시켜도 괜찮아. 누구에게든 맘대로 손가락질하고
항변해도 괜찮아. 네 말에 귀 기울여줄게. 너의 기준에 못
미치는 사람의 행동에 그토록 재빨리 반응할 수 있다니
대단한걸. 네가 실망을 달래려고 손가락질을 하고 있다고
해도, 그건 너의 기준이 얼마나 높은지를 보여줄 뿐이야.
사실은 네가 체현하고 있는 가치야말로 다른 사람들이
지키지 않거나 불의를 저지르는 것을 지적할 수 있게 하는
힘이야. 이건 네가 나의 보호자로서 얼마나 열심히 일하고
있는지를 보여주는 일이야. 난 사실 그렇게 보호받을
필요가 없지만 말이야. 그렇게 항상 나를 지켜주니 고마워.
일이 네 방식대로 되지 않거나 상대방이 기대에 미치지
못할 때 네가 화를 내는 건 당연해. 넌 사람들이 네 말을

듣게 할 권리가 있고, 어떻게 생각하든 어떤 말을 하든 벌 받지 않을 거야. 난 네가 나누고 싶어하는 모든 말을 다 듣고 싶어. 널 억압하거나 비판하는 사람들에 대한 심판과 욕까지 모두 말이야. 네가 아무리 열을 내도 난 늘 여기서 네 말에 귀 기울이면서 감탄할 거야. 너를 영원한 하나인 나(the eternal one I AM)로서 맞아들일 거야.

이와 같은 본보기를 보면, 과거에 당신을 어지럽게 만들었던 그런 강렬한 감정들을 팔 벌려 맞아들이는 것이 얼마나 자연스러운 일이 될 수 있는지를 깨닫게 됩니다. 아이처럼 보드랍고 여린 가슴을 기쁜 마음으로 받아들이면, 당신은 사랑과 수용력과 진정성으로써 무엇이든 변성시켜놓는 방법인 칭찬의 진정한 목적을 깨닫게 됩니다.

이 같은 공간으로부터 영적 성장과 에너지 확장의 다음 단계로 상승함에 따라, 내맡기는 가슴은 흥미진진한 완성의 지점에 이르게 됩니다.

# 9

# 깨어 있는 소통

　'가슴으로 내맡기기'가 온전해지면, 깨어 있는 소통의 기술을 발견해가는 여정이 이어집니다. 이것은 다음 순서로서, 무의식적으로 주저하고 있는 상대방에게서 관심과 응원과 주의를 얻기를 기대하지 않고, 당신이 상대방에게 선물을 주는 일에 초점을 맞출 수 있게 해주는 그런 인간관계에 통달해가는 단계입니다.

　우리가 많은 사람들과 함께 이 세상을 살아가게 된 이유는, 영적인 진화의 길에서 늘 강조되는 기준이 소통을 얼마나 잘 하는가 하는 것이기 때문입니다. 어떤 사람이 당신에게 자신을 어떻게 표현하기로 선택하든 간에, 그에 대한 당신의 반응은 당신의 가슴이 얼마나 열려 있는지를 보여줍니다. 현명한 부모 같은 마음과 순진한 아이 같은 가슴이 재합일하면 사랑이 당신의 일상적 만남의 전면에 나타나서 당신을 대변하여 이야기합니다. 반응을 하는 것은 여전히 당신일 테지만 당신의 말은 마치 더 깊고 풍성하고 영감에 찬 존재 상태로부터 나오는 것처럼 느껴질 것입니다.

현대의 진정으로 깨달은 스승들은 자신의 참자아의 사랑을 누구나 해석할 수 있는 언어로 번역함으로써 소통하는 법을 알고 있습니다. 깨어 있는 소통에 통달한 능력과 기술에 눈을 떠가면 당신은 인간관계를 향상시키고, 낱낱의 만남이 향기를 풍기게 하고, 어떤 상황에서든 모든 경험을 기쁘게 누릴 수 있게 됩니다.

소통이 통달해야만 할 그토록 중요한 기술이라는 이유는, 바로 거기야말로 대부분의 오해가 발생하는 곳이기 때문입니다. 깨어 있는 의식으로써 소통할 수 없는 곳은 오해의 분위기가 감돌아서 당신의 가슴이 활짝 열려 있지 못하는 원인이 될 수 있습니다.


## 경청의 달인 되기

깨어 있는 소통은 경청의 기술을 통달하는 데서부터 출발합니다. 경청할 때, 당신은 상대방에게 당신의 애정 어린 관심을 받는 편에 설 기회를 주는 것입니다. 그러면 그들의 잠재의식이 당신의 에너지장의 진동수에 동조할 수 있게 됩니다.

깨어나기를 너무나 열렬히 소망한 결과로 공중부양을 하거나 벽을 지나가거나 변신을 할 수 있게 된, 진화 중인 영적 스승들도 많지만, 그중에서도 깨어난 의식을 웅변해주는 가장 감동적인 본보기는 경청하는 능력입니다. 깨어난 존재는 경청이야말로 상대방으로 하여금 자신의 최고의 가치를 상기하게끔 만드는 가장 직접적인 방법이라는 사실을 압니다. 사랑하는 사람의 아름다움에 홀려 넋이 나가 있든지, 이웃 사람과 미소를 교환하고 있든지 간에, 관심이라는 선물은 그저 주변 사람들 속의 순수한 본성을 바라보기만 하면 베풀어지는 만고의 놀라운 보물입니다.

애정 어린 눈빛 속에 담긴 힘을 실감해본 적이 있나요? 모든 것이 당신의 관심 어린 주의의 축복을 받기 위해서 여기에 있다는 사실을 받아들이면 모든 것이 얼마나 재빨리, 애쓰지 않고 제자리를 찾아가는지를 깨달은 적이 있나요?

이것을 깨닫고 나면 상대방의 말에 귀를 기울여주기만 하면 모든 것이 변성되는 현상을 목격하게 됩니다. 경청하고 있을 때 당신은 더 이상 무엇에 대한 자신의 생각이나 그것에 붙여져 있는 꼬리표에 마음이 가 있지 않습니다. 그 대신 오로지 그토록 신성한 작품이 자신을 표현하는 그 독특한 방식만을 찬탄하며 감상합니다.

이것을 깊이 자각하는 당신의 의식은 상대방의 말에 어떻게 대비하거나 반응해야 할지 더 이상 마음 쓸 필요가 없게 됩니다. 그들의 말에 기꺼이 귀 기울이고 싶어하는 마음이야말로 함께 어울리는 가장 애정 어린 방식 중의 하나니까요. 이것은 당신 자신을 포함하여, 누구의 질문에 대해 답을 알아야 할 필요가 없음을 뜻합니다. 왜냐하면 최선의 답은 질문자에게 최대한 많은 관심을 기울여주는 것이기 때문입니다.

더 이상 자신의 관심사에 답을 하거나 누군가의 문제를 해결해주지 않아도 된다면 삶이 얼마나 근본적으로 바뀔 수 있을까요? 마주치는 모든 것에 그저 귀를 기울이고 애정 어린 관심을 기울이기만 하면 어떻게 될까요?

과잉자극된 신경계는 어떠한 속셈 없이는 상대방의 말에 귀 기울이지 않으려 합니다. 왜냐하면 그것은 자신을 응원받지 못하는, 늘 무시당하고 오해받는 사람처럼 느끼게 만들기 때문입니다. 이것이 바로 흔히 인간으로 하여금 대화에서 주도권을 잡으려고 씨름을 하고 서로를 반박하려고 호시탐탐 기회를 노리게끔 만드는 원인입니다. 에고에 완전히 빠져버리면 아무리 관심을 받아도 아무도 자기에게 귀를 기울여주지 않는 것처럼 느끼게 되기가 십상입니다. 자신의 말을 들어줄 사람이 필요하다는 끊임없는 갈구에 빠져 있을 때는 다른 사람의 말에 귀를 기울이거나, 자신의 가슴이 갈망하는 관심을 기울여줄 사람은 오직 자기 자신뿐임을 깨달을 능력이 없어집니다.

자신이 바라는 관심을 스스로에게 주지 못하면, 응원받지 못하거나 이해받지 못한다는 느낌이 그 사람의 관계에도 그대로 투과되어 나타납니다. 그러면 정작 자기 자신에겐 주기를 거부하는 그 관심을 대신해서 제공해줄 타인들을 모집하러 나섭니다. 두 사람이 각자의 내면에서만 나올 수 있는 마음 깊은 인정을 얻고자 하는 속셈으로 서로 만나면, 어느 쪽도 상대방의 말에 귀를 기울이지 않게 됩니다. 갈등이 일어나는 것은 바로 이 때문입니다. 갈등이 일어나면 결국 과잉자극된 신경계만 더욱 들썩거리도록 부추기는 꼴이 되지요.

다른 한편, 자신의 가슴을 온전히 선물하겠단 마음으로 다른 이들의 말을 더 주의 깊게 경청하고자 노력한다면 갈등이 일어날 이유가 없습니다. 왜냐하면 그들은 모두 자신이야말로 자신이 하고 싶은 이야기를 경청해줘야 할 유일한 사람이라는 사실을 잘 알기 때문입니다. 사람 사이의 상호작용이 상대방을 최대한의 인내와 친절과 존중으로 대하는 자기수용 수행의 한 방편이 되면, 자신의 말을 누군가가 들어주기를 바라는 끝없는 갈구는 사랑의 행위인 경청으로 바뀝니다.

가슴은 당신이 상대방의 말을 경청하는 것과 상대방이 당신의 말을 경청하는 것 사이에 차이를 알지 못한다는 사실을 꼭 기억해두세요. 더 열린 가슴으로 상대방의 말을 경청할수록 당신의 가슴은 더욱더 수용적으로 느끼게 됩니다. 경청의 기술을 닦아갈수록 당신은 상대방이 욕을 하며 방어할 때조차도 안전하게 가슴을 열 수 있음을 느끼게 됩니다.


## 자기사랑의 행위로서의 경청

경청이 자기사랑의 행위가 될 때, 놀라운 진실이 발견됩니다. 에고는 자신이 사람들에게 받아들여지지 않고 비난받고 거부당하고 있는 듯한 기분을 느끼는 것은 다른 누군가의 말이나 행동 때문이라고 믿기가 십상입니다. 하지만 사실 다른 사람들은 당신에게 영향력을 미칠 수 없습니다. 단지 당신이 자신의 관점과 일치하지 않는 말에 귀 기울이기를 거부할 때, 그들이 당신의 경험을 제약하는 것처럼 보이는 것뿐입니다. 상대방의 말에 동의하든지 않든지 간에 그저 그것을 잘 경청하면 할수록 상대방 앞에서 배척당하는 듯한 기분을 느끼게 될 일은 적어집니다. 세상 사람들이 언제나 당신보다도 당신을 더 친절하게 대해주기 위해서 존재하는 것은 아닙니다. 삶은 당신에게

197

이 사실을 상기시켜주기 위한 한 방편으로서, 수시로 당신을 남에게 배척당한 기분이 들게끔 만드는 것입니다. 세상 사람들은 당신이 그들을 사랑으로 대하는 만큼 자신도 더 잘 대하게 되게끔, 당신의 훈련을 도와주고 있는 것입니다.

당신을 홀대하는 이들과 어울리면서도 즐거운 척해야 한다는 뜻은 아닙니다. 이것은 당신이 상대방으로 하여금 자신의 속을 마음 놓고 털어놓을 수 있게 해줌으로써 당신 자신에 대한 자비심도 기르라는 권유입니다. 경청의 달인이 되면 모든 가슴이 당신의 존재가 발하는 광채에 의해 치유됩니다. 다른 이들이 말할 권리를 누리게 할 때, 당신은 주변의 모든 사람들이 자신의 빛을 발하도록 영감을 불어넣어주고 있는 것입니다.


## 집중 시간과 경청의 관계

남의 에너지에 공명하면서 살아오는 동안, 나는 경청의 중요성을 깨닫기 시작했습니다. 온갖 다양한 영적 길을 가는 사람들이 나의 안내를 구하여 찾아왔습니다. 주로 상실감이나 근원으로부터의 단절감을 해결하려고, 아니면 인생의 길을 찾기 위해서였지요. 온갖 문제에 대해 직관적인 답을 제시해주긴 했지만, 그것이 문제의 정곡을 찌르고 있는 것 같지는 않았습니다. 그것이 나로 하여금 사람들이 그런 기분을 느끼게 되는 이유를 더 깊이 파헤쳐보게 만들었지요. 얼마 지나지 않아, 그 답이 놀랍도록 선연히 드러났습니다.

사람들이 상실감 혹은 단절감을 느끼거나 삶에서 무엇을 해야 할지를 몰라 헤매고 있을 때, 그 느낌들은 신경계로부터 오는 피드백 메커니즘으로서 작용하고 있는 것입니다. 그것은 그 사람이 상대방의 말을 얼마나 잘 경청할 수 있는지를 반영해줍니다. 호흡할 때와 마찬가지로, 상대방의 말에 얄팍하게 귀 기울이면 자신이나 남들에 대한 그의 사랑도 조건부적인 것이 되어 끈끈한 개인적 속셈에 둘러싸입니다. 경청의 기술이 좋아지면 상실감이나 단절감, 방향 상실의 느낌은 풀려 사라지기 시작합니다.

  많은 사람들이 그들이 알지 못하는 뭔가를 내가 알고 있으리라는 희망으로 나의 직관적 안내를 요청했지만, 그것은 삶이 우리를 만나게 한 진짜 이유가 아니었습니다. 그들은 이전에 그들의 말을 들어준 그 누구보다도 더 깊이 자기 자신에게 귀를 기울여주는 법을 배우러 거기에 온 것입니다. 그들이 자신의 말에 면밀히 귀 기울이는 법을 터득하도록 돕다가, 나는 경청과 신경계 사이의 신비한 연결고리를 발견했습니다.

  신경계가 과잉자극될 때는 귀 기울임이 얄아지고 신경계가 풀릴 때는 귀 기울임이 깊어진다는 것을 나도 이미 알고 있었지만, 그 둘 사이의 연결고리는 무엇이었을까요? 그 연결고리는 집중 시간이었습니다. 집중 시간이 짧다는 것은 신경계가 얼마나 과잉자극되었는지를 알려줍니다. 신경계가 과잉자극되면 몸속에서 불안이 느껴지게끔 되어 있습니다. 세상의 지지를 못 받아서 상실감과 단절감을 느끼고, 현명하고 과감한 선택을 내릴 수 없어서 삶이 방향을 잃고 헤맵니다. 신경계가 풀려나면 당신의 집중력이 높아져 자기의심이 풀리고 남의 말에 귀 기울이고자 하는 관심이 커지므로, 늘 거기에 있던 영감에 찬 최선의 선택으로 인도됩니다.

교사가 지혜를 말로써 가르치는 가장 중요한 이유 중의 하나는, 귀를 기울이는 행위 자체가 집중 시간을 늘려주기 때문입니다. 집중 시간이 늘어나면 몸이 이완되어 가슴이 편안해지며 열리게 됩니다. 집중력이 커지면 당신은 인간 갈등의 핵심으로부터 자유롭게 됩니다. 당신의 삶 속에 어떤 배역의 인물이 나타나든 간에, 그들이 자신의 말을 하게끔 이끌어주면, 그들은 결국 치유되어 본래의 자기 모습을 되찾게 됩니다.

신경계가 과잉자극되면 당신은 상대방이 하는 말을 끝까지 듣는게 힘들어집니다. 처음의 서너 단어만 들으면 그것과 연관된 다른 생각들이 떠오르게 되지요. 과잉자극된 신경계는 상대방의 말에 재빨리 반응하여 그 말이 자극한 반응을 나누게 만들지만, 오히려 그것은 상대방의 말에 귀 기울이지 못하도록 방해합니다.

남의 말 중간에 끼어들어서 상대방이 당신을 바라보는 방식을 고치려 드는 습성도 있습니다. 에고에 빠져버리면 당신이 원하는 모습으로 당신을 바라봐주지 않는 사람과는 의미 있는 시간을 보내기가 어려워질 수 있습니다. 상대방에게 특정한 모습으로 보이고자 하는 속셈에 딸려 가면 당신은 누구의 가슴도 치유해줄 공간을 품을 수 없습니다.

이에 대한 처방으로서, 타인이 당신을 어떻게 보는가 하는 것은 당신과는 전혀 무관한 일임을 명심하는 것이 중요합니다. 그들은 그들의 연극 속에서 당신이 어떤 사람인지에 관해 각자의 견해를 나눌 수도 있지만 그것이 당신이 알고 있는 자신의 모습과 반드시 일치해야만 하는 건 아닙니다.

당신의 시선에서 볼 때 다른 사람들이 제시할 결론이 무엇이든 간에, 그들의 생각은 하나하나가 그들의 장으로부터 제거되어 나오는, 시대에 뒤떨어진 세포의식 찌꺼기의 덩어리에 해당합니다. 이것은, 상대방이 심판의 습관을 제거해야 할 때가 오면 당신의 자애로운 가슴의 순수한 본성이 그들로 하여금 가장 매몰찬 비난을 말로 토해내도록 부추길 수도 있다는 뜻입니다. 그들이 어떤 말을 해도 그것이 당신의 진동을 낮추거나 당신의 에너지장에 영향을 미치지는 못합니다. 당신이 동의하여 그들이 상상한 그 인물이 되지 않는 한은 말입니다.

대부분의 경우, 당신에게 귀를 기울여달라고 하는 사람들에게는 대답을 할 필요조차 없습니다. 왜냐하면 경청 자체가 이미 최선의 대답이기 때문이지요. 상대방이 아무리 심판적인 태도로 가득하더라도 그들이 경청받고 있다고 느끼게 만드는 당신의 능력은 그들의 순수한 자아로 하여금 자신이 중요한 존재이고 아낌과 응원을 받고 있다고 느끼게 합니다. 설사 당신이 귀 기울여줬음에도 그들이 바뀐 것처럼 보이지 않더라도, 당신은 언제나 모든 만남으로부터 더 확장되고 이전의 순간보다 더 진화되어서 자리를 일어서게 될 것입니다.

상대방이 신경계로부터 세포의식의 찌꺼기 덩어리를 털어놓는 동안, 당신은 그것을 새롭고 진심 어린 관심으로써 눈을 초롱초롱 뜨고 귀를 기울일 기회로 활용할 수 있습니다. 그 공간으로부터 바라보면, 사람들이 염증에 걸리면 말하는 속도가 호흡의 얕기에 비례해서 빨라진다는 것을 관찰할 수 있습니다. 적극적인 경청의 공간을 열어주기 위해 호흡을 늦추면, 당신의 에너지장도 더욱 확장되어 당신의 진동수를 올려줍니다.

진동이 올라가면 당신은 상대방의 잠재의식을 향해 모종의 메시지를 보내게 되고, 그러면 상대방은 두 사람 사이의 에너지 차이를 알아차리게 됩니다. 그러면 거기에 응답하여 상대방의 잠재의식은 자신의 진동수를 당신의 진동수에 맞추기 위해 필요한 일을 무엇이든 할 것입니다. 이것이 당신이 상대방의 에너지에 맞추기 위해 자신의 에너지 수준을 낮추지 않고 상대방의 에너지를 더 높이 끌어올려 줄 수 있는 방법입니다.

기꺼이 경청하고자 하는 당신의 진지한 의지는, 당신이 상대방의 진동에 맞춰 진동수를 낮추거나 상대방이 말을 다 하기도 전에 끼어드는 습성을 벗어나게 합니다. 누군가가 한참 이야기하고 있는데 그 중간에 끼어드는 것은 이미 일어나고 있는 치유를 지연시킵니다.

'더 나은 관점'을 주장하거나 상대방의 오해를 바로잡아주는 것이 대단한 일을 하는 것처럼 느껴질지도 모르지만, 그들의 말을 방해한다면 당신은 동시에 자신의 신경계가 과잉자극되고 있음을 드러내고 있는 것입니다. 이 때문에 쌍방의 가슴이 깨어 있는 소통의 실천을 통해 치유되게끔 신성한 공간을 품는 것이야말로 가장 가슴 중심적인 접근법이 되는 것입니다. 그러지 않으면 저절로 일어난 치유의 순간도 이내 두 사람이 주도권을 놓고 언성을 높이는 싸움판으로 변질돼버리기가 쉽지요. 두 가슴 속의 순수한 본성이 다시금 무시되어 버리고 맙니다.

## 충고하기, 끼어들기, 비난하기

가슴에 중심을 둔 의식의 빛을 품음으로써, 당신은 삶의 가장 깊은 치유가 일어날 신성한 공간을 늘 지닐 수 있습니다. 상대방에게 끼어들고 싶은 욕구를 호흡을 늦추고 그에게 더 가까이 다가가 귀 기울일 기회로 바꿔놓으면, 당신은 상대방이 자신의 주장을 펼치게 해줌으로써, 그가 더 열린 마음으로 당신의 말을 들을 수 있도록 친밀한 관계를 만들게 됩니다.

상대방이 자신의 입장을 실컷 피력한 후에도 당신이 경청해준 만큼 당신의 말에 귀를 잘 기울이지 못하거나, 기꺼이 들어주려고 하지 않는 경우도 있을 것입니다. 그럴 때 당신이 얼마나 진지하게 상대방의 말을 경청했는지, 혹은 상대방도 그처럼 진지하게 당신의 말을 들어주지 않는 것이 얼마나 불공평한지를 지적하고 싶은 마음이 굴뚝같더라도, 그런 불만이나 실망감은 당신의 사랑을 기다리고 있는 다음 차례의 손님임을 알아차리고 받아들이는 것이 훨씬 더 낫습니다.

상대방의 말을 주의 깊게 경청하면 그도 보답하듯이 당신의 말을 주의 깊게 경청해줄 가능성은 높아지긴 하겠지만, 그것이 반드시 보장되는 것은 아닙니다. 그것이 '당신 자신에게' 가장 깊은 치유가 일어나도록 부추겨준다는 사실 외에는 말입니다.

깨어 있는 의식의 대화는 당신의 일상적인 만남의 장을 고르게 활짝 펼쳐줍니다. 상대방의 말에 귀 기울이는 것은 자신의 말에 귀를 더 잘 기울일 수 있게 하는 훈련의 기회가 되어주니까요. 대화가 아무리 일방통행인 것처럼 보이더라도 경청을 적극적인 명상수행으로 여기는 한, 그것은 언제나 고르고 적절한 대화로 느껴질 수 있습니다. 경청하고 싶은 의지로부터 어떤 반응이 튀어나오더라도 당신이 강조하여 말하고자 하는 게 반드시 상대가 듣고 받아들여야 할 내용인 것은 아닙니다. 대부분의 경우, 상대방에 대한 당신의 반응은 단지 당신 자신이 들을 필요가 있는 내면의 인도자의 메시지를 전해 보여주는 것일 뿐입니다.

이 진실을 간과하면 당신은 에고의 독선의 염증이 '무엇을 잘못 알고 있는 것처럼 보이는 사람들'을 가르쳐주려고 자신이 좋아하는 영적 지혜를 끌어다대게 만들고 있는 자신을 발견하게 될 것입니다. 당신의 충고를 상대방에게 투사하면 대화는 이내 뜨거운 논쟁으로 불길처럼 번져가게 되고 당신이 대단하게 여기는 그 충고는 결국 무시되거나 거부당하게 되지요. 하지만 깨어 있는 의식의 대화는, 말을 하고 있는 사람이야말로 가장 절실히 그 말을 들어야만 할 사람이라는 사실을 거듭 깨우쳐줄 것입니다.

당신이 상대방의 이야기를 잘 들어주는 위치에 있다는 것은, 그들이 당신을 위해 내줄 수 있는 그 어떤 공간보다도 더 큰 의식의 공간을 당신이 내줌으로써, 더 나은 경청자가 될 훈련의 기회를 더 많이 제공받고 있다는 뜻입니다.

가슴이 당신의 반응방식을 주도하게 되면, 당신은 오로지 자신의 삶에서 다음의 중요한 단계가 무엇인지를 스스로에게 상기시켜주기 위해서만 다른 이에게 충고를 주고 싶은 마음이 올라온다는 사실을 깨달을 수 있게 됩니다. 당신이 열심히 해주는 충고가 자신이 이미 삶에서 체화한 행동과 일치된다고 하더라도, 그런 지혜를 전하고 싶은 마음이 들었다는 사실 자체가 당신으로 하여금 그것을 새로운 열성으로 좀더 일관적으로 실천하기를 부추기고 있는 것입니다.

깨어서 의식적으로 소통하기를 배워가는 동안, 당신은 상대방의 고유한 개성에 대한 당신의 지대한 관심을 당신이 줄 수 있는 하나의 강력한 선물로서 보여주고 싶은, 기꺼운 마음이 자기 안에 있음을 깨닫게 됩니다. 당신은 새로운 각오로 상대방의 말에 더욱 가까이 귀를 기울임으로써 상대방의 순수한 본성으로 하여금, 튀어나오는 말들을 통해 놓아 보내고 싶은 모든 것을 제거할 수 있는 기회를 제공해줍니다. 그들의 판단과 가정, 견해, 결론 등을 바로잡기 위해 당신이 해줄 필요가 있는 모든 말은, 당신 자신이 들어야 할 말을 소리 내어 들려줌으로써 당신이 실천하고 체화해야 할 중요한 행동단계들을 더욱 잘 알아차릴 기회를 제공해줍니다.

당신은 타인들의 세상 속에서 삶을 영위하고 있지만, 당신과 당신의 순수한 본성 사이의 관계는 일상 속 다양한 등장인물들과의 만남의 형태로 변장을 하고 나타납니다. 그렇다고 해서 상대방의 행동방식이 곧 당신 내면의 태도를 되비춰 보여주고 있는 것이라는 말은 아닙니다. 그보다, 당신이 마주치는 상대방의 감정적 기질은 당신이 자신의 삶에서 그런 태도를 보였을 때 상대방으로부터 사랑받지 못했던 일을 반영해 보여주는 경우가 많습니다. 그것은 마치 당신의 인생 내력을 다양한 종류의 감정에 비추어 바라보는 것과도 같습니다. 당신의 세포의식의 기억 속에서 서성대는, 풀리지 않은 모든 감정들은 다른 사람들의 성격으로 형체를 취하여 나타납니다.

그들이 당신과 나누는 말은 그들의 에너지장으로부터 제거되고 있는 세포의식의 찌꺼기를 상징하기도 하지만, 그것은 또한 당신이 과거에 받지 못했던 관심과 지지와 격려를 받고 싶어하는 당신의 과거의 모습을 상징하기도 합니다.

타인의 말에 귀 기울이는 일이 자신의 순수한 본성에게 더욱 가까이 귀 기울이는 훈련의 기회가 되는 이유는 바로 이 때문입니다. 말하는 사람이 충고를 요청할 때도 당신은 스스로 이렇게 자문해볼 수 있습니다. '내가 저런 감정을 느낄 때마다 듣고 싶었던 말은 무엇이었지?' 당신 삶 속의 등장인물들이 해주기만 했다면 당신의 삶을 바꿔놓았을 그 말은 이제 양쪽의 가슴을 치유하는 한 방법으로서 당신이 줄 수 있는 멋진 선물이 됩니다.

깨어 있는 의식의 소통을 하려면, 상대방이 당신을 대하는 무의식적인 태도와 언행을 당신이 그들에게 비난을 퍼부을 핑계로 삼아서는 안 됩니다. 욕설이 막 튀어나오려고 하더라도, 당신은 그것을 잠시 혼자만의 시간을 내어 호흡을 고르면서 내면의 아이를 적극적으로 대면하여, 가슴이 하는 말에 귀 기울일 기회로 알아차릴 수 있습니다. 여기에는 상대방에게 비난을 퍼붓는 자아의 그 측면에게 아낌없이 사랑을 베풀어주는 일도 포함됩니다. 상대방이 아무리 마음에 안 들더라도 그것은 사실 당신이 자기 자신의 자애로운 인정을 스스로 갈구하여 외치고 있다는 신호일 뿐입니다. 당신이 상대방에게 얼마나 많은 관심을 기울여주었고, 그래서 그가 당신에게 얼마나 많은 관심을 빚지고 있다고 당신이 믿고 있든 상관없이 말입니다.

당신이 듣고 싶었는데 상대방이 해주지 않은 말이 있다면 그것을 완전히 새로운 당신만의 사랑의 선언문으로 삼아, 필요할 때마다 언제든지 그것을 선언할 수 있습니다.

영감에 찬 선택을 내릴 때마다 당신은 만나는 모든 사람과 긍정적인 경험을 할 가능성을 높이고 있는 것입니다. 더 이상 그들의 에고의 상태가 당신의 현실을 한정하지 못합니다. 오로지 당신의 선택과 인식만이 당신의 경험의 질을 결정할 수 있기 때문입니다.


## 정직해지려는 의지

깨어 있는 소통의 주춧돌은 정직해지고자 하는 의지입니다. 정직의 중요성은 당신이 우주의 더 광대한 설계도를 얼마나 전폭적으로 신뢰하느냐에 달려 있습니다. 많은 사람들이 삶에는 각자가 맡게 될 더 큰 역할이 감춰져 있다는 것을 알고 있지만, 삶의 그 높은 뜻을 믿고 실현하고 뿌리를 내려서 체화하는 유일한 길은 전적으로 정직해지는 것뿐입니다.

정직해지면 당신은 자신이 성심을 다해 나눈 결과로서 오는 반응은 무엇이든 받들어 모십니다. 그것이 당신의 현실을 아무리 뿌리 깊이 흔들어놓더라도, 그것은 오로지 당신의 여정을 새로운 흥분의 길로 인도해가기 위해서 일어나는 일일 뿐입니다. 때가 되면 당신은 이 방향 전환이 우주의 완벽성을 신뢰하지 않았을 때 발견했던 현실보다 훨씬 더 멋진 현실로 당신을 늘 안내해주게끔 되어 있음을 깨닫게 될 것입니다.

정직성을 발휘할 때마다, 당신은 삶으로 하여금 당신 운명 속의 가장 높은 낙원으로 당신을 신속하고도 정확하게 데려다주도록 내 맡기고 있는 것입니다. 그와 같은 운명이 가장 고상하고 기적적인 방식으로 펼쳐지게 하려면 가슴의 지혜가 내면의 나침반이 되게 하는 것이 가장 중요합니다. 당신의 가장 높은 진실을 가장 깊은 사랑과 자비로써 상대방 앞에 기꺼이 털어놓을 때, 그것은 곧 당신이 들어야 할 바로 그 말을 스스로 들려주게 하는 신성의 인도를 당신이 얼마나 신뢰하고 있는지를 보여주는 행行입니다.

당신이 삶의 가장 높은 뜻과 어긋나는 다른 결과에 집착해 있을 때는, 정직을 실천하다가 기회를 놓쳐버리거나 좋아하는 사람을 잃어버리게 되면 그것은 최악의 시나리오처럼 보입니다. 그러나 상황이 불리하기 그지없을 때조차, 그 '최악의 시나리오'는 다름 아니라 당신의 기대가 불타고 남은 잿더미 속에서 솟아 나오는 완전히 새로운 성장과 확장의 장입니다.


## 정직의 온전함

다른 사람 앞에서 정직해지려면 그에 앞서 자기 자신에게 정직해지는 법을 터득하지 않으면 안 됩니다. 그러려면 뼛속까지 정직해질 용기를 가져야 합니다. 그리하여 다른 사람들이 당신을 어떻게 대접해주기를 바라는지 자신의 마음을 들여다보고, 바로 그렇게 남들을 대접할 수 있도록 ─ 그들이 그 대가를 갚을 능력이 있든지 없든지 상관없이 ─ 말입니다.

208

온전하게 산다는 것이 무슨 뜻인지를 이해하는 한 방법으로서, 다음처럼 스스로에게 물어볼 수 있습니다. ― '내가 혼란의 구덩이에 빠져 있을 때나 고통에 몸부림칠 때, 누가 내 말을 들어주면 얼마나 좋을까? 내가 하고 싶은 말이 있을 때 누군가가 내 말에 귀를 기울여서 내가 경청받고 보살핌받고 아낌받는 느낌을 느끼도록 도와준다면 얼마나 좋을까?'

이 질문에 어떤 반응이 나오든, 그것이 바로 당신이 남들에게 베풀게끔 예정된 정직의 선물입니다. 이것은 당신이, 남들이 당신을 대할 때 보여주기를 바라는 바로 그런 태도로 기꺼이 상대방에게 귀 기울이고 다가가서 말하고 행동하는 것 ― 곧 정직하고 온전하다는 것 ― 의 진정한 의미를 발견하도록 도와줄 수 있습니다. 이처럼 한결같이 정직하고 온전한 태도로 사람들과 의식적으로 소통한다면 당신은 늘 모든 사람에게 진화할 수 있는 기회를 만들어주고 있는 것입니다. 상대방의 행동이 당신의 가치기준에 맞지 않더라도 상관없이 말입니다. 당신이 말할 차례가 될 때도, 당신의 온전함은 당신이 얼마나 기꺼이 정직하고 투명하고 열정적이고자 하는지를 보여줌으로써 우주의 지고한 뜻에 대한 당신의 흔들림 없는 신뢰를 남들 앞에 선언할 수 있게 합니다.

# 주파수 맞추기 치유 연습

친구 사이든 동료 사이든 연인 사이든 부모자식 사이든, 더욱 깨어 있는 소통을 부추겨주는 '주파수 맞추기'라 불리는 에너지 차원의 연습이 있습니다. 주파수 맞추기는 어떤 종류의 관계이든 간에 어느한 쪽이 단절감을 느끼거나 자신의 말이 제대로 전달되지 않는다는 느낌이 들 때마다 두 사람이 함께 공통의 진동을 찾아보는 작업을 하겠노라는 동의를 함으로써 시작됩니다.

이 연습에서는 아무 쪽에서나 "너와 가슴으로 연결돼 있지 않은 것 같아"라든가 "너와 연결감을 느끼기가 힘들어"라고 말할 권리가 있습니다.

이런 피드백이 나오면 두 사람은 서로 손을 마주 잡고 서로의 눈을 맞추면서 주파수 맞추기에 들어갑니다. 두 사람이 함께 호흡을 맞추어서 천천히 숨을 들이쉬고 내쉽니다. 부드럽고 편안한 마음으로 호흡을 함께하는 것입니다. 1분 이상 이렇게 호흡을 맞추면 어떤 공통의 주파수가 두 사람의 가슴을 동조시켜서 서로 지지받는 느낌을 느끼게 하여 더 깊은 대화가 재개될 수 있게 해줍니다.

주파수 맞추기 연습에 마음을 열도록 도와줄 일종의 치유 연습으로서, 거울을 들여다보고 잠시 동안 자신의 눈을 응시해보는 것도 좋습니다. 자신과 똑바로 눈을 맞추기가 힘들다는 것을 깨닫는다면 그저 호흡을 늦추어 숨을 천천히 쉬면서 할 수 있는 시간만큼만 하십시오. 눈을 깜박거리면 안 된다거나 힘을 주어 응시해야 한다거나 하는 게 아니라 자기 자신을 직면함으로써 당신의 순수한 본성과 좀더 온전히 연결되도록 마음을 여는 것이 요점입니다.

자신을 더 자주 대면할수록 다치거나 거부당할 것에 대한 두려움 없이 상대방의 열린 태도를 맞아들이기가 쉬워집니다. 개인적 만남 속에 감춰진 가능성을 확대하는 일은 언제나 자신의 가슴과 더 속 깊은 관계를 맺는 데서부터 출발합니다. 느린 호흡과 주의 깊은 경청, 당신만의 사랑 선언문 되뇌기, 자신의 순수한 본성에 대한 찬탄, 그리고 자신에게 어느 때보다도 더 정직해지기를 통해, 당신 자신이 바로 틀림없이 치유를 경험하게 될 첫 번째 사람이 됩니다. 그리고 그럼으로써 당신은 스스로 자신의 빛을 눈부시게 밝힙니다.

진동이 서로 조율된 이 공간에서는 인간관계가 진실을 되찾아주고 희생자 의식을 치유하여 변화시켜줍니다. 자신이 아무리 오해받고 있는 것처럼 느끼더라도, 당신은 단지 좀더 영감 받은 반응방식을 택하는 것만으로도 모든 경험에 가슴 중심의 의식을 불어넣을 수 있습니다.

# 10

# 느리게 살기

깨어남의 촉매로서든 당신의 내면에 깃들어 있는 열정과 행복과 영감과 설렘을 발견해내는 한 방법으로서든, 모든 영적 열망은 가슴속의 진실성을 더 온전히 일궈냄으로써 충족됩니다. 그리고 그것은 삶의 걸음을 늦추는 데서부터 시작됩니다.

자신의 삶에 좀더 편안하고 부드럽게 다가가기가 망설여지는 것은 자연스러운 일입니다. 염증에 걸린 인격은 모든 일을 자신의 힘으로 장악하고 있지 않으면 최선의 기회를 모두 놓쳐버리게 되리라고 믿기가 십상입니다. 필요한 모든 수단을 동원하여 일을 성사시키도록 프로그램되어 있는 인간 세상에서 당신의 여정의 목적은 최대한 의식을 영(spirit)에 조율하는 법을 터득하는 것입니다.

당신이 더욱 깨어 있는 의식으로 살고자 하는 흔들리지 않는 열망을 발견했든지, 아니면 나날의 요구에 쫓겨 기진맥진해 있든지 간에, 삶은 당신이 가장 높이 진화해가도록 성장과 확장을 보장하는 쪽으로 펼쳐질 것입니다. 당신이 사는 방식이 본연의 존재상태와 어울리지 않는다면 우주는 당신의 방향 잃은 추진력에 발목을 걸기 위해 당신의 주변 상황에 예기치 않은 변전을 일으킬지도 모릅니다. 그러면 당신은 모든 경험을 깊이 음미하는 태도로써 겸손하고 상냥하게 맞아들일 수 있을 때까지 그 완벽한 은총에 의해 속도를 늦추게 됩니다.

속도가 늦추어지면 당신은 자신이 우주의 흐름에 영적으로 더 잘 조율되어서 나아가는 한 걸음 한 걸음이 한층 더 여유로워지는 것을 발견하게 될 것입니다. 그러면 내면의 순수한 본성은 안전해졌다고 느끼고, 당신은 좀더 영감에 찬 가슴 뛰는 결정을 내릴 수 있게 됩니다.

## 좀더 느린 걸음으로 살기

가슴의 진실성을 기른다는 것은 좀더 느긋하게, 가슴에 중심을 두고 더 깨어 있는 의식으로 살겠노라는 결정입니다. 어떤 이들에게는 그것이 자연스러운 일일 수 있지만, 다른 이들에게는 그것이 마주치게끔 예정된 기회를 놓쳐 보내버리게 만드는, 있을 수 없는 일이 될 수도 있습니다. 부단히 하게끔 예정되어 있는 경험을 놓칠 수는 없으므로, 당신이 이미 얼마나 큰 축복과 응원과 신성의 인도를 받고 있는지를 기억하게끔, 당신의 매 호흡은 우주의 손에 당신의 믿음을 내맡길 기회를 제공해주고 있습니다.

미친 듯 허둥지둥 살아갈 때는 우주에 대한 신뢰라든가 당신이 얼마나 중요한 존재인지 따위를 상상하기가 어려울 수 있습니다. 하지만 걸음을 좀 늦춰보면 개인적인 득과 실 너머에 있는 뭔가가 틈새로

비쳐 보일 수도 있습니다. 당신이 가슴에 점차 동조되어가고 있다는 분명한 징조는, 느긋해지는 기분입니다. 기분이 느긋해진 것이 느껴진다면 그것은 우주의 흐름에 어우러지는 내면의 진정한 달인의 능력이 일상 속에서도 발휘되고 있음을 보여줍니다.

느긋함이야말로 어떤 차원의 영적 탐사에도 항상 권장되는 속도입니다. 여정을 서두를 때마다 초월의 직접 경험은 얄팍한 지적 이해로 대체되어버립니다. 깨어남의 어떤 단계는 당신의 삶을 거의 멈춤의 상태로 급격히 늦춰놓을 수도 있기 때문에, 우주는 종종 그런 길목에 당신을 미리 대비시키기 위해서 당신으로 하여금 더 이상 무의식의 자동적인 속도로 움직이는 것이 거의 불가능해지게 만듭니다.

당신의 활동 속에 느긋한 느낌이 상시로 느껴지지 않는다면 그것은 당신의 일정에서 부하를 덜고 속도를 늦추어줄 조치가 필요하다는 신호입니다. 속도를 늦추는 것은 머리와 가슴을 합일시키기 위해서만 필수적인 것이 아니라, 당신이 이미 접어들어 있음을 깨닫지 못하고 있을지도 모를 당신의 영적 여정을 위해서도 필요한 일입니다. 어떤 일이 일어나든 그것을 사랑할 때 당신의 경험의 장 속에 더욱 느긋한 느낌이 찾아온다는 것은 놀라운 일이 아닙니다. 당신이 얼마나 조율되고 균형을 이루었는지를 보여주는 느긋해진 태도는 당신의 가슴에게 이젠 자신을 열어도 될 정도로 안전하다고 손짓을 보냅니다. 당신의 목표가 영적인 것이든지 개인적인 것이든지 직업적인 것이든지 간에, 당신은 더 이상 어떤 일을 성취하기만 하면 훨씬 더 느긋해지리라고 생각하도록 자신을 속일 수가 없게 됩니다. 특히나 그 각각의 일을 대하는 당신의 방식이 당신으로 하여금 균형을 잃게 만든다면 말입니다.

당신이 가슴의 진실을 제대로 따르고 있음을 느긋한 기분으로 확인하는 동안 신경계는 죄책감, 수치심, 두려움, 희생자 의식, 의무 등의 무거운 짐으로부터 당신을 풀어놓아줍니다. 삶의 리듬을 본연의 속도로 늦추고 느긋해져 있다면 당신은 믿기지 않도록 놀라운 삶의 발견이 펼쳐질 완벽한 장을 조성해놓은 것입니다.

느긋함이 당신의 깨어남에 이르는 길목이 될 때, 당신은 삶과 좀 더 정직하게 관계 맺는 길을 찾을 수 있습니다. 에고의 모험에 당신의 순수한 본성이 끌려다니게 하는 대신, 당신은 당신의 머리와 가슴이 같은 페이지 위에 놓일 수 있도록 매 숨결을 부드럽게 이끌어갈 수가 있습니다. 이 진실을 체화하는 한 방법으로서, 다음의 치유 만트라를 되뇌어보기를 권합니다.

그 어떤 압박이 주의를 요구하더라도 삶의 발걸음을 늦추는
것이야말로 내 존재의 진화에 가장 중요함을 나는 안다.
내가 가장 높이 진화해가도록 응원하면서, 나는 삶이 내게
가슴과 재합일할 무수한 기회를 제공해주기 위해 필요한
모든 현실을 창조해낼 것이라는 사실을 받아들인다. 삶의
걸음을 늦추면서, 나는 오로지 가슴만이 아는, 우주에서
가장 완벽한 선택을 맞아들인다. 가슴이 내가 떠난 적 없는
영원한 집이었음을 발견하는 가운데, 내 순수한 참 본성이
사랑으로서 내 존재의 빛 속으로 합체하여 들어오도록
맞아들인다.

## 가슴의 한계속도 존중해주기

가슴에 충실한 삶을 살 때 일어나는 기적과 마법을 발견하는 것은 매우 흥분되는 일입니다. 당신이 이것을 동시성 현상의 완벽한 조합이나 직관적 인도의 홍수로 받아들이든, 아니면 심지어 요청하기도 전에 다른 이들의 도움과 지원이 나타나게 하는 능력으로 받아들이든 간에, 느긋해진 태도가 당신을 좀더 의식적인 속도로 움직여가도록 부추기면 거기에는 새롭고 놀라운 삶이 펼쳐지기 시작합니다. 이것은 모든 일을 에너지 조율을 위한 현장 수행으로 만들어놓습니다.

많은 분야의 성공이 일을 해내느냐 못하느냐에 달려 있긴 하지만, 영적 진화의 보상은 당신이 하나하나의 일을 대하는 태도가 눈앞의 목표와 똑같이 중요해질 때 얻을 수 있게 됩니다.

일상생활 속에서 느긋해질 수 있으면 당신의 가슴은 더 자유롭게 열립니다. 이것은 당신의 마음을 본연의 고요한 상태에 머물게 하여, 성공과 번성을 향해 달리는 만큼이나 배려 깊고 자애로워지기에 마음을 모을 수 있게 해줍니다. 자신이 얼마나 각박하고 엄격하고 불만투성이이고 성마른지를 깨달을 때조차, 그것은 좀더 조화로운 흐름 속으로 속도를 늦춰 들어가라는 신호일 뿐입니다.

인생의 모든 장면에서, 고백해야 할 그릇된 행위나 실수는 존재하지 않습니다. 그저 고난과 압박과 심판과 공격과 고통을, 가슴에서 우러나오는 배려로써 자신의 독단에 균형을 되찾으라는 신호로 받아들일 기회만이 있을 뿐입니다.

당신의 가장 심오한 영적 모험이 오가는 일상적 삶의 모습으로 나타나면 그 낱낱의 일들은 더욱 배려 깊고 용기 있게 우주와 조화를 이루며 일할 기회가 됩니다. 이것은 일터에서든 개인적 인간관계에서든 영적인 길에서든 가슴을 자신의 에너지장의 속도계로 여기게 만듭니다.

가슴에 중심을 둔 의식의 속도로 살면 당신은 내면의 아이와 영원히 평화롭게 살 수 있습니다. 느긋해지는 것이 추구하고 있는 목표만큼이나 중요해지면 당신의 가슴은 누구를 만나든 내내 안전함을 느낄 수 있게 됩니다. 당신의 경험에 느긋함이 빠져 있는 듯해 보인다면 그것은 어떤 일이 일어나든 그것을 사랑함으로써 삶의 속도를 늦추라는 신호가 됩니다.

"사랑해"라고 한 번씩 말할 때마다 당신은 우주로부터 더 큰 응원과 지지를 불러들이고, 모든 것을 맞아들여 매 순간을 기쁘게 누릴 수 있습니다. 더 이상 증명할 것은 아무것도 없습니다.


## 당신을 다치게 했던 말을 더 이상 하지 않기

가슴의 진실과 하나가 되기 위한 또 하나의 중요한 단계는, 한 가지 중요한 질문을 잘 살펴보는 것입니다. 당신만의 사랑 선언문과 마찬가지로, 이 질문은 당신의 삶을 보다 확실히 치유하게 해줍니다.

절대적인 정직과 자애로운 마음으로, 당신의 순진무구한 자아에게 이렇게 물어보십시오. "네 기억 속에서 너에게 가장 큰 상처를 주었던 말은 어떤 말이었니?"

아마 그것은 어린 시절 당신에게 가장 큰 고통과 충격과 좌절감을 일으켰던 단어나 문장이었을 겁니다. 당신이 그런 말을 들었어야 했던 이유를 찾아내거나 설명하려고 애쓰지 마세요. 이것은 당신의 자아의식을 한정된 틀 속에 갇히게 만들었던 그 뼈아픈 말을 기억해냄으로써 당신 주변을 늘 서성대고 있는 그 트라우마를 변성시킬 좋은 기회입니다. 그 말이 거품방울처럼 수면으로 올라오면, 그토록 오랜 세월 동안 인식 아래에 묻혀 있었던 고통과 절망에 마침내 목소리가 주어짐으로써 새로운 차원의 치유가 일어납니다.

그 말은 이런 말일 수도 있습니다. ― "애야, 제발 귀찮게 하지 말고 좀 떨어져. 지금은 널 상대할 수가 없어. 넌 내게 너무 버거워. 넌 여기에 오지 말았어야 하는 건데. 그건 네 잘못이야. 넌 실수였어. 널 사랑할 방법을 모르겠다. 네가 날 그렇게 하게 만들었어. 넌 날 참 짜증 나게 하는구나. 제발 입 좀 다물어."

가장 고통스러운 그 말이 무엇이었든 간에, 어른이 된 당신은 어떤 말이 가슴의 기억에 그토록 고통스럽게 느껴질지를 머리로 따져볼 필요가 없습니다.

당신이 들은 말 중 가장 뼈아팠던 말을 찾는 동안 그 말을 했던 사람에 대해 비난과 분노와 원한을 느끼는 것은 이해할 수 있는 일입니다. 만약 그 고통스러운 말이 정말인 것처럼 느껴진다면, 그토록 뼈아픈 말을 듣고도 침묵했던 당신의 순진무구한 자아로 하여금 그때 못했던 맞받아치는 말을 하게 함으로써 치유가 일어날 공간을 당신이 스스로 펼쳐낼 수 있다는 사실을 늘 기억하십시오. 가장 깊은 변성이 일어나게 하기 위해서는 당신의 고통에 목소리를 주어 과거의 그 가해자를 향해 솔직한 감정을 표현할 기회를 주어야만 합니다. 사람들 앞에 터놓고 할 수 있는 말은 아니더라도, 그렇게라도 말로 내뱉으면 목소리도 주어지지 않은 채 억눌려 희생자로 살아온 순진무구한 자아의 목소리를 마침내 들을 수 있게 됩니다. 완성하고 나서 찢어버리거나 삭제해버릴 편지의 형태로 표현하든지, 아니면 답답한 기분을 표출해내는 미술작업의 형태로 표현하든지, 아니면 상처를 준 사람에게 던질 기회를 못 가졌던 말을 소리쳐 노래하든지 간에, 진정한 치유는 흔히 그 문제에 대해서 스스로 어떤 결정을 내리거나 말할 기회를 가지지 못했다고 느끼는 한 측면의 자아에게 자기표현을 할 수 있도록 자리를 마련해줄 때 일어납니다.

문제의 상대방을 특정할 필요도 없이 의식적으로 말을 내뱉는 것이므로 심판하는 느낌은 일어나지 않습니다. 어떤 사람도 직접적으로 개입시키지 않고 진지하게 마음을 표현하는 곳에는 가슴이 열리게 만드는 더 널찍하고 여유 있는 공간이 펼쳐집니다.

당신을 매우 고통스럽게 했던 그 말을 다시 접했다면, 가슴과 진실하게 하나가 되기 위한 그다음의 중요한 단계는 그 말을 자신에게나 다른 사람에게 다시는 하지 않겠다고 맹세하는 것입니다. 당신은 언제나 살아남을 수 있을 만큼 강했다는 기억을 자랑스럽게 누리고 있지만, 가장 심오한 영적 구원은 당신이 들었던 그 뼈아픈 말을 더 이상 누구에게 물려주지 않음으로써 그 잔혹사의 쳇바퀴를 깨는 것입니다.

어떤 일이 일어나든 그것을 사랑하기 위해서는 늘 듣고 싶어했던 말을 말해주는 것뿐만 아니라 과거로부터 너무나 뼈아프게 각인되어 있는 말을 당신의 사전에서 지우는 것도 필수적입니다. 당신을 그토록 고통스럽고 좌절하게 만들었던 말을 당신 자신이나 타인들이 더 이상 듣지 않게 하고 싶은 마음이 간절해질 때, 당신은 우주의 눈으로 삶을 바라보기 시작하고 있는 것입니다. 거기서는 상처받기 쉬운 만물의 여린 부분들이 모두 '하나(One)'로 포용됩니다.

이 공간으로부터 바라보면 인간관계의 달인이 되는 것도 불가능한 목표로 보이지 않습니다. 오히려 그것은 삶을 대하는 가장 자연스러운 방식이 됩니다.

## 내면의 아이와 평화롭게 지내기

더 깊은 치유가 필요한 시기에는 다른 사람이 던진 잔인한 말에 거의 본능적으로 걸려들어서 괴로워하게 될 수 있습니다. 타인의 뼈아픈 언행이 당신의 경험에 영향을 미칠 수 있는 것은 오로지 당신이 냉담한 상대방의 진동에 동조되어 걸려들거나, 욕설을 하는 이를 더 깊은 사랑으로 대하기를 거부할 때만 그렇게 됩니다. 당신이 영적인 태도로 삶을 맞아들일 수 있게 되든지, 아니면 상대방의 일거수일투족에 반응해서 우왕좌왕하든지 간에, 가장 중요한 것은 자기 내면의 아이와 평화를 이루는 것입니다.

의식이 가슴에 중심을 두고 있으면 누가 아무리 몰인정한 행동을 하더라도 당신의 순진무구한 자아는 세상을 당신 자신의 인내와 친절과 배려의 반영으로 해석합니다.

내면의 아이와 평화를 이루는 가장 직접적인 방법 중 하나는 그와 수시로 대화하는 것입니다. 그것이 하루종일 당신만의 사랑의 선언문을 되뇌는 것이든, 아니면 조용한 장소를 찾아서 당신의 순진무구한 자아로 하여금 과거에 말하지 못했던 것을 여과 없이 말하게 하는 것이든, 아니면 가슴에 "사랑해"라고 속삭여주는 것이든 간에, 당신은 다른 이들이 당신에게 주지 않았던 수용과 응원을 스스로에게 줌으로써 싸움의 모든 씨앗을 녹여버릴 수 있습니다.

내면의 아이와 평화를 이루는 또 다른 방법은, 더 이상 자신의 존재가치나 영적 수준을 타인의 행동에 근거하여 규정하지 않는 것입니다. 우리는 본질적으로 하나인 한편으로, 저마다 독특한 개인들입니다.

한 번도 귀 기울여주지도, 존중해주지도, 받아들여주지도, 아껴주지도 않았던 당신 자신의 그 부분을 따뜻이 지지하고 응원해줄 때, 당신은 자기 내면의 지고한 지성이 모습을 드러내도록 손짓하여 불러내고 있는 것입니다. 내면의 아이를 우주가 자신을 드러낸 한 형상으로 존중하고 받들면 당신은 조화와 평화와 단순함과 기쁨 가운데 인생의 모든 질곡을 지나가도록 인도받을 것입니다.

당신의 순진무구한 자아를 인자한 부모가 아이에게 베푸는 애정어린 관심이나, 아이를 우주의 지혜로 받드는 그런 존중심으로써 대하지 않을 때, 당신은 자기도 모르게 자신의 가슴과 불화하게 되고, 그러면 가슴은 당신 마음의 소음만을 증폭해줍니다. 마음은 가슴이 닫힌 만큼 소란해지므로 자신의 순수한 본성과 평화를 이루는 것은 당신 존재의 진화에 더없이 중요합니다.

내면의 아이와 영원히 평화를 이루기 위해서는, 다음의 치유 만트라를 되뇌어보세요.

사랑하는 내면의 아이야, 어떤 식으로든 네가 무시당하고
버림받고 놀림당하고 거부당한 느낌을 받게 해서 미안해.
사람들이 널 아프게 했던 것도 너무 안 됐어. 네가 어떤
느낌을 느끼고 있는지도 모른 채 너의 안전을 위협하는
사람들 곁에 널 있게 했다면 그것도 미안해. 당시엔 그들이
나를 충족시켜주게끔 마련된 사람인 줄 알았단다.

내게 관심을 보여달라고 했던 너의 요청을 무시하고
간과했던 것 사과할게. 난 그것을 내가 삶에서 맞싸우고
지우고 제거하고 극복해야 할 증세로 오해했었어. 네가
나의 개인적인 도우미로 변장하든, 상상 속의 수호신으로
변장하든, 내 머릿속에 살고 있는 고집 센 인생 코치로
변장하든 간에 넌 오로지 나의 관심만을 사로잡고 싶었던
거야. 사랑하는 나의 가슴아, 넌 그렇게 나와 시간을 좀더
많이 보내고 싶었던 거야.

네가 이렇게 몸부림을 쳐야 했다니, 미안해. 내 인생의
고통은 눈앞의 환경 때문도, 내가 잃어버렸다고 생각하는
것들 때문도 아니고, 내가 획득한 것들이 없애주는 것도
아니야. 난 그것이 네가 받아 마땅한 사랑을 내가 주지

못하고 있기 때문이란 사실을 받아들이고 있어. 네가
안전하게 느낄 속도를 배려해주지 못하고 걸핏하면 마구
달렸던 것, 사과할게.

지금 이 순간부터 난 너를 사랑하고 존중하고 칭송하기를
맹세할게. 네가 항상 듣고 싶어했던 말들을 자주 해줄게.
이미 들었다 하더라도, 새로운 열정으로 열심히 더 자주
말해줄게. 너의 현실을 빚어낸 옛날의 그 사람이 던졌던
너무나 뼈아픈 말을 이젠 너에게도, 다른 누구에게도 하지
않을 거야. 사랑스러운 내면의 아이야, 이제부터 내가 다른
누군가에게 하는 말은 곧 너에게 보내는 러브레터라는 걸
알겠어.

내가 세상의 다른 사람들과 이야기하고 있는 것처럼
보일 때도, 내가 너의 존재를 부인하고 있는 건 아니란 걸
알아주었으면 해. 내가 널 인정하고 알아볼 때 모든 것이
치유된단다. 내가 다른 사람들을 아끼고 대접할 때도, 내가
모시고 있는 건 바로 너야.

내면의 아이야, 너는 내 여린 가슴, 내 우주의 중심이야.
난 내 여정의 가장 중요하고 결정적인 요소인 널 받들고
누리는 한 방법으로서, 나의 지고한 운명을 기꺼이
받아들일 거야. 이 순간부터 널 함께, 하나로, 어디에나

데리고 다닐 거야. 만인의 행복과 해방을 위해서.

사랑하는 내면의 아이야, 네가 내 삶에서 좀더 활동적으로
나섰으면 좋겠어. 내 여정이 완수될 수 있도록 네가
날 도와줘야 해. 넌 해야 할 중요한 역할이 있어. 네가
이 순간을 우리 관계의 새로운 출발로 마음 열어
받아들여준다면 난 네가 받게끔 정해진 대로, 영원히
널 사랑할게. 나의 진화에 너의 역할이 중요함을 내가
확신하니, 넌 더 이상 나의 애정 어린 관심과 인정을 받기
위해 그토록 몸부림칠 필요가 없게 될 거야.

이 순간부터 난 너의 뒤를 따름으로써 사랑에 모든 걸
내맡길 거야. 사랑해.

이런 말들이 당신의 내면에서 새로운 시작을 고무하게 되든, 당신을
당신의 가슴으로부터 분리시키려는 실현 불가능한 시도가 여전히
지속되든 간에, 삶의 심오한 기적이 펼쳐질 무대를 마련하는 것은 당
신의 순수한 본성에 조율하고자 하는 당신의 의지입니다.

# 11

# 모든 것은 의미가 있다

내면의 아이와의 대화가 활발해지면 머리와 가슴이 통합되어, 당신은 자신의 영원한 본성을 영구히 기억할 수 있게 됩니다. 편안한 가슴이 느끼는 그 초점에 모든 것을 가져다놓으면, 당신은 만사가 얼마나 빠르게 변화할 수 있는지를 실감하기 시작합니다. 눈앞의 환경에 좀더 적극적인 관심을 갖게 될 때, 당신은 눈앞의 모든 것을 치유시켜줄 변화의 바람을 맞이하는 신성의 열린 창문이 됩니다.

## 아름다움: 사랑의 신성한 본질

사랑은 늘 우리를 충동질하여 만유의 내부에 신성이 깃들어 있음을 알아차리게 합니다. 사랑이 자신의 신성한 기원을 깨닫는다면, 그것이야말로 아름다움이지요. 아름다움이라는 말은 어떤 매력적인 물리적 속성에다 붙이는 것이 일반적이지만, 아름다움을 인식하는 이 새로운 방식은 일체(One)의 신성이 상대방의 내면에서 만유의 진실을 찾아내는 순간을 소중히 기립니다.

신의 눈으로 자신의 삶을 자주 바라볼수록 더욱 깊은 아름다움을 느끼게 됩니다. 이것은 진정한 아름다움이란 영적인 눈을 통해 육신 속에 거하는 우주의 순수한 본성을 알아보는 것임을 깨닫게 해줍니다.

가슴이 더 열려 있고 더 온유하고 순수한 사람일수록 모습이 더 아름답습니다. 당신 주변 사람들의 삶이 풍랑에 휩싸일 때도, 그들의 추하도록 잔인한 행동은 그들이야말로 더욱 속 깊은 응원과 격려를 필사적으로 갈망하고 있는 사람임을 알 수 있게 해줍니다. 누군가의 경험을 바꿔놓으려 들거나 타인에게 영적인 관념을 주입하려고 하는 대신 당신은 숨어 있는 그들의 신성한 본성의 아름다움과 순수함을 밖으로 불러낼 수 있습니다. 그저 좀더 배려 깊은 태도로 그들에게 다가가는 것만으로도 말입니다.

당신이 이미 다른 이들 속에서 순수한 본성을 보고, 세상 속에서 아름다움을 보고 있다면 이것만으로도 당신이 이미 얼마나 영적으로 잘 조율되어 있는지를 알 수 있습니다. 이 정도로 조율되어 있는 상태라면 나는 당신이 거기서 또 한 걸음 더 나아가기를 권합니다. 즉, 본능적으로 깨어 있는 당신의 의식을 영감을 통한 영적 수행에 몰두시켜서, 이기심과 방어심리와 비판과 고통 뒤에 자신의 순수한 본성을 숨기고 있는 이들까지도 자신이 얼마나 아름답도록 창조되었는지를 기억해낼 수 있도록 도와주기를 말입니다.

당신 곁을 지나가는 것들을 흘끗 보기만 해도, 당신은 그들 존재의 순수성과 아름다움을 알아차릴 수 있습니다. 이것이 '의미'라는 선물입니다. 의미로써 삶을 소중히 받들면 모든 사람과 장소와 사물들도 각자가 그 신성한 계획 속에서 맡아 펼치는 중요하고 평등한 역할을 저마다 즐겁게 누릴 수 있게 됩니다. 만물은 물질로 이루어져 있으므로 각 형체 내부의 의식은 물질이 시야에 들어올 때 그것이 얼마나 중요한 것인지를 기억합니다. 당신이 세상에 줄 수 있는 의미라는 선물이 지닌 힘을 깨달으면, 만물의 아름다움과 순수한 본성은 더욱 빠른 속도로 빛을 발하기 시작합니다.

아마도 당신 주변의 인물들은 당신의 자애로운 인정을 선물 받을 때 당신의 신성을 높이 받들게 될 것입니다. 상대방의 존재를 귀하게 음미할 시간을 갖기도 전에 그의 행동이 바뀌기를 기다리는 것이야말로 그들의 비난을 살 일 아니겠습니까? '사랑의 혁명'에서는, 관심을 아끼는 습성은 사람 간의 갈등에 불을 붙이고, 눈앞의 가슴들을 사랑하는 행行은 심층에 묻혀 있는 것들을 표면으로 불러냅니다. 이것은 어떤 식으로도 잔인한 행동을 용인하거나 해로운 인간관계를 정당화하지 않습니다. 당신이 당신의 순수한 본성이 위협받지 않는 안전한 환경에 있다면, 형언 불가능한 진실을 밝혀주는 것은 만물의 아름다움을 목도하고 그것에 말을 걸고자 하는 당신의 기꺼운 의지입니다.

하지만 당신이 수시로 타인들에게 종속되어 위협받고 배신당하고 조종받거나 학대를 받는다면 당신은 그런 폭발 직전의 환경으로부터 빠져나와야만 자신의 순수한 본성뿐만 아니라 그들의 순수한 본성까지도 함께 존중해줄 수 있는 겁니다. 상대방의 잔인성이 더 이상 당신의 존재의 빛을 흩뜨리지 못하게 되면 통제자도 희생자도 없는,

더욱 강력한 치유의 여정이 펼쳐질 수 있습니다.


## 몸속에 뿌리박기

영적인 관점에서 보면 사랑이란 어떤 것을 그 겉모습과 상관없이 본질적으로 신성하게 바라보는 본능적 행위입니다. 가슴속에 그런 깊은 진실이 동터 오르면 당신은 만물을 이처럼 숨 멎도록 아름다운 방식으로 인식하게 될 것입니다. 어떤 사람에게서든 그 본질적 신성을 보지 못하게 된다면 그 순간은 다름 아니라 삶이 당신으로 하여금 멈추어 자신의 무엇이 신성한지를 상기해보도록 손짓하는 순간임을 이해하는 것도 여기에 포함됩니다.

당신의 신성한 본성을 기억해내는 한 가지 방법은, 간과되고 방기되기 쉬운 자신의 어떤 부분에 좀더 유심히 주의를 기울여보는 것입니다. 몸을 아끼고 좋아해줄수록 변화는 더욱 빨라집니다.

당신의 몸이 어떤 장애를 가지고 있든, 당신의 몸을 다른 이들이 어떻게 판단하든, 당신이 어떻게 인식하고 있든 상관없이 아름답게 여기기 시작한다면 어떻게 될까요? 몸을 향해 그저 "안녕, 아름다운 몸아" 하고 말을 거는 것만으로도 당신은 머리와 가슴의 연결을 더욱 공고하게 해줄 뿐만 아니라 몸은 형체를 띤 신성이라는 진실을 기쁘게 누리고 있는 것입니다.

몸은 곧 우주이므로 몸의 각 부분에 "안녕, 아름다운 몸아" 하고 인사를 건네는 것만으로도 우주의 구석구석에 무한한 축복과 치유 에너지의 물결을 보낼 수가 있습니다.

"안녕, 아름다운 몸아" 하고 말을 건넬 때 어떤 종류든 당혹스러운 느낌이 올라오는 것을 발견한다면 그것이야말로 영적 진화의 확실한 징조입니다. 우주의 관점에서 바라보면 당혹감을 느낀다는 것은 곧 에고의 가면이 떨어져 나온다는 의미입니다. 그것은 너무 강하고 불편한 경험으로 느껴질 수도 있지만, 부끄러움이나 당혹감이 느껴진다는 사실은 당신의 순수한 본성이 얼마나 용기를 내어 자신을 열어젖히려 하는지를 알려주는 징표입니다.

손, 장기, 다리, 손가락, 혹은 몸의 다른 부위들에 새로운 관심을 기울일 때 기분이 얼마나 느긋하게 느껴지는지, 당신은 그 차이를 느낄 수 있나요? 각 부위들이 당신의 지고한 운명이 실현되는 환희의 순간을 향해 얼마나 헌신적으로 시공간을 헤치며 당신을 이끌어가는지를 살펴보십시오. 이 각각의 부위들이 당신의 여정에 의미 깊은 역할을 수행하고 있으니 잠시 시간을 내어 "안녕, 아름다운 몸아" 하고 인사를 건네보세요. 자신의 모든 부분이 동등하게 인정받게 되면 표면의 부끄러움이나 당혹감 너머에서 놀랍도록 온전해진 자신을 발견하게 될지도 모릅니다.

이것은 또한 당신의 순수한 본성에 중요한 메시지를 보내주어서, 순수한 자아가 그저 당신의 애정 어린 관심을 받고 싶다는 일념으로 문제나 불균형을 일으키지 않아도 되게끔 해줍니다. 우리가 아이였을 때는, 몸이 아프거나 고통에 시달릴 때 다른 이들로부터 가장 친절한 관심과 애정을 받는 것이 흔한 일일 수 있었습니다. 이 때문에 우리는 흔히, 사랑하는 사람과 더 가까워지려는 하나의 방법으로서 몸이 아프거나 병이 생기게 할 수 있습니다. 무의식 속에 그래야만 더 사랑받을 수 있다는 신념이 있기 때문이지요. 대부분의 질병과 육체적 고통은 영적 성장에 중요한 단계로 작용합니다. 거기서 육체는 따라잡을 시간을 얻어서, 급격히 확장해가는 영혼의 의식에 더 깊이 조율됩니다. 애정 어린 관심이 아무런 조건 없이 거저 주어지면 당신은 자신이 얼마나 더 건강해지고 균형 잡히고 안정될 수 있는지를 깨닫고 놀랄 것입니다.

그렇다고 병을 앓는 사람들을 보면서 '저들은 자신을 충분히 사랑해주지 않는 게 틀림없군' 하고 판단해야 한다는 건 아닙니다. 그런다면 그것은 성장과 확장의 중요한 단계에서 더 많은 응원과 격려가 필요한 사람의 순수한 본성에다 투사하는 비난의 손가락질이 될 것입니다. 아무튼 '어떤 일이 일어나든 그것을 사랑하기'를 자신을 응원하고 지지해주는 당신의 방법으로 삼으면 당신의 몸은 더 이상 당신의 인정에서 힘을 얻기 위해 불균형 상태나 필사적인 몸부림 따위의 수단을 동원할 필요가 없어집니다.

"안녕, 아름다운 몸아" 하고 인사를 건넴으로써 자신을 인정해준다면 당신은 가슴에게, 당신이 거저 줄 수 있는 주의를 얻어내려고 더 이상 문제를 만들어내거나 드라마를 지어내거나 삶의 어느 구석에서든 태만을 부릴 필요가 없다는 사실을 일러주고 있는 것입니다. 아침에 당신의 순수한 본성에게 인사를 건네는 방법으로든, 하루를 끝내고 당신의 몸이 해준 수고에 감사하는 방법으로든, 자신을 수시로 칭찬하거나 축복해주는 방법으로든 간에 "안녕, 아름다운 몸아"라는 이 말은 세상을 치유하는 숨결이 될 새로운 영적 패러다임을 불러오는 효과적인 방법입니다.

　이것이 바로 당신만의 '사랑의 혁명'을 시작한다는 의미입니다. 그것은 용기와 열정을 발견해내는 일, 그리고 자신의 신성한 본성, 믿을 수 없는 재능, 모두를 이롭게 할 놀라운 능력이 드러나게 하고자 하는 소망을 발견해내는 일입니다. 이 일은 자신을 사랑하는 것이 당신이 가장 열렬히 의도하는 영적 수행이 될 때, 실제로 이루어질 것입니다.


## 변화의 촉매인 고통과 질병

　몸이 안전함을 느낀다면 가슴을 사랑하는 것이 한층 더 쉬워 보일지 모르지만, 진실로 안전을 찾을 수 있게 하는 것은 시간을 두고 서서히 당신의 순수한 본성과 연결되는 것입니다. 삶에서 어떤 일에 부딪히든 간에 몸속에 안전하게 뿌리를 내리고 있는 느낌이 들도록 도와주는 두 가지 중요한 방법이 있습니다. 첫 번째는 자신이 느끼는 것을 있는 그대로 받아들이고 인정함으로써 자신에게 늘 정직해지는 것입니다. 에고 속에서 정신을 잃고 있으면 느낌을 받아들이기가 어려워 보여서 당신을 훼방하는 것처럼 보이는 환경을 탓하고 손가락질하기 쉽습니다. 깨어나면 당신은 장애물로, 좌절로, 혼란으로 인식되는 온갖 것들이 사실은 당신이 가장 높이 진화해가도록 보장해주기 위해 만들어진 교묘히 안무된 변성의 촉매임을 깨닫습니다. 그중에서 좀더 경외의 대상이면서도 오해받고 있는 신성한 촉매는 고통의 느낌입니다.

육체적 불편으로든 정신적 불편으로든 감정적 불편으로든, 올라오는 모든 고통은 늘 확장해가고 있는 의식이 끊임없이 일으키는 신호로 작용합니다. 얼마나 불편한 느낌이든 간에, 그 느낌의 강도는 얼마나 중요한 변화가 일어나고 있는지를 알려줍니다. 그 같은 확장의 순간은 뜻밖에 찾아와서 스트레스를 주고 소동을 일으킬 수 있으니, 자신이 처한 그 고통에 맞싸우든지 피하든지 무시하든지 간에, 통증을 가라앉혀줄 방법을 찾으려고 애쓰는 것은 매우 정상적인 일입니다. 하지만 내 말은, 당장의 그 고통을 즐기는 척하라는 것이 아니라 그것이 틀림없이 제공해줄 치유 효과에 마음을 열라는 것입니다.

신의 뜻을 이루는 촉매인 고통의 역할 중 하나는 당신으로 하여금 스스로 통제할 수 없는 것들 앞에서 자신에게 더 정직해지게 만드는 것입니다. 고통은 당신이 두려워서 필사적으로 몸부림치다 패배하는 대신 더욱 열려서 받아들이고 말랑말랑해지도록 돕기 위해 삶 속에 꾸준히 떠오르는, 진실의 충직한 심부름꾼입니다.

고통이 찾아오면 당신은 "난 지금 너무나 고통스럽고 어떻게 해야 할지를 모르겠어" 하고 받아들이도록 자신을 허용함으로써 그 힘든 순간을 인정하게 될지도 모릅니다.

당신은 이렇게 고백할지도 모릅니다. "지금 난 절대적인 고통 속에 있어. 그리고 그것을 매 순간 증오해."

놀랍게도 당신의 순수한 본성은 당신이 상황에 대해 정직한 태도를 지키는 한 배척당한 느낌을 느끼지 않을 것입니다. 당신의 내면의 아이는 당신이 고통을 외면하거나 그로 하여 자신을 탓할 때만 배척당한 느낌을 느끼게 됩니다. 사실 고통이 있든 없든 간에 당신이 자신에 대해 투명해질수록 가슴을 열리게 하는 순수한 본성의 목소리는 커집니다.

고통이 없다면 가슴이 얼마나 더 열릴 수 있을지는 상상하기 어렵지 않지만, 더 깊은 정직을 부추기는 자연의 힘에 맞서 싸우기를 멈추면 그보다 더 근본적인 진실을 발견할 수 있습니다. 당신이 "난 이 고통을 경멸하고 증오해"라고 말하더라도 당신은 깨어 있는 의도로써 자신의 진실한 경험을 고백하고 있는 것입니다. 그것은 웅변적인 것일 필요도, 남에게 투사해야 할 필요도 없습니다. — 그저 당신이 한 것 중에 가장 진지한 고백이기만 하면 됩니다.

고통이 더 깊은 정직성을 표면으로 불러올리면 그다음의 할 일은 아마도 고통에 처하기를 좋아하지 않는 그를, 사랑해줄 다음 차례의 사람으로 받아들이는 것일 겁니다. 거기까지는 당신이 아직 준비되어 있지 않다면, 그저 자신의 기분을 인정하기만 해도 됩니다. 그것은 "난 이 고통이 너무나 싫어. 그저 없어져주기만 했으면 좋겠어" 하는 이런 마음을 인정하기를 요구하는 것일 수도 있습니다.

무엇이 당신의 진실한 경험이든 간에 가장 자애로운 반응은, 더 깊은 뭔가가 열릴 때까지 스스로에게 치유의 공간을 내줄 수 있도록 정직의 은총 속에 편안히 머무는 것입니다. 정직하게 고백할 때마다 당신은 고통 속에서도 편안해질 수 있고, 피할 수도 통제할 수도 없는 경험에 분개하는 사람을 인정할 수 있게 됩니다. 힘든 감정에 대처하는 법이 가르쳐주듯이, 모든 역경의 순간들은 그 한가운데로 천천히 호흡하여 들어오라는 권유입니다. 그러면 고통을 둘러싼 모든 것이 편안히 이완되어 부드러워집니다.

당신이 상황에 가로막힌 채 고통에 휩싸여 있든지, 아니면 혼란한 치유의 여정을 지나 저쪽 출구로 빠져나오고 있든지 간에, 그 과정에 박차를 가하기 위하여 고통은 그 변성의 마력으로써 당신에게, 자신에게 정직해질 수 있는 전권을 부여합니다. 늘 그렇지만, 다른 사람에 대한 정직성을 키우기보다 먼저 당신 자신에 대해 정직해져야만 합니다. 정직성 앞에 마음을 열기만 하면 당신의 순수한 본성은 아무리 큰 불편 속에서도 언제나 안전을 느낍니다.

당신이 독선의 염증을 치유해내고 있든지, 혹은 희생의 염증을, 혹은 남용의 염증을, 혹은 궁핍의 염증을 에너지장에서 치유해내고 있든지 간에 에고는 흔히 "이건 불공평해" 하고 떼를 씁니다. 어찌할 수 없는 고통을 겪고 있을 때는 불공평하다는 느낌이 들기가 십상이지만, 그것은 성장하고 확장하여 조건에 매인 이 존재의 한계 너머로 진화해갈 영원한 기회를 드러내 보여줍니다. 그런 일이 일어나면 당신은 그저 만사가 당신의 방식대로 풀린다고 해서 착하게 굴거나, 뜻밖의 상황이 닥친다고 해서 트라우마를 입거나 하지는 않을 것입니다. 대신 거기에는 당신을 모든 좌절과 와해 너머로 데리고 가서 만물에 내재된 내면의 광휘를 발견하게 해줄 좀더 친밀하고 완벽한 흐름이 있습니다.

# 혼돈 껴안기

몸속에 안전하게 뿌리를 내리기 위한 두 번째 방법은 혼돈을 뜻밖의 아군으로 맞이하는 것입니다. 혼돈을 경험할 때, 그것은 흔히 명료한 상태, 치유, 해결을 찾아봐야 한다는 신호로 해석됩니다. 하지만 우주의 눈으로 보면 혼돈은 명료함의 반대가 아니라 들어본 적 없는 가장 위대한 지혜로 이어지는 관문입니다. 혼돈은 당신의 모든 선입견과 정의와 준거점이 흔들렸을 때 일어납니다.

당신의 삶을 책에 비유한다면 혼돈이란 앞의 장章에 집착하지 않고 새로운 호기심으로써 모험하여 전진해가는, 스토리 속에서 길을 잃어버릴 수 있는 자발적 능력일 것입니다. 자신의 개인적 스토리 속에서 길을 잃는 것이야말로 삶에서 더 심오한 발견이 일어나는 방식이므로, 혼돈은 어떤 식으로도 고치거나 피해야 할 무엇이 아닙니다. 오히려 그곳이야말로 당신의 가장 큰 깨달음이 동터 오를 공간입니다.

당신은 어느 날 문득 상대방의 행동에 갑자기 놀라 자빠질 수도 있습니다. 그가 당신의 경험의 최전방에 혼돈을 가져다주려고 당신의 현실 속에 배치된 배역인 줄은 눈치채지도 못한 채 말입니다. 혼돈을 성장과 확장의 신성한 촉매로 맞아들이면 그것은 당신이 과거로부터 품어온 원한의 실마리를 잃어버리도록 도와줄 수 있습니다.

혼돈을 성장의 도구로 삼는다는 전략은 단순하긴 하지만 늘 쉽거나 편안하게 느껴지지만은 않습니다. 사랑을 인도자로 삼으면 당신은 혼돈을 이해의 대상으로서가 아니라 이해도 무엇도 없는 텅 빈 공간으로서 품어 안을 수 있습니다.

어떤 사람에게는 이해할 무엇이 존재하지 않는다는 것이 안전하지 않거나 위협적으로 느껴질 수도 있습니다. 하지만 결론을 내리거나 생각해내거나 상황을 명료하게 정리할 필요가 없는 상태 속으로 편안히 이완해 들어가면, 의식이 확장되면서 만사는 '당신이 알아야 할' 것이 아니라 '당신에게 알려지는' 것임을 깨닫게 됩니다. 이것은 당신이 이해하기를 거부한다는 것이 아니라, 당신이 이해를 구하여 수시로 쫓아다니는 대신 이해가 당신을 찾아오도록 허용하는 상태로 전환된다는 뜻입니다. 이것은 당신이 알아야 할 바로 그 순간에 모든 것을 늘 알게 되리라는 뜻입니다.

영적 여정의 시작 단계에서 당신의 진척은 당신이 얼마나 더 많은 것을 이해하느냐에 의해 결정됩니다. 진화의 더 높은 단계에 이르면 그 진척은 당신이 끌어모은 이해가 얼마나 잘 통합되었느냐에 의해 드러납니다. 지혜는 통합될수록 기억으로부터는 사라져버리는 것처럼 보입니다. 마치 우주가 당신이 모퉁이를 돌아 진화의 새로운 장 속으로 들어갈 때, 더 이상 몰라도 될 것이 무엇인지를 상기시켜주려는 듯 혼돈의 순간들을 불어넣어주는 것 같지요. 삶의 이전 장에서는 그토록 많은 위안을 가져다주었던 이해도 뒷부분에 가면 종종 에고를 위한 새로운 준거점이 되어버리거든요.

영적 성장 과정의 덜 관념적인 차원으로 탐사해 들어가면 당신은 당신을 과잉자극된 신경계에 묶어놓는 기억과 개념과 신념과 결론으로부터 해방시켜주는 혼돈의 순간들을 거듭거듭 맞게 될 것입니다. 그것은 당신의 몸이 사랑의 진동을 방사하는 텅 빈 그릇이 될 때까지 계속됩니다. 사랑이야말로 혼돈이 당신으로부터 앗아갈 수 없는 유일한 것이므로, 사랑은 존재하는 유일의 진정한 이해로 여길 만합니다.

혼돈은 사랑을 위한 공간을 만들어내도록 도와줄 뿐이므로, 당신의 가슴을 열리게 하는 것은 혼돈의 진정한 목적을 받아들이려는 당신의 기꺼운 의지입니다. 혼돈을 뜻밖의 아군으로 맞아들이려면 다음의 치유 만트라를 반복해서 되뇌세요.

혼돈스럽고 불편하고 기운 없고 머릿속이 뒤죽박죽일
때마다, 나는 이 혼돈을 오로지 내 앞길의 짐을 덜어주기
위해서 와 있는 뜻밖의 아군으로 받아들인다. 어디로 가야
할지, 어떻게 해야 할지를 종잡을 수 없을 때, 심지어 내가
누구이고 내가 무엇이 아닌지조차 모를 때도 나는 내가
언제든지 그 혼돈 속으로 느긋이 잠겨 들어가서 그것을
성장과 확장의 신성한 촉매로 모실 수 있음을 기억한다.

아무리 깊은 혼돈에 빠져 있을 때도, 나는 혼돈의 의도는
내가 안다고 생각했던 것을 잊어버리도록 도와주려는
것임을 안다. 아는 것을 소화하여 지혜로 통합시킴으로써
더 큰 진실을 드러낼 공간을 내 삶 속에 만들어낼
방법으로서 말이다.

혼돈은 나만 옳다는 생각의 적이요 희생자라는 생각의

그늘이요 권리가 있다는 생각의 악몽이요 모자란다는
생각의 가장 큰 두려움이 될 수밖에 없으니, 나는 혼돈을
친구로 받아들인다.

혼돈을 품 안에 맞아들이니, 나는 내가 얼마나
혼돈스러운지를 정직하게 말할 수 있고, 아무리 깊은
혼돈도 나의 안식을 훼방할 수 없음을 안다.

나는 혼돈을 맞아들여 그것이 나의 과잉자극된 신경계를
이완시켜 내 안에 늘 있는 진정한 안전을 찾아주게 한다.
호흡을 늦추고 가슴에 손을 얹어, 나는 혼돈의 선물이
얼마나 강력한지를 모르고 있을 그를 사랑한다.

자신의 고통을 정직하게 대면하고, 어떤 상황에서도 기꺼이 혼돈과
친구가 되고자 한다면, 당신은 우주로 하여금 끝없이 밝혀지는 진실
속으로 당신을 안내하게 하고 있는 것입니다. 그곳은 불분명한 것을
분명해지게 해주는 평화롭고 조화로운 존재의 공간이요, 사랑만이
상상할 수 있는 모든 질문의 유일한 답인, 그런 곳입니다.
　가슴 중심 의식의 살아 있는 표현인 몸속에 뿌리를 내려가는 동
안, 당신은 당신이 자신에게 부드럽고 따뜻해지기로 하는 만큼 우주
도 당신에게 상냥해진다는 사실을 깨닫게 될지도 모릅니다.
　고통과 혼돈은 모두가 내가 '불청객'이라 부르는 신성한 촉매입니
다. 그들은 당신이 전혀 예상하지 않았거나 근처에 얼씬거리기를 원

하지 않을 때 잘 나타나는 특성이 있지요. 고통과 혼돈이 어떻게 늘 불청객 역할을 해내는지를 지켜보면 배울 만한 비범한 뭔가가 있습니다.

당신은 의지를 키워서, 그것이 가장 불편한 때, 가장 뜻밖의 장소에서 나타날 때 기꺼이 이렇게 말할 수 있습니다.

> 내가 이 순간에 고통이나 혼돈을 초대한 적은 없지만
> 이들은 중요한 이유가 있어서 와 있다. 더 깊은 정직으로써
> 나의 경험을 벗기 위해, 내가 가장 높이 진화해가게
> 해주려고 나타난 이 불청객을 나는 환영한다.

당신이 고통과 혼돈의 경험을 인정하고 받아들이면 그들이 불청객인 자신의 분수를 지키는 방법은 당신의 장 밖으로 나가는 것밖에 없습니다. 당신이 머물다 가시라고 초대하는 촉매들은 대개 머물 곳이 따로 있는 것 같습니다. 마찬가지로 당신이 부정하는 것들은 환영해 줄 때까지 근처에 달라붙어 있는 경향이 있습니다.

고통과 혼돈이 적군이 아니라 아군으로 보일 때, 당신은 어떤 상황에서도 몸 안에서 안전을 느낄 수 있습니다. 삶이 아무리 혼돈스러워 보이더라도, 당신이 아무리 극심한 고통 속에 처하게 될지라도, 혹은 아무리 무수한 좌절에 부딪히더라도, 당신의 순수한 본성은 한 발짝 한 발짝마다 아낌받고 존중받고 응원받는다고 느낄 수 있습니다.

# 12

# 깨어남: 기다리고 있는 것들

역사상 매우 중요한 이 시기에 접어들면서, 갈수록 더 많은 사람들이 자발적인 깨어남을 경험하고 있습니다. 당신에게는 자신이, 사회의 끝없는 요구에 맞추기 위해 자신을 채찍질하며 몸부림치는 무수한 군상들의 세계에서 살고 있는 것처럼 보일지라도, 이 모든 것은 신의 더 큰 계획 속의 빼놓을 수 없는 일부입니다. 과잉자극된 신경계는 자동차의 엔진과도 흡사합니다. 자동차를 빨리 몰수록 엔진의 회전수는 높아지고, 그러다가 결국 엔진은 타버릴 것입니다. 의식이 확장될 수 있도록, 과민해진 신경계가 망가지기만을 기다리면서 그렇게 미친 듯이 바쁘게 사는 것도 한 방법이겠지만, 어떤 일이 일어나든 그것을 사랑하는 것이야말로 영원한 자유로 들어서는 훨씬 더 부드럽고 빠른 길입니다.

깨어남을 이해하는 한 가지 방법은 신경계의 역할을 살펴보는 것입니다. 신경계가 과민상태가 되면 어느 시점에 이르러 고장을 일으켜서 전체 과정이 일시적으로 멈춰버립니다. 그렇게 갑작스러운 멈춤이 일어나면 의식은 존재 본연의 상태로 확장되어서, 당신이 여태까지 지니고 있던 고착된 인생관과는 사뭇 다른 전망을 열어 보여줍니다. 이 양극 사이의 충격은 고요한 의식상태, 황홀경, 혹은 위협감, 죽음의 예감, 아니면 공포감까지도 일으킬 수 있습니다. 한 번도 깨닫지 못한 현실의 경험 속으로 내던져지니까요.

깨어남의 동이 트면 당신의 마음은 문득 고요해지면서 몸 안에서 모든 것을 느낄 수 있게 됩니다. 예컨대 다른 이들의 경험 속으로 동조해 들어가는 능력이 생길 수도 있는데, 거기에는 상당한 적응과정이 필요할 수 있습니다. 그것이 당신에게 흥분을 가져다주든지 공포심을 가져다주든지 간에, 당신은 자신은 어디서 비롯되고 타인의 경계는 어디까지인지를 분간하지 못하게 될 수도 있습니다. 자신이 무엇을 해야 할지, 어떻게 존재해야 할지, 인물 설정도 없이 어떻게 연기를 해야 할지도 모르게 될 수 있습니다. '이런 말을 어떻게 하지? 이런 선택을 어떻게 하지? 더 이상 내가 아닌 것 같은 역할을 연기하면서 어떻게 살지?' 하고 어리둥절해하는 자신을 발견하게 될 수도 있지요.

이 정도로 깊고 큰 영적 현상이 일어나면 혼돈을 친구로 삼고 고통에 정직해지는 것이 매우 중요해집니다. 그래야만 의식의 열림을 해결하거나 외면해야 할 문젯거리로 오인하지 않게 되니까요. 혼돈을 친구 삼는 것은 이 경험을 이해 너머의 현실을 탐사하라는 초대의 손짓으로 바라보도록 도와줄 것입니다. 상황이 얼마나 명료하든, 혹은 혼돈스럽든 상관없이 당신은 마음을 열고 환희의 끊이지 않는 원천에 주파수를 맞추고 있을 수 있습니다. 어떤 일이 일어나건, 혹은 일어나지 않건 상관없이 말입니다.

이 말들이 당신의 길에 곧 일어날 일을 예시해주는 것이든, 아니면 이미 펼쳐지고 있는 일을 마무리 지어주는 것이든 간에, 어떤 일이 일어나든 그것을 사랑하겠노라는 당신의 의지는 깨달음의 각 단계들을 지나갈 때 없어서는 안 될 동반자입니다.

당신이 자신이라고 생각했던 그 모든 자아상의 느낌이 해체되어 사라져버리더라도, 한 단계에서 다음 단계로 당신을 밀어 추진시켜주는 것은 사랑의 완성입니다. 사랑을 인도자로 삼으면 당신은 놓여나고 치유되고 거듭나서 자유로워지고, 또 그만큼이나 온전하고 자비롭고 지혜로워지도록 운명지어져 있습니다. 깨어남의 동이 터서 남아 있는 사람이 없는 것처럼 보이더라도 그것이 사랑할 사람이 더 이상 남아 있지 않다는 뜻은 아닙니다. 당신이 연기해온 인물이 갑자기 사라질 때, 사랑은 늘 그랬던 것처럼, 모든 육신들을 통해 가장행렬을 벌이고 있는 하나(One)의 영원한 가슴인 바로 자신을 품어 안고자 여기에 있습니다.

깨어남의 문이 이미 열려서 이 여정을 온전히 마무리하고 싶어하든, 아니면 이해를 초월한 기적적인 모험에 나설 채비를 하고 있든 간에, 당신의 모든 두려움과 근심과 걱정은 사랑으로 돌아오라는 멈출 줄 모르는 손짓이 됩니다. 당신이 경험하고 지각하는 것이 무엇이든, 어떤 신념을 품고 있든, 사라져버린 자아상이 무엇이든 간에 확장이 일어나는 모든 상서로운 순간들은 당신으로 하여금 우주의 눈으로 삶을 바라보고 낱낱의 만물이 얼마나 똑같이 중요한지를 기억해내게 합니다.

## 확장과 수축의 자연 주기

　의식의 자발적 혹은 단계적 깨어남을 과민해진 신경계에 일어나는 일종의 고장 상태로 이해하고 나면, 이 기적적인 모험의 복잡다단함 속으로 좀더 깊이 탐사해 들어가보는 것이 도움이 될 수 있습니다. 의식이 확장될 때, 처음에는 신경계가 이 전혀 새로운 주파수의 진동을 담아내지 못할지도 모릅니다. 이런 일이 일어나면 당신은 신경계가 다시 과잉자극의 패턴을 만들어내고 있음을 알아차리게 됩니다. 그것은 그렇게 확장된 당신의 의식이 막을 내리고 염증에 걸린 인격의 태도 속으로 되돌아가는 것과 같습니다. 당신의 깨어남으로 인해 거기에서 구조된 것 같았는데, 예전의 상태로 돌아가버리게 되는 것입니다.

　그 같은 확장과 명료한 의식 상태가 무너져버리면 그것은 마치 진화가 아니라 거꾸로 퇴화의 길을 가고 있는 것 같은 느낌을 줄 수 있습니다. 그럴 때는 아무도 잘못하지 않았다는 것을 깨닫는 것이 중요합니다. 만물이 설계된 방식대로 자연스럽게 가고 있는 것을 두고 당신 자신이든 다른 누구든 탓할 필요가 없습니다.

　깨어나는 일련의 과정 중에, 당신은 우주가 수시로 맛보여주는 미래의 삶을 통해 종종 새롭게 확장된 존재상태를 흘끗흘끗 미리 보게 될 것입니다. 하지만 당신의 신경계는 그 확장된 에너지를 유지하지 못하고 다시 닫혀버릴 것입니다. 조건화된 상태로 돌아가는 동안 당신은 더 커진 의식으로 에고를 재경험해볼 기회를 갖게 됩니다. 이것은 훨씬 더 선명한 시야를 통해 해결되지 않은 습관적 패턴을 되살펴볼 수 있도록 도와줍니다.

당신은 만물이 당신이 모르는 당신의 모습을 깨우쳐주는, 완벽히 안배된 촉매로서 존재하고 있음을 그 어느 때보다도 더 분명히 깨닫기 시작합니다. 우연히 일어나는 일이란 없으니, 어떤 경험도 당신의 길에 장애물로서 놓여 있는 것이 아닙니다. 그것은 다음 단계에 당신에게 필요한, 하나의 보석 같은 통찰입니다. 당신의 길을 막고 있는 것처럼 보이지만, 그것이야말로 당신의 진화를 돕는 가장 직접적인 수단인 것입니다.

당신은 대비(contrast)를 통해 의식의 확장된 차원으로 깨어납니다. 그리고 신경계가 그런 진동을 담아낼 수만 있다면 모든 것이 어떻게 달라질지를 알 수 있게 됩니다. 맛보기가 끝나면 당신은 완전히 새로운 시야에 뿌리는 둔 채로 다시 염증에 걸린 에고의 인격으로 수축합니다. 이 확장과 수축 사이의 왕복을 통해 당신은 두 극단 사이에서 변하지 않고 똑같이 남아 있는 것이 무엇인지를 깨닫게 됩니다.

이것이 영원히 진화해가는 당신의 영적 여정의 침묵 속의 궁구입니다. 당신이 그 모든 준거점으로부터 이미 해방되었든지, 아니면 에고의 염증으로부터 영구휴가를 얻기만을 학수고대하고 있든지 간에, 그것은 확장된 자아나 수축된 자아나 모두가 사랑받기 위해서 여기에 있다는 사실을 깨달을 기회입니다.

이렇게 수축과 확장 사이를 부침하는 동안 당신은 마치 탁구공처럼 양극단 사이를 오가면서 자신의 사랑을 다져서 조건 없는 사랑으로 만들어갑니다. 한쪽 끝에서는 모든 것이 환희롭고 완벽한 흐름 속에 있어서 하는 일마다 흡족합니다. 반대편에서는 모든 것이 위태롭고 불안정하고 불균형해서 세상에 제대로 된 것이라고는 하나도 없는 것만 같습니다. 당신이 중도에 자리 잡게끔 지지해주기에 충분한 힘이 쌓일 때까지 양극단 사이를 왕복하는 것은 매우 자연스러운 일입니다. 양극단이 붕괴하는 것은 바로 거기, 중도입니다. 거기에는 높은 것도, 낮은 것도 없습니다. 그저 살아 움직이는 진실의 눈부신 작품인 '현실'이 존재할 뿐입니다.

## 쿤달리니와 깨어남의 에너지적 요소

탁구공처럼 양극단 사이를 오가는 동안 설명하기가 아주 힘든 징후와 체험이 일어날 수 있습니다. 그것은 마치 몸의 다양한 부위에 번개를 맞고 있는 듯이 전류가 관통하는 것처럼 느껴질 수 있습니다. 척주 하단에 압력이 느껴지면서 영적 진화의 에너지적 요소가 각성될 수도 있습니다. 그것은 흔히 쿤달리니라 불리는데, 그것이 각성되면 꼬리뼈 끝에 똬리를 틀고 있는 뱀과 같은 에너지가 척주를 감고 올라옵니다. 그것이 올라오면서 차크라들을 열어 몸의 에너지장을 각성시키면 쿤달리니 에너지는 내면에서 깨어나는 의식의 진동에 맞지 않는 세포 차원의 기억들을 밖으로 밀어냅니다. 마치 신경계와 쿤달리니 에너지가 서로 손잡고 당신의 진화 여정을 위해 협동작업을 하는 것 같습니다.

처음에는 신경계가 깨어남의 에너지적 요소를 준비시키기 위해 염증의 표층을 벗겨냅니다. 염증이 올라오면 쿤달리니 에너지가 신경계로부터 그것을 이어받아서 조건화된 나머지 층들까지 풀어냅니다. 신경계에 의해서든 쿤달리니 에너지에 의해서든 간에 불순한 의식의 층들이 당신의 장에서 풀려나가면서 당신이 깨어나는 동안, 주변 사람들이 전보다 더 자주 당신을 집적거리게 될 수도 있습니다. 하지만 당신은 불편한 감정에 대해 배웠으므로 이제는 어떤 느낌을 받고 있든 간에 당신은 치유되고 있습니다.

집적거려진 감정을 더 열린 마음으로 맞아들이면 그것은 풀려나면서 당신이 근원으로 돌아가도록 도와줍니다. 분출하는 모든 감정을 사랑해주면, 혹은 최소한 그것을 경험하는 그를 사랑해주면, 당신은 쿤달리니 에너지를 도와 가슴에 중심을 둔 새로운 의식을 맞아들일 공간을 자신의 장 속에다 마련하고 있는 것입니다.

당신은 깨어나는 과정의 골치 아픈 부분을 빨리 지나가고 싶겠지만, 이 단계는 천천히 지나갈수록 당신이 더 빨리 발전하게 해줍니다. 언제나 그렇듯이, 영적인 발전을 가속시키는 가장 지름길은 그 속으로 편안히 몸을 담그는 것입니다. '느긋이 이완하기'를 당신의 길에 또 하나의 아군으로 삼아놓으면 가슴이 열려서, 쿤달리니 에너지의 전류를 받아들여 통과시킬 수 있게 됩니다. 이완이 잘 되지 않는다면 언제나 주의를 내면의 아이에게로 돌려서 다음 차례로 사랑받을 대상이 무엇인지를 찾아보세요.

## 세포 기억들의 '체증'

쿤달리니 에너지가 올라올 때, 세포의 기억이 풀려나는 속도만큼 빨리 떠날 힘을 갖지 못해서 '밀리는' 체증 현상이 가끔씩 일어날 수 있습니다. 이것은 육체적인 병이나 탈진, 무감각, 화, 우울 등으로 나타날 수 있습니다. 새로운 영적 패러다임에서는 흔히 질병을 '변성과정이 이미 진행 중임을 알리는 신호'로 여깁니다. 그것은 마치 자신이 임신한 사실을 모르는 사람이 심한 산통을 느끼고 있는 것과도 흡사합니다.

질병은 당신의 장場에서 에너지의 엄청난 확장이 일어나고 있다는 신호일 수도 있으므로 육체적인 이변이 당신이 영적 수행을 제대로 하고 있지 않은 증거라도 되는 양 자신을 질책할 필요는 없습니다.

영적 진화로 갑작스러운 에너지 확장이 일어나면 낡은 세포 기억들은 떠나려고 애쓰고, 출현하는 새로운 에너지는 '밀리게' 됩니다. 이 에너지의 체증은 신체 장기에 염증이나 불균형을 일으켜서 육체적 질병의 증상을 만들어냅니다. 무엇이 당신이 주의를 더 필요로 하고 있는지를 알려주는 한 가지 방식인 것이지요.

질병을 깨어남의 에너지적 측면으로 설명하는 것이 유일한 방법은 아니지만, 이것은 이 불균형 상태를 신체의 요구를 영양학적으로 적절히 돌볼 기회로 인식할 하나의 기회입니다. 의료전문가의 도움을 구하든 대체요법가의 도움을 구하든 간에, 중요한 것은 증상을 보이는 신체 부위에 자애로운 관심을 기울이는 것입니다. 이것은 당신의 에너지장의 생태계가 더 조화롭게 작동하게 하여 당신의 여정을 평안해지게 합니다.

내가 이 이야기를 들려드리는 것은, 당신이 깨어나는 과정이 늘 편안하지만은 않더라도 놀라거나 자신에게 불친절해지지 않도록 하려는 것입니다. 어떤 일이 일어나든 그것을 사랑하면 당신은 낱낱의 경험을 가장 자신 있고도 겸허히, 그리고 수월히 맞아들이기에 가장 좋은 자리에 자신을 데려다놓게 됩니다.

## 영적 예고의 함정들

깨어남의 과정 동안에 흔히, 현실에 관한 기적적인 진실을 드러내 보여주는 강력한 열림을 경험하게 됩니다. 그런 경험들은 당신이 올바른 방향으로 가고 있음을 알려주는 증거가 되어주지만, 그것을 길을 다 왔다는 증거로 오해하게 되는 수도 있습니다. 초월적인 경험은 당신이 새로운 의식 차원에 이르렀음을 증언해주지만, 깨어남의 모든 단계들은 언제나 그 너머의 다음 단계를 예고하고 있음을 명심해야 합니다. 깨달음의 무한한 세계를 망각해버리면 자신의 여정이 마침내 마무리되었다고 믿게 되기 쉽습니다. 필사적으로 발버둥치던 습성은 더 이상 남아 있지 않고 많은 증상들도 완화되어 사라져가고 있음을 알아차리게 될 수도 있지만, 그것은 단지 가없이 전개되는 은총의 끝없는 궤도 위에서 다음 지평을 발견하기 위한 준비단계일 뿐입니다.

그런 심오한 영적 체험의 직후에는 에고에게 새로운 정체성이 생겨날 수도 있습니다. 이런 시점에서 자기가 옳다고 생각하는 에고의 태도는 '영적으로 옳다'는 태도로 변신할 수 있습니다. 그것은 자신이 '했다고' 기억하는 경험을 토대로 다른 이들의 그릇된 인식을 바로잡아주는 재미를 먹고 삽니다. 에고의 희생자 의식은 이런 때에 또한 영적인 희생자 의식으로 변신할 수도 있습니다. 그것은 확장하고 수축하는 단계들을 거치는 동안 우주가 자신의 가장 애지중지하는 경험을 앗아갔다고 욕을 해대거나, 아니면 끝없는 욕망을 채워주기를 갈구합니다.

영적인 희생자 의식에 빠지면 에고는, "제가 뭘 잘못해서 이 길로 왔나요? 확장해가는 길로 돌아가려면 어떻게 해야 하나요?" 하면서 미신에 빠진 사람처럼 우주를 애처롭게 우러러보기까지 합니다.

권리가 있다고 여기는 에고 역시 '영적으로 잘났다'는 태도로 변신할 수 있습니다. 스스로 자신이 어떤 사람이라고 생각하느냐에 따라, 아니면 심지어 자신으로 여겼던 자아상이 없어져 버렸더라도, 영적으로 잘난 사람으로 변신하기는 쉽습니다. 자신의 경험이 어떻게든지 자신을 다른 사람들보다 우월하게 만들어주기나 한다는 듯이 말입니다. 자신이 다른 사람에 비해 열등하다고 느끼던 사람이 영적으로는 자신이 더 잘났다고 믿게 될 수도 있습니다. 이런 일이 일어나면 모든 사람을 수련 중인 달인으로 바라보는 겸손한 태도를 잃어버리기 쉽습니다.

우리는 모두가 독특한 개성을 지녔고 각자가 표현할 수 있는 고유한 재능을 존중받아 마땅하지만 우리의 저 깊은 속 알맹이는 형상을 입은 영의 지고한 실체요, 하나(One)입니다. 당신의 내면에서 깨어나고 있는 새로운 의식에 흥분하여 좋아해서는 안 된다는 뜻은 아닙니다. 단지 당신만의 독특한 변성과정이 모든 가슴 속에서 떠오르는 동일한 존재의 통과의례를 예고하고 있음을 기억하라는 뜻입니다.

또, 에고의 모자란다는 태도는 영적인 모자람이 될 수 있습니다. 그것은 억누르기 어려운 강한 욕망으로 가장될 수도 있습니다. 늘 자신의 진동수를 더 올리고 주의를 더 확장하고 싶어한다든지, 의식하는 모든 것을 관장하고 싶어한다든지 하는 식으로 말입니다. 당신은 자신이 끊임없이 '내가 그걸 제대로 보고 있나? 이게 가장 선명한 시각인가? 내가 잘못 인식하고 있지 않은지 확인해봐야 할까?' 하고 자문하고 있음을 발견하게 될지도 모릅니다.

진동수를 올리거나 현실에 대한 더 선명한 시각을 찾거나 의식을 확장시키는 것도 진화의 멋진 길이 될 수 있지만, 에고가 당신의 여정을 관장하려고 나선다면 그것은 당신이 가장 큰 발견을 이뤄내도록 도와줄 수 없습니다. 그것은 당신이 올바른 일을 하고 있느냐, 일을 제대로 하고 있느냐 하는 문제가 아니라 당신의 행동이 이완의 공간으로부터 나오는지 강박의 공간으로부터 나오는지를 알아차리느냐 마느냐 하는 문제입니다.

영적인 에고가 수집한 통찰과 경험들을 동원하여 새로운 배역의 인물을 만들어낼 수도 있지만, 이 새로운 인물은 사랑이 있는 곳에는 존재할 수 없습니다. 그것은 심지어 어둠의 사악한 세력에 맞서는 빛의 수호자 같은 매력적인 외적 인격(persona) 뒤에 숨어 있을 수도 있지만, 빛과 어둠 사이의 그런 싸움은 영적 심판의 양극단 사이에서만 일어날 수 있다는 것을 자각하지 못합니다.

영적인 에고는 사랑에 협력하는 대신 경쟁을 벌입니다. 사랑에 협력한다는 것은 곧 당신 존재의 빛 속으로 녹아드는 것입니다. 영적인 에고는 이 단계를 간과하기 때문에 억지로 그것이 일어나게 하지 못합니다. 그렇게 되도록 노력하는 것이 유익한 일임이 아무리 분명히 눈에 보이더라도 말입니다.

많은 경우, 영적인 에고는 자신이 된 그 인물, 혹은 자신이 깨달은 진실이 가슴에 중심을 둔 주의를 대신할 수 있는 주인공이라고 여깁니다. 영적인 에고는 자신이 사랑의 필요성을 초월했다거나, 사랑을 요구하는 것은 개인적인 경험의 차원에만 존재하는 수준 낮은 짓이라고 우길 수 있습니다. 사랑이야말로 당신의 본성이며 주는 자와 받는 자가 사실은 하나이고 같은 것임을 깨달았다고 하더라도, 그것이 실상의 끝없는 계시로서 사랑이 펼쳐지는 것을 막지는 못합니다.

이것은 영적 발견이 어떤 식으로도 사랑의 중요성을 좀먹지는 못한다는 것을 깨달을 수 있게 해줍니다. 이것은 모든 혼선과 오해를 정리해주어서 자신을 사랑하지 못하도록 방해하는 것이 없어지게 합니다. 당신이 누구라든가 누가 더 이상 아니라든가 하고 우기든지 말든지 상관없이 말입니다. 존재의 진실을 더 깊이 탐사해갈수록 당신은 사랑에 더욱 조율되어갑니다.

사실 초월적인 체험을 할수록 당신은 더욱 자신의 몸을 보살피고 자신의 인격을 존중하고 세상을 신성의 장엄한 장식물로서 찬탄하며 바라보게 됩니다.

영적인 당위로 가장했든, 희생자 의식으로, 혹은 우월감으로, 혹은 결핍감으로 가장했든 간에 그것은 단지 당신만이 줄 수 있는 관심을 얻으려고 다투는, 영적인 외부인격(spiritual persona)이라는 새 가면을 쓴 '아이 같은 가슴'일 뿐입니다. 당신의 의식이 확장되어 있든지 수축되어 있든지 그 중간 어디에 있든지, 그리고 얼마나 자주 의식의 해방을 맞든지 간에, 그 각각의 순간들은 가슴 중심 의식의 전파자인 당신이 가장 높은 진동을 체화하도록 부추기고 도와줍니다.


## 궁극의 내맡김

깨어남이 일어날 때의 경험은 한때 당신의 꿈이었을지도 모를 동화 속의 로맨스보다도 시시해 보이는 경우가 꽤 흔합니다. 끝 모를 지복 속에 잠겨 있거나 모든 만남에서 의식적으로 깨어서 반응하는 능력을 갖게 되는 대신, 거기에는 손에 잡힐 듯 생생한 공허가 있습니다. 그곳은, 무슨 일이 일어나고 있는지를 종잡지 못하면 당신을 매우 혼란스럽게 만들 수 있습니다.

의식이 깨어나면 에고에 대한 집착이 녹아서 당신의 에너지장에서 빠져나가 버립니다. 에고에 대한 집착이 증발해버리면 당신은 갑자기 이전에 당신의 존재를 규정해주었던 사람들, 장소, 사물들로부터 에너지를 얻을 수가 없게 됩니다.

에고는 애정이라는 개념을 자신의 자아상을 먹여 살려주는 사람, 장소, 사물들에 대한 반응으로 상상하기가 쉽습니다. 이것은 곧, 당신이 그런 것들을 통해 먹고 살 필요성으로부터 깨어날 때, 당신의 우주의 중심이었던 그런 것들을 어떻게 돌봐야 할지를 더 이상 알지 못하게 될 수도 있다는 뜻입니다.

어떻게 돌봐야 할지를 아는 뚜렷한 느낌이 없어지면, 그리고 먹고 살아야 할 필요가 없어지면 당신의 현실은 이내 생명 없는 황량한 사막처럼 지루한 것으로 변해버릴 수 있습니다. 상상해보세요. ─ 당신을 규정해왔던 그 어떤 것도 더 이상 아무런 의미나 만족을 주지 못하는데 오랜 세월 기다려왔던 존재의 새로운 방식은 아직도 드러나지 않고 있습니다. 그것은 존재의 연옥과도 같은 단계입니다. 그건 당신이 과거에 겪었던 고통만큼 끔찍하지는 않지만, 여기만 아니면 아무 데라도 있을 것 같은 천국은 아직도 한참 먼 것처럼 느껴집니다.

어떤 이들은 먹고살 새로운 것들을 찾아내어서 깨어남의 이 중요한 단계를 계속 회피합니다. 에고가 자신의 존재를 먹여 살려줄 새로운 것을 찾아 두리번거릴 때, 더 의미 깊은 인간관계에 대한 욕망이 종종 눈에 띕니다. 영혼의 가족으로 다시 만나서 삶을 함께하는 기쁨이야 누구나 맛볼 자격이 있지만, 사실은 영적 망각의 세계의 공허한 절망상태로부터 자신의 주의를 건져내기 위한 수단으로서 이런 종류의 인간관계를 갈구하게 되는 경우가 많습니다.

깨어남의 과정의 한복판에서, 중요한 것이라고는 아무것도 없고 이 삶을 어떻게 돌봐야 할지 모르는 채 이 지경을 뚫고 지나가기만을 갈망하고 있는 이들에게 다음의 중요한 연습을 제시합니다.

편안히 앉아서 눈을 감고 다음의 치유 만트라를 되뇌어보십시오.


고통에서 벗어날 길은 없다. 심판을 빠져나갈 길은 없다.

이 말의 뜻을 너무 분석하려 들지는 마십시오. 글 속의 에너지가 영적 에고의 가면을 벗겨내어, 남아 있는 모든 선택권을 운명의 손에다 넘겨주는 진정한 내맡김이 일어나도록 부추겨줄 것입니다.

이처럼 충격이 크고 깊은 치유 만트라는 이미 당신의 내면에서 살고 있는 진실에 가장 직접적으로 다가갈 수 있는 길을 열어주기 위해 만들어진 것이지만, 이것은 서두르거나 빨리 지나갈 수 있는 과정이 아닙니다. 당신도 깨달았듯이, '괄호 채우기' 식의 영적 개념으로써 자신을 아는 것만으로는 모든 것을 쓸어내는 슬픔을 면할 수가 없습니다.

삶의 가장 가슴 깊은 내맡김을 향해 대담히 발을 내디뎌 고통이나 심판을 벗어날 길은 없다는 사실을 받아들이면, 조작과 회피의 모든 전략이 해체됩니다. 당신의 에너지장에 조작이나 회피의 힘이 작용하지 않으면 이제 당신의 선택은 우주의 뜻에 의해 주선되고 안무될 수 있습니다.

터널의 끝에 빛이 있다는 것은 내가 장담하지만, 내면의 지성이 당신의 의식을 가슴 설레는 새로운 방향을 향해 틀어주도록 허용하는 것은 오로지 한 조각의 기대도 남기지 않고 다 버리겠다는 당신의 의지뿐입니다.

영적인 길이 어떻게 펼쳐지게 되어 있는지는 다 알고 있다는 식의 믿음이나, '난 이미 다 겪었다'고 우기는 태도가 당신의 가장 심오한 통찰을 가로막을 수도 있습니다. 그 통찰이란 고통과 심판에서 벗어날 길은 없음을 받아들이는 것입니다. 이 치유의 만트라 속으로 편안히 이완해 들어가보면 당신은 삶과 맞서서 벌이고 있는 당신의 싸움이 얼마나 쉽게 종식되는지를 깨닫고 놀라게 될지도 모릅니다.

이것은 당신이 언제나 고통을 겪고 심판당하리라는 뜻이 아니라 고통과 심판이 더 이상 적군이 아니게 되리라는 뜻입니다. 눈에는 적군으로 보이는 것이 가면을 쓴 영적 아군인 경우가 비일비재하니까 말입니다.

# 13

# 상승: 행성의 깨어남

'깨어남'이란 말은 의식을 확장해가는 개인의 여정을 가리키고, 행성 차원의 깨어남을 묘사하는 데는 '상승'이라는 말을 씁니다. 영적 성장의 여정을 통해 행성의 진화를 돕는 과정에서 당신은 심오한 확장과 수축의 기간들을 경험하게 될 것입니다. 모든 양극성이 상쇄되는 엄청나게 높은 의식상태와 끝없는 추락 사이를 오가면서 말입니다. 귓속에서 울리는 소리가 들리고, 벼락과도 같은 전류가 온몸을 휩쓸고 지나가고, 척주 밑바닥으로부터 에너지의 소용돌이가 뿜어나오고, 불안의 파도와 존재의 환희, 닥쳐오는 운명에 대한 예감, 죽고 싶은 욕망, 심지어는 다시 태어나는 듯한 느낌을 경험하게 될 수도 있습니다.

이 모든 것을 통해 당신은 삶의 영원한 진실을 계시받도록 운명지어져 있습니다. 당신은 당신만의 독특한 방식으로, 이미 와 있는 천국인 끝없는 사랑을 기억해내게끔 운명지어져 있습니다.

이 같은 영원한 실재를 받아들일 때, 당신은 삶을 놀랍도록 신선한 관점으로부터 경험할 수 있게 됩니다. 이 관점으로부터는 한때 그토록 중요했던 조건과 결과들은 인간관계의 달인이 되고, 소통의 신기술을 탐구하고, 어떤 일이 일어나든 그것을 사랑하고자 하는 소망으로 대치되어 있습니다.

## 당신이 성장하면 지구도 진화한다

당신의 삶이 과거로부터 치유되어 새로워진 믿음과 환희와 열정으로 가득 차면, 당신의 가슴은 마치 우주의 중심이 된 것처럼 느껴집니다. 생각하거나 말하거나 목격하거나 느끼는 어떤 것에든 "사랑해요"라고 응대하면 당신의 그 불변의 빛나는 존재는 그 은총으로써 만물의 순수한 본성을 들어올려줍니다. 모든 존재가 거듭나서 그 본연의 형태로 돌아가면, 영적으로 한층 더 조율된 세상이 당신이 세상에 전하게끔 늘 운명지어져 있었던 그 가슴 중심의 새로운 의식을 반영합니다.

당신이 이 심오한 영적 오디세이에 막 발을 내딛기 시작했든지, 아니면 오랜 세월 고대해온 통합점에 이르는 당신의 치유 여정을 이 말들을 통해 이끌어가고 있든지 간에, 당신은 모든 생애들이 예고하며 받드는 존재의 더 큰 목적을 깨달아가고 있는 것입니다. 지구의 상승에 참여하고 있는 동안, 당신은 자기 자신의 진화야말로 세상의 의식을 높여주는 가장 직접적인 방법임을 깨닫게 될 것입니다.

그러한 공간으로부터 보면 당신은 더 이상 이 생애로부터 해방되기만을 고대하는 한 인간이 아닙니다. 당신은 자신의 가슴을 사랑하는 시간을 더 자주 가짐으로써 모든 가슴 속의 진실을 해방시키는, 삶의 영원한 해방자입니다.

## 상승의 급가속 효과

깨어나는 동안에, 존재하는 가장 높은 차원의 현실을 탐사해보고 싶거나 우주의 맨 바깥 경계를 가로질러보고 싶어진다면, 몸속에 발을 딛고 머무름으로써 은하계를 가로질러 로켓을 쏘아 올릴 추진력을 비축하십시오. 발을 딛는다는 것은 안전하게 느끼는 능력입니다. 안전한 느낌은 가슴이 열렸을 때 일어납니다. 가슴의 열림은 오로지 당신만이 자신에게 베풀 수 있도록 설계되어 있는 친절과 관심과 응원을 당신이 베푼 결과입니다.

상황의 부침에 휩쓸려서 에고의 독선, 희생, 남용, 궁핍의 염증을 얼마나 자주 드러내 보이고 있든 간에, 당신은 진화 중인 현대의 영적 달인의 모습을 띠고 나타난, 신성의 가장 높은 운명입니다. 당신이 나날의 삶에 질서를 회복시키려고 애쓰든, 기쁨과 만족의 길을 찾아 헤매든 간에, 매 순간은 당신의 신성한 빛이 그 순수한 본성을 만나 영원한 사랑을 누리는 영원의 만남을 상징합니다. 개인적인 만남과 교류에 친절과 관심 어린 애정을 더하여 부어주면, 당신은 자기 안의 여린 부분의 느낌을 온 지구의 아우성으로 알아차릴 수 있게 됩니다.

사랑의 인도를 따르면 온 인류는 더 이상 관심에 목말라하지 않고 우주적 규모의 영적 르네상스를 맞아들일 수 있습니다.

인류 역사상 가장 흥분되는 이 시대에 이 새로운 진동 속에 닻을 내리는 한 방법으로서, 다음의 치유 만트라를 되뇌어보십시오.

비록 개인적인 관점에 그 뿌리를 두고 있더라도, 나의 경험은 실제로는 만유에 걸쳐 펼쳐지는 무엇을 개인적으로 맛보고 있는 것임을, 나는 낱낱의 느낌, 생각, 믿음, 행위를 통해 받아들인다.

나는 개인적인 여정으로 보이는 이것이 실은 집단적으로 치유되고 깨어나고 '나'로서 사랑받고 있는 온 지구임을 안다.

내가 나 자신을 나만의 경험을 하는 한 개인으로 인식하더라도, 나는 그 안의 '존재하는 모든 것'이다. 형체는 인간으로 나타나더라도, 나는 온 지구의 영적 재탄생을 경험하고 있다. 그것이 내 경험 속에서는 한 개인의 진화로 묘사되는 것일 뿐이다.

한 사람 한 사람이 온 지구의 상승을 보여주고 있더라도 나는 하나(One)의 진화가 약간씩 다르게, 심지어는 극적으로 다르게 경험되고 있는 다른 차원계가 존재함을 받아들인다.

이것은 내가 단지 한 가지 방식으로만 깨어나고 있는 것이 아님을 뜻한다. — 나는 '모든 방식으로' 깨어나고 있다. 이 하나가 지구의 상승을 무한히 다른 방식으로 체화하고 있는 다른 평행차원을 탐사해보고자 한다면, 그 다른 차원계의 버전을 찾으러 외계의 우주공간을 여행할 필요는 없다. 그것은 독특하게 치장한 다른 사람들의 모습을 띠고 이미 여기에 있다.

나는 내가 보는 모든 사람을 '영원한 하나인 나'(the eternal one I AM)로 인식한다. 내가 많은 사람들 중의 단지 한 사람일 뿐인 것처럼 느껴지더라도, 나는 이것이 무한히 광대한 관점들 중의 단 한 가지 관점임을 인정한다. 뭔가가 어떻게 보일지라도, 단지 그것을 나의 자애로운 주의를 받는 쪽에 서게 함으로써, 내가 이 관점을 만유를 위해 바꿔놓고 있음을 나는 기쁘게 즐길 수 있다.

나는 또한 다른 사람들이 나의 진화를 위해 몇 가지 측면들을 더 변성시키기 위해 여기에 있음을 받아들인다. 함께 하나(One)로서, 우리는 태초로부터 만유의 해방을 위해 이미 보장되어 있는 승리를 축하한다.

이런 확장을 통해, 당신은 세상 속으로 대담하게 발을 내디딜 용기와 열정과 명료한 의식으로 충만해집니다. 당신은 시공간의 경계 너머로 인도해줄 내면의 내비게이터로서 당신의 가슴을 초빙합니다. 끝없는 가능성의 세계를 탐사해가는 당신은 모든 의문과 문제의 궁극적 답으로서 사랑을 기억해내도록 운명지어져 있습니다.

이 여정에서 당신은 일체성의 명분하에 개체성을 포기하지는 않을 것입니다. 그보다는, 당신은 신성한 혼인식으로 머리와 가슴을 재합일시킴으로써 일체성의 진실을 일깨워내고 있는 것입니다. 머리와 가슴이 하나되면 당신은 자신의 영적 진화가 각 개인들의 성장과 확장으로서 즉석에서 재생되는 것을 당신만의 독특한 방식으로 기쁘게 누립니다.


## 어떤 일이 일어나든 그것을 사랑하라

지구의 역사상 가장 놀라운 이 시대에, 당신은 자신의 순수한 본성을 기쁘게 누림으로써, 그리고 사랑하는 사람들을 그 어느 때보다도 소중히 아끼고 모심으로써 의식이 확장해가도록 도울 수 있습니다. 지금은 만나는 사람들에게 마치 생애 처음으로 만나는 것처럼 말을 걸 때입니다. 이것은 땅 위를 걷고 있는 한 개인으로서 당신이 느낄 수 있는 기쁨, 당신의 내면에서 방사되는 평화, 당신이 여기서 기르고 있는 사랑, 그리고 당신이 퍼뜨리는 흥분이 모든 존재들로 하여금 때 묻지 않은 장엄한 가능성의 세계로 들어설 수 있도록 문을 넓혀준다는 것을 깨달을 기회입니다.

이제는 숨어 있던 곳으로부터 나와서 당신의 목소리를 내어, 인간의 형체를 띤 지순하고 찬란한 신성인 당신의 진정한 본성을 고백하여 드러내놓을 때입니다. 당신의 여린 가슴에 가만히 속삭이든, 모든 집 꼭대기에 올라가 목청껏 외치든 간에, '당신은 만유가 평안함을 보여주는 살아 있는 증거입니다.'

당신은 삶의 영원한 지켜봄의 근원이며, 사랑만이 언제나 최종결정권자임을 보장해주는 감독입니다. 당신의 진화의 여정이 펼쳐지는 동안, 어디를 가든 품고 다녀야 할 강력한 말이 있습니다. ― '어떤 일이 일어나든 그것을 사랑하라.'

싸우고 방어하고 타협하려는 습성이 당신에게서 떨어져나오면 내가 옳다는, 희생자라는, 권리가 있다는, 모자란다는 에고의 층들도 당신의 에너지장으로부터 녹아 나옵니다. 열린 가슴은 상서로운 순간마다 당신의 제약적인 신념으로는 상상도 못했던 달통한 인간관계와 깨어 있는 소통의 기술과 완벽한 조율을 선사합니다.

이것이 우리가 함께하는 여정의 끝인 듯이 보일 수도 있지만, 이것은 전혀 새로운 모험의 출발일 뿐입니다. 만유에 축복이 내리기를, 만유가 들어올려지고 해방되기를, 그리고 당신인 사랑에 의해 영원히 거듭나기를. 그리고 그것은 실로 그러합니다.

# 우리 안에 이미 내재된
# '거룩함'의 회복을 위하여

일어나는 일마다 사랑하라! 이런 충고를 듣게 된다면, 절대다수의 반응은 아마도 "도대체 어떻게 그럴 수가 있단 말입니까?"라는 반문일 것입니다. 우리 자신이 사랑의 소산이고, 사랑이 아니고서는 단한 발자국도 나아갈 수가 없는 존재임을 이론으로는 너무나 잘 알면서도, 우리의 현실은 '나라는 개체'의 안전과 번영을 위한 헛된 몸부림 마음부림으로 점철되기 일쑤입니다. 우리는 어떻게 해서 이렇게자기 자신이라는 감옥에 갇히게 되었을까요? 지난 2천 년 동안 서양중심의 지구촌 문화는 신을 우리 자신의 존재로부터 멀리 떨어진 존재로, 우리의 행위와 신앙에 따라 복과 화를 주시는 분으로 상정해왔습니다. 모든 인간은 본래부터 죄의 피를 물려받은 죄인으로 태어나기 때문에 신앙에 의한 은혜와 용서가 아니고서는 천형天刑을 어찌할길이 없다는 사고방식은 지구인들의 잠재의식까지 물들일 정도였습니다. 대물림되어 온 세뇌 교육에 의해 뼛속까지 스며든 죄의식 때문에, 마리안 윌리엄슨이 말한 것처럼, 우리 모두는 "우리 안의 어둠에놀라기보다는 우리가 본래 빛의 존재라는 점에 더욱 놀라워하면서", 우리가 본래 빛의 자녀임을 가리켜 보이면 그런 일이 도대체 가당키

나 하느냐는 듯이 서둘러 손사래를 치면서, "내가 어떻게 감히 그렇게 찬란하고 눈부신 존재가 될 수 있단 말인가?"라고 부정하는 것이 정상적인 반응이었습니다.

그러나 이제 새로운 시대가 밝아왔고, 명실공히 지구가 한 마을이 되면서 인류 공통의 종교가 형성되어 왔고, 이제 바야흐로 익어가고 있습니다. 그 종교는 바로 우리의 내면을 가리켜 보이면서, 우리 자신이 비루한 존재에서 신성한 존재로 되어가는 것이 아니라, 우리 안에 이미 신성이나 불성이 내재되어 있음을 역설합니다. 20세기 중후반 들어 발견된 도마복음에서 예수는 이렇게 말합니다.

> 만약 그들이 너희에게 묻기를, '너희는 어디에서 왔는가?'
> 하면 그들에게 말하라. '우리는 빛에서 왔노라. 빛이 스스로
> 생겨나는 곳에서 왔노라. 빛은 스스로 존재하며, 자립하며,
> 그들의 형상으로 자신을 드러내는도다.'

빛의 존재로서의 우리 자신을 재발견하고 우리 안의 신성에 눈을 뜨도록 수많은 빛의 전사들이 촉매가 되어 인류의 가슴에 '불을 지르고 있고', 이 책의 저자는 그런 빛의 전사들 중에서도 최첨단에 서 있는 듯한 느낌입니다.

내 안의 신성에 눈을 뜬다 할지라도, 그래서 나와 마찬가지로 타자들의 내면에 이미 자리하고 있는 '거룩함'을 인정할 수 있다 할지라도, '일어나는 모든 일'을 사랑하기란 역시 지난한 일이 아닐 수 없습니다. 너무나 오랜 세월 동안 습관이 되고 중독이 되어 우리 자신

의 일부가 되어 있기에, 그 모든 것을 뜯어고쳐서 새로운 옷을 불편함 없이 입기까지는 많은 연습이 필요할 것입니다.

나와 너와 우리 모두에게 내장된 근원의 빛을 자각할 뿐만 아니라 그 빛을 삶 속에 구현하면서 살아가는 일, 그것은 곧 우리의 삶 속에서 잃어버린 줄도 모르고 잃어버린 채 살았던 '거룩함'을 회복하는 일이 아닐까요. 그리고 인류의 교사로서 뚜렷한 발자취를 남긴 성자들과 현자들이 공통으로 가리켜 보이는 것도 바로 그 '거룩함의 회복'이 아닐까요.

"그때, 아픈 사람들이 그에게로 몰려가서 물었다"로 시작되는 〈에세네 평화의 복음〉은, 치유의 근본이 무엇인가를 잘 보여줍니다. 최근 국내에 소개된 그 작은 복음서를 읽고, 저는 세상 전체를 처음 만난 듯한 신비를 경험하게 되었습니다. 샤워를 할 때에는 '물의 천사'가 어루만지는 것 같았고, 산책을 할 때에는 '햇빛 천사'와 '공기 천사'와 '대지의 천사'를 느낄 수 있을 것도 같았습니다.

세상만물은 온몸으로 신비(신의 비밀)를 노래하는데, 인간만은 웬일인지 자신들의 신성을 쉽사리 드러내지 않습니다. '몸을 입은 천사들'이 자신들의 본래적인 하늘 빛깔을 회복하는 일, 맷 칸은 바로 그 일을 응원하고자 합니다.

'일어나는 일마다 사랑하기' 위해서는 무엇보다도 내 안의 하늘빛을 깨워야 하고, 그런 다음에는 나와 마찬가지로 나와 관계 지워지는 모든 사람들 안에도 동일한 하늘빛이 바탕에 깔려 있음을 인정하고 또 실감해야 합니다. 더 나아가, 천사들이 몸을 입고 이 지상에 내려온 것은, 하늘빛을 짐짓 감추어둔 채 가면을 쓰고 연극을 하면서 그것을 진짜처럼 여김으로써 본래의 하늘빛을 극적으로 드러내고, 그럼으로써 하늘빛을 더욱 하늘빛답게 실감하기 위해서임을 알아차릴 수 있어야 합니다.

맷 칸이 제시하는 치유의 만트라들은, 우리의 됨됨이를 새로운 방향으로 이끌어가기 위한 것들이라기보다는, 우리 안에 이미 내장되어 있으나 우리가 잊어버리고 있는 것들을 '기억하기'에 관한 것들입니다.

> 함께 가든 서로 멀어져 가든, 사랑은 늘 거기에 있습니다.
> 성취의 위대한 순간에도, 불확실성 속에서 헤매는 어둠의
> 시간에도, 사랑은 늘 거기에 있습니다. 비극 속에서
> 눈물짓든, 승리의 기쁨에 취해 있든, 사랑은 늘 거기에
> 있습니다. … 아무도 돌봐주지 않는 외로움 속에 버려져
> 있다고 느낄 때도, 사랑은 언제나 거기에 있습니다. 인생을
> 이해할 수 있게 되었든, 아직도 길을 잃고 헤매고 있든,
> 사랑은 언제나 거기에 있습니다.

늘 거기에 있는 사랑을 보지 못하고 느끼지 못하는 것은 스스로 쓰고 있는 가면들 때문이고, 에고라는 이 가면을 의식하는 순간부터 에고의 성은 무너져 내리기 시작합니다. 맷 칸 같은 빛의 전사들 덕분에 더욱더 많은 이들이 그동안 사로잡혀 왔던 가면놀이를 집어던지고 있습니다.

인간의 행불행은 자아관에 기초한 인간관계 속에서 대부분 결정

됩니다. 단 하루라도 인간관계 속에 머물지 않을 수가 없는 조건 속에서, 어떻게 해야 나라는 에고의 성에 함몰되지 않고 전체성의 시야를 확보하고, 전체를 위해 사랑의 빛을 발할 수 있을까요?

어지러운 세상을 살면서도 '태풍의 눈'과도 같은 중심의 평화를 잃지 않도록 하기 위해서, 맷 칸은 우리에게 이미 프로그램되어 있는 것들에서 벗어날 수 있게 해주는 여러 만트라들과 방법들을 제시합니다. 이 책이 제공하는 디프로그래밍de-programming과 리프로그래밍re-programming을 통해서 우리는 우리의 순수한 참본성의 황홀경으로 돌아갈 수 있는 계기를 만날 수도 있을 것입니다. 그것이야말로 거룩한 사랑의 혁명, 그 길의 시작이며, 남은 인생을 걸고 해볼 만한 일이 아닐까요?

옮긴이 유영일

치유 만트라 모음

◆

내면에 늘 존재해왔던 영원한 왕국이 드러난 것을 경축합니다. 이 새로운 현실이 동터 오면 시간을 초월한 진실이 모든 차원을 관통하여 메아리치며 당신의 기억을 부드럽게 상기시켜줄 것입니다.


당신의 매 숨결마다 사랑은 늘 거기에 있습니다.
언제 어디서 누구를 만나든 사랑은 늘 거기에 있습니다.
함께 가든 서로 멀어져 가든, 사랑은 늘 거기에 있습니다.
성취의 위대한 순간에도, 불확실성 속에서 헤매는 어둠의 시간에도,
사랑은 늘 거기에 있습니다.
비극 속에서 눈물짓든, 승리의 기쁨에 취해 있든,
사랑은 늘 거기에 있습니다.
삶이 영감 속에서 조화롭게 흐를 때도,
좌절하여 노여워하고 고통스러워할 때에도,
사랑은 늘 거기에 있습니다.
아무도 돌봐주지 않는 외로움 속에 버려져 있다고 느낄 때도,
사랑은 늘 거기에 있습니다.
인생을 이해할 수 있게 되었든, 아직도 길을 잃고 헤매고 있든,
사랑은 늘 거기에 있습니다.
무슨 생각을 하든, 무엇을 선택하고 어떻게 느끼든,
사랑은 늘 거기에 있습니다.
당신에게 무슨 짓이 가해졌든,
당신이 다른 사람들에게 무슨 짓을 했다고 믿든,
사랑은 늘 거기에 있습니다.

◆

어떤 일이 일어나든 그것을 사랑하면, 당신은 삶 속의 불가피한 일들을 부인하거나 피하거나 맞서 싸우려는 마음을 다 내려놓고 지극히 깊은 내면의 친밀한 삶의 태도를 일깨우게 됩니다. 여태까지 지나온 당신의 삶의 여정에 경의를 표하면서, 새로운 현실이 동트는 이 기쁜 순간 속으로 당신을 초대합니다.


슬플 때,
나는 더 적은 사랑이 아니라 더 많은 사랑을 받을 자격이 있다.
화날 때,
나는 더 적은 사랑이 아니라 더 많은 사랑을 받을 자격이 있다.
불만스러울 때,
나는 더 적은 사랑이 아니라 더 많은 사랑을 받을 자격이 있다.
상처받고 가슴 아프고 수치스럽고 죄책감을 느낄 때,
나는 더 적은 사랑이 아니라 더 많은 사랑을 받을 자격이 있다.

나 자신도 이해하지 못할 일을 저질렀을 때,
나는 더 적은 사랑이 아니라 더 많은 사랑을 받을 자격이 있다.
자만심을 느낄 때,
나는 더 적은 사랑이 아니라 더 많은 사랑을 받을 자격이 있다.
어떤 기분이 들든지,
나는 더 적은 사랑이 아니라 더 많은 사랑을 받을 자격이 있다.
어떤 생각이 들든지,
나는 더 적은 사랑이 아니라 더 많은 사랑을 받을 자격이 있다.

어떤 과거를 헤치고 살아남았든 간에,
나는 더 적은 사랑이 아니라 더 많은 사랑을 받을 자격이 있다.
앞날에 무엇이 기다리고 있든 간에,
나는 더 적은 사랑이 아니라 더 많은 사랑을 받을 자격이 있다.
가장 운 나쁜 날에도,
나는 더 적은 사랑이 아니라 더 많은 사랑을 받을 자격이 있다.

삶이 아무리 끔찍하고 혼란스러워 보여도,
나는 더 적은 사랑이 아니라 더 많은 사랑을 받을 자격이 있다.
내게 필요한 것을 아무도 주지 않더라도,
나는 더 적은 사랑이 아니라 더 많은 사랑을 받을 자격이 있다.
세상에 봉사할 수 있는 가장 훌륭한 방법을 기억해낼 때,
나는 더 적은 사랑이 아니라 더 많은 사랑을 받을 자격이 있다.

받아들일 수 있는 것이 무엇이든,
용서할 수 없는 이가 누구이든, 사랑할 수 없는 것이 무엇이든 간에,
나는 더 적은 사랑이 아니라 더 많은 사랑을 받을 자격이 있다.

◆

당신의 치유 여정의 다음 단계는 우주의 의도를 기억해내고 그것을 긍정하는 것입니다. 반응에 대한 분별과 심판이 얼마나 자주 일어나든 간에, 당신의 가장 높은 목적은 낱낱의 느낌이 사랑으로 돌아갈 기회로 여겨지게 만드는 것입니다.

이 느낌은 여태껏 한 번도 안겨보지 못했기 때문에

오로지 안겨보기 위해서 여기에 있는 것이라고 받아들인다.

◆

지혜와 사랑의 우주가 당신이 물리적 형상의 세계에서 가장 높은 가능성을 실현하도록 부추기기 위해 당신의 삶을 안무해왔음을 기억하면, 당신은 자신이 필요로 하는 것을 가장 요긴한 때에 더욱 마음껏 스스로 지원해줄 수 있게 됩니다. 어떤 느낌이든 그 중심에 주의를 집중하며 숨을 부드럽게 들이쉬고 내쉬면서, 다음의 치유 만트라를 반복해보십시오.

난 널 사랑해.

◆

다음 만트라는 지혜와 사랑의 수호자인 당신의 역할이 얼마나 순수한 것인지를 상기시켜줍니다. 무슨 일이 일어나든 거기에 더 많은 주의를 기울여주면 당신의 순수한 참본성은, 당신이 지금 기꺼이 제공하고자 하는 도움을 받기 위해서 감정적으로 위험한 상태나 위기 속에 계속 빠져 있어야 할 필요는 없다는 사실을 깨닫습니다.

치유가 일어날 때, 그리고 감정의 찌꺼기들이 풀려나고 나서도,
너는 더 적은 사랑이 아니라 더 많은 사랑을 받을 자격이 있어.

◆

당신의 가슴이 숨어 있지 않고 밖으로 나오게 하기 위해 필요한 인정과 지원과 격려를 제공해줄 한 방법으로서, 다음의 치유 만트라를 되뇌어보세요.

나의 이 슬픔을 사랑할 방법을 모르겠다.
나의 이 두려움을 사랑할 방법을 모르겠다.
나의 이 질투를 사랑할 방법을 모르겠다.
나의 이 고통을 사랑할 방법을 모르겠다.
나의 이 분별을 사랑할 방법을 모르겠다.
나의 이 몸부림을 사랑할 방법을 모르겠다.

내 기억 속의 과거를 사랑할 방법을 모르겠다.
날 아프게 한 사람들을 사랑할 방법을 모르겠다.
날 무시한 사람들을 사랑할 방법을 모르겠다.
나를 벌한 사람들을 사랑할 방법을 모르겠다.
나를 학대한 사람들을 사랑할 방법을 모르겠다.
나의 이 반항심을 사랑할 방법을 모르겠다.
나의 이 의심을 사랑할 방법을 모르겠다.
내 안의 이 어둠을 사랑할 방법을 모르겠다.
나 자신에 대한 미움을 사랑할 방법을 모르겠다.

사랑받으려고 여기에 있는 그것을 사랑할 방법을 모르겠다.
사랑하고 싶지 않은 것을 사랑할 방법을 모르겠다.
변할 것 같지 않은 사람을 사랑할 방법을 모르겠다.
용서하려 들지 않는 사람을 사랑할 방법을 모르겠다.
성장을 거부하는 사람을 사랑할 방법을 모르겠다.
자신이 늘 옳다고 여기는 사람을 사랑할 방법을 모르겠다.
늘 희생자처럼 보이는 사람을 사랑할 방법을 모르겠다.
다른 사람이 피해를 입더라도 자기는 모든 걸 누려도 된다고 믿는 사람을 사랑할 방법을 모르겠다.
늘 궁핍한 사람을 사랑할 방법을 모르겠다.

늘 좌절하고, 외로워하고, 부족해하는 사람을
사랑할 방법을 모르겠다.
만족할 줄 모르고 늘 더 많은 것을 갈망하는 사람을
사랑할 방법을 모르겠다.
덜 가진 것을 두려워하는 사람을 사랑할 방법을 모르겠다.
늘 돈 벌 궁리만 하는 사람을 사랑할 방법을 모르겠다.
집에 가기만을 바라는 사람을 사랑할 방법을 모르겠다.
나를 부정한 사람들을 사랑할 방법을 모르겠다.
늘 부정당해온 사람을 사랑할 방법을 모르겠다.

자신을 늘 가치 없게 여기는 사람을 사랑할 방법을 모르겠다.
주어진 것은 모두 밀쳐내면서 욕망을 좇는 사람을
사랑할 방법을 모르겠다.
나 자신을 있는 그대로 사랑할 방법을 모르겠다.
사랑할 방법을 모른다는 것을 인정함으로써
내맡김의 한복판으로 들어가
갈등과 짐과 고난을 모두 내려놓겠다.

◆

다툼을 정당화해줄 핑계에 동조하든, 상대방의 태도를 바꾸려고 무진 애를 쓰든 간에, 싸
우거나 바꿔놓고 싶어하는 그들 또한 동일한 신성의 한 표현인데도 이 양극단은 한 번도

온전히 사랑받아본 적이 없었던 것입니다. 이것을 바로잡기 위해서는 다음의 치유 만트라를 되뇌어보세요.

나의 싸우는 자아는 오로지 사랑받기 위해서 여기에 있다.
오직 나만이 그것을 사랑해줄 수 있기에.
싸우는 자아는 사실 상대방이나 어떤 대상과 싸우고 있는 것이 아니라,
내 자애로운 마음의 완벽한 아름다움과 황홀함을 맛보기 위해
분투하고 있는 것이다.
옳고자, 혹은 이기고자 하는 욕구를 연료로 삼는 나의 싸우는 자아는
오로지 나의 주목을 받기 위해서 싸우는 것일 뿐임을 나는 알고 있다.

이 순진한 자아는 오로지 나의 주목을 끌기 위해
싸우고 있을 뿐이므로,
나는 더 이상 내가 대항하고 있다고 생각하던 그 대상과 싸우지 않는다.
대신 순진한 자아가 더 이상 나의 지지를 갈구하지 않아도 되도록,
자애로운 마음으로 그를 품어준다.

◆

당신만의 사랑 선언문을 만드는 일은 다음과 같은 질문을 스스로 제기하는 것으로부터 시작됩니다.

내가 늘 듣고 싶어했지만 듣지 못한 말은 무엇인가?
나에게 가장 상처를 준 사람은 누구인가?
그들이 그렇게 말해준다면 나에게 치유가 일어날 말,

그러나 그들이 해준 적이 없는 말은 무엇인가?


◆


당신이 그토록 듣고 싶어했고 더 많이 듣고 싶어했던 말이 무엇인지를 알아내는 한 방법으로서, 다음의 구절들을 반복해서 읊어보시기 바랍니다.


넌 중요해.

넌 충분해.

넌 자주 만나서 이야기를 들어볼 만한 사람이야.

넌 특별해.

넌 여기에 존재할 이유가 있어.

넌 아름다워.

넌 재능이 많아.

난 네 기분이 어떤지를 늘 알고 싶어.

억누르지 마.

넌 있는 그대로 완벽해.

널 만난 건 내게 축복이고 영광이야.

날 용서해줘서 고마워.

너에게 한 나의 모든 짓이 너무나 미안해.

네가 얼마나 깊이 상처받았는지 몰랐어.

너의 기분을 고려하지 못해서 너무 미안해.

내가 잘못했어.

원하지 않는다면 날 용서하지 않아도 괜찮아.

너의 재능은 끝이 없구나.

♦

누군가가 자기심판에 빠진 채 당신을 노려보든, 당신이 깊이 존경하는 사람에게서 상처를 받았다고 느끼든 간에, 당신은 당신 자신을 더 적은 사랑이 아니라 더 많은 사랑을 하라는 숭고한 권유로서 그것을 받아들일 모든 자격을 지니고 있습니다. 가슴으로 내맡기는 과정의 다음 발걸음으로, 다음의 치유 만트라를 반복해서 읊으시기 바랍니다.

나는 싸우자고 계속 달려드는 사람들과 더 이상 싸우지 않는다.
누구든 싸우는 사람의 목적은 자기 자신으로부터
애정 어린 관심을 받으려는 것임을 나는 알고 있다.
그것이 뒤섞인 감정들로 내 몸에 나타나든,
끝없는 생각으로 시끄러워진 마음으로 나타나든,
혹은 내가 만나는 사람들의 무모한 행동으로 나타나든 간에,
나는 필요로 하는 곳에는 어디든지 내 애정 어린 관심을 그저 베푼다.

사람들이 내 눈앞에 있든 없든
늘 그들이 그들 자신을 스스로 얼마나 더 훌륭히 대접해야 하는지를
깨닫게 해주는 태도와 목소리로 말함으로써,
나는 이 지구별의 진동을 고양시키는 일을 돕고 있다.
나의 길은 다른 사람이 나를 대하는 태도에 의해 규정될 수 없으며,
오직 내가 거기에 어떻게 반응하기로 선택하는지에 의해
정해지는 것임을 나는 잘 알고 있다.

나는 지금 내 연극 속의 다른 배역들을 향해
말하고 있는 것처럼 보이나,
만고의 진실은 상대방에게 하는 나의 모든 말이

모든 이의 가슴을 향해 보내는 하나의 러브레터라는 것이다.
이것을 알므로, 나는 싸우거나 타협하거나
방어하려는 습성과 욕망을 내려놓고
만고의 진실을 품으로 안아 사랑으로 돌아간다.

내가 의식적으로 사랑하는 이들이 나의 선물을 받아들이든 말든,
만남의 순간마다 이전의 어느 순간보다도 더 열리고 깨어 있고
더 큰 힘을 얻고 떠나는 것은 나다.


◆

영감 어린 선택을 한 번씩 내릴 때마다 그 낱낱의 결정은 사랑의 지고한 권위에 내맡겨지
므로, 그릇된 선택에 대한 두려움은 더 이상 설 자리가 없어집니다. 당신 자신은 물론, 주
변 사람들의 삶 속에서 일어나는 모든 일들이 전체의 진화 속에서 치유가 필요한 다음 순
간을 드러내 보여줍니다. 영적 성장의 문지방을 가로질러 가장 놀라운 단계로 온전히 진입
하기 위해, 다음의 치유 만트라를 되뇌어보십시오.


나는 이렇게, 사랑의 가장 높은 진동 앞에 내 모든 선택을 내맡긴다.
나는 이 몸 안에 사랑이 그 가장 순수하고 강력한 형태로
온전히 거함으로써,
사랑이 모든 말을 하고, 모든 선택을 내리고, 모든 행동을 지휘하고,
내가 매 순간을 내가 늘 듣고 싶어했던 말을 상대방에게 해줄 수 있는
기회로 받아들이게 해주도록 허용한다,

내가 이렇게 하는 것은, 만나는 모든 이들에게

나만의 사랑의 선언을 나눠줄 때,
감사히도 이렇게 살아남아 있는 내가 일찍이 들어본 적 없는 말을
되풀이해 외치는 일에다 이 땅에서 주어진 나의 시간을 쓰고 있음을
알기 때문이다.

이 순간부터 나는 나만의 사랑의 선언을
모두의 진화를 위한 선물로 바친다.
이것은 내 손가락질이 어디를 향하게 되든 간에,
그것은 곧 내가 나 자신에게 사랑 어린 관심의 은총을 쏟아부어주기를
갈구하고 있는 것일 뿐임을 상기하도록 도와준다.
이제 나는 사랑이 나를 대신하여 모든 선택을 내리도록 허락했으니,
어떤 차원에서는 내 여정의 중요한 단계가 마무리된 것이다.

그리하여 나는 모든 이의 치유와 깨어남과 행복과 상승을 위하여,
내 본성인 사랑으로 존재할 수 있으니, 실로 그러하다.


◆


모두의 행복을 위해서 당신의 가장 높은 덕목을 불러내려면 자신의 성취의 근원, 그 자체
가 되어야만 합니다. 당신이 아무리 끈질기게 에고의 자리에서 살고 있더라도 그런 순간들
은 당신이 다음을 깨닫도록 일깨워줍니다. 이 진실을 완전히 새로운 존재방식으로 받아들
여 체화하려면 다음의 치유 만트라를 반복해서 되뇌어보세요.


'나는 옳다' 라는 생각이 일어날 때마다,
그것은 사랑받기 위해 거기에 있는 것이다.

오직 나만이 그것을 사랑해줄 수 있으므로.
'나는 희생자다'라는 생각이 일어날 때마다,
그것은 사랑받기 위해 거기에 있는 것이다.
오직 나만이 그것을 사랑해줄 수 있으므로.

'나는 권리가 있다'라는 생각이 일어날 때마다,
그것은 사랑받기 위해 거기에 있는 것이다.
오직 나만이 그것을 사랑해줄 수 있으므로.
'나는 부족하다'라는 생각이 일어날 때마다,
그것은 사랑받기 위해 거기에 있는 것이다.
오직 나만이 그것을 사랑해줄 수 있으므로.

비난의 손가락이 어디를 향하더라도, 심지어 나 자신을 향하더라도,
그것은 사랑받기 위해 거기에 있는 것이다.
오직 나만이 그것을 사랑해줄 수 있으므로.
스트레스와 압박감, 기대, 역할에 대한 의무감, 가족을 위한 책임감,
아니면 직장이나 인간관계의 문제로 내가 아무리 시달리고 있어도,
그것은 사랑받기 위해 거기에 있는 것이다.
오직 나만이 그것을 사랑해줄 수 있으므로.

더 갖고자 하는 요구와 덜 가진 두려움, 덜 받고 싶은 요구나
심지어 더 올 것에 대한 두려움이 가장 높고 명징한 지혜를 가릴 때도,
그것은 사랑받기 위해 거기에 있는 것이다.
오직 나만이 그것을 사랑해줄 수 있으므로.

죄책감, 수치심, 절망, 위축감, 지루함, 무관심, 비난, 잔인함,
무감동, 불성실, 악의, 경솔함, 냉담, 비관, 수동적 공격성,
심지어 조소를 띨 때라도, 그것은 사랑받기 위해 거기에 있는 것이다.
오직 나만이 그것을 사랑해줄 수 있으므로.


◆


의무감이 없으면 당신은 마음대로 결정할 수 있고, 당신만의 신성한 권위가 지닌 자유로
운 의지로써 새로운 약속을 만들어낼 수도 있게 됩니다. 에고의 약속은 우주가 이미 짜놓
은 결과를 '보장'하려는 시도에서 이루어졌던 것이므로, 그것은 청산될 때 안도감을 느끼
게 해준다는 것밖에는 이로울 것이 전혀 없습니다. 그 모든 의무감으로부터 해방을 경험하
려면 다음의 치유 만트라를 반복해서 되뇌십시오.


이번 생에서든 다른 전생에서든, 의무감에서든
복종심에서든 두려움에서든, 혹은 무엇을 조작하기
위해서든, 인생의 정해진 운명을 바꿔보기 위해서든,
나는 내가 받아들였던 약속과 계약과 에너지 코드와 각인과
집착을 깨끗이 풀어서 무효화하여 변성시킨다.
나는 여기, 치유를 위해, 깨어남을 위해, 최후의 변성을 위해
이 모든 약속과 계약과 규칙과 각인과 집착을 내려놓는다.
이 순간부터 나는 자유롭고 깨끗하다.
이제 나는 나의 지고한 신성의 권위가 지닌 자유와 의지로써,
지금의 나(I AM)로서 되찾은 권능을 통해 자유롭게 결정한다.
그리고 실로 그러하다.

◆

새로운 의식 수준으로의 진입을 경축하고 있는 지금은, 다시 태어난 듯 새로운 상태로 이 순간을 진입할 수 있도록 과거의 짐을 덜어서 자신을 해방해야 할 때입니다. 이 순간을 영적으로 새롭게 조율된 재탄생의 순간으로 바라보기 시작하면 당신은 완전히 새로운 현실의 조화를 삶에 가져올 수 있습니다. 그와 같은 전례 없이 용감한 발걸음을 뗀 것을 기리는 의미에서, 다음의 치유 만트라를 반복해서 되뇌어보세요.

내 운명의 주인이자 현실의 창조자로서,
나는 내가 했던 모든 계약과 약속, 모든 공식적 서약이
참나인 그것에 의해 행해진 것이 아님을 받아들인다.
그것은 내가 나라고 생각했던,
염증이 생긴 인격 구조가 동의한 것이지만,
이제 나는 그것이 내 존재의 가장 높은 차원의 진실이 아님을 안다.

내가 무의식의 부풀려진 상태에서
길을 잃었을 때 했던 언약에 대해서는
우주도, 내 가장 높은 차원의 진실도 내게 책임을 묻지 않을 것이고
물을 수도 없다는 사실을 받아들인다.
내가 그런 서약이나 약속을 한 것이 잘못이 아니었음을 받아들인다.
내가 계약과 서약과 약속이 이미 횡행하는 세상에 태어난 것은
신성한 계획의 일부였다.
그것을 서서히 파기해감으로써, 나는 자신과 세상을 해방시킨다.

지금의 이 사실들을 앎으로써,
나는 이 자리에서 모든 세포 기억과 잠재의식을 통틀어

알려진 것이든 모르는 것이든,

기억나는 것이든 잊힌 것이든 모든 계약과 약속을 파기한다.

나는 또한 내가 비구나 비구니로서 행했을 수 있는

모든 형태의 맹세를 풀어 내려놓는다.

여기에는 가난의 맹세, 순결의 맹세, 금욕의 맹세, 침묵의 맹세, 그릇 이해된 보살도의 서원, 희생자 의식, 상호의존, 순교자 의식, 그밖에 에고가 믿거나 상상하거나 동의하거나 가정한 다른 모든 것들도 포함된다.

나 자신의 신성의 결정에 따라,

나는 이 모든 맹세가 이 에너지장으로부터 깨끗이 풀려나서

애초에 나왔던 근원으로 돌아가 완전히 변성됨으로써

영원한 빛의 순수하고 온전하고 완벽한 상태로 환원하도록 허용한다.

이 순간부터, 나는 나의 온전하고 절대적인 권능을 되찾아

이 인격으로 하여금 내가 여기서 이루려고 온 소명을 완수하도록,

신성의 빛을 창조적으로 표현할 것을 허용한다.

이 순간부터 나는 지금 내가 그런 것처럼

만인이 치유되고 깨어나고 거듭나고 해방되게 하는

가슴 중심의 새로운 의식을 각성시켜 체현한다. 그리고 실로 그러하다.

◆

두려움과 슬픔과 분노의 순간을 경험할 때는 다음의 치유 만트라를 당신의 가슴에 반복해서 되뇌어줌으로써 자기칭찬의 기술을 가동해보세요.

두려워도 괜찮아.

네가 두려워하고 있다는 사실은,
네가 특정한 경험을 피하고 싶어한다는 걸 알려주고 있어.
네가 두려워하는 때는 네가 나의 관심을 얻으려고
두려움을 이용하는 것인지,
아니면 내게 다른 쪽으로 가도록 일러주려는 것인지를
내가 물어볼 수 있는 기회야.
어느 편이든 간에,
두려움은 우주가 나를 어디로 인도하고 있는지를
더 분명히 알아낼 기회를 제공해주고 있어.
나의 순진무구한 가슴인 너를 어느 때보다 더 사랑할 기회도
고스란히 지켜주면서 말이야. 너의 선물은 굉장히 멋져! 고마워.

너의 슬픔을 환영해. 네가 느끼는 모든 슬픔을 내게 나눠줘.
그게 네가 놓아 보낼 준비가 되어 있지 않은 것을 잃어버려서
생긴 슬픔이라 하더라도. 얼마나 슬픈 느낌이든,
그 느낌은 그것이 너에게 얼마나 의미 깊은 것인지를 보여줄 뿐이야.
무엇을 잃어버려서 슬퍼하든 변해버린 것 때문에 슬퍼하든,
그건 네가 자신에게 주어졌던 그것을 얼마나 소중히 여기고 있는지,
네게 온 선물을 얼마나 귀하게 여기고 있는지를 보여주지.
나는 그것이 용기 있고 칭찬받을 만한 일이라고 느껴.

분노야, 안녕? 넌 그렇게 화낼 권리가 있어.
너도 그걸 알아둬. 넌 그런 식으로 자신을 표현할 자유가 있어.
원 없이 실컷 폭발시켜도 괜찮아. 누구에게든 맘대로
손가락질하고 항변해도 괜찮아. 네 말에 귀 기울여줄게.

너의 기준에 못미치는 사람의 행동에

그토록 재빨리 반응할 수 있다니 대단한 걸.

네가 실망을 달래려고 손가락질을 하고 있다고

해도, 그건 너의 기준이 얼마나 높은지를 보여줄 뿐이야.

사실은 네가 체현하고 있는 가치야말로 다른 사람들이

지키지 않거나 불의를 저지르는 것을 지적할 수 있게 하는 힘이야.

이건 네가 나의 보호자로서

얼마나 열심히 일하고 있는지를 보여주는 일이야.

난 사실 그렇게 보호받을 필요가 없지만 말이야.

그렇게 항상 나를 지켜주니 고마워.

일이 네 방식대로 되지 않거나 상대방이 기대에 미치지 못할 때

네가 화를 내는 건 당연해.

넌 사람들이 네 말을 듣게 할 권리가 있고,

어떻게 생각하든 어떤 말을 하든 벌받지 않을 거야.

난 네가 나누고 싶어하는 모든 말을 다 듣고 싶어.

널 억압하거나 비판하는 사람들에 대한 심판과 욕까지 모두 말이야.

네가 아무리 열을 내도 난 늘 여기서 네 말에 귀 기울이면서 감탄할 거야.

너를 영원한 하나인 나(the eternal one I AM)로서 맞아들일 거야.


◆


느긋함이 당신의 깨어남에 이르는 길목이 될 때, 당신은 삶과 좀더 정직하게 관계 맺는 길을 찾을 수 있습니다. 에고의 모험에 당신의 순수한 본성이 끌려다니게 하는 대신, 당신은 당신의 머리와 가슴이 같은 페이지 위에 놓일 수 있도록 매 숨결을 부드럽게 이끌어갈 수가 있습니다. 이 진실을 체화하는 한 방법으로서, 다음의 치유 만트라를 되뇌어보세요.

그 어떤 압박이 주의를 요구하더라도
삶의 발걸음을 늦추는 것이야말로 내 존재의 진화에
가장 중요함을 나는 안다.
내가 가장 높이 진화해가도록 응원하면서,
나는 삶이 내게 가슴과 재합일할 무수한 기회를 제공해주기 위해
필요한 모든 현실을 창조해낼 것이라는 사실을 받아들인다.
삶의 걸음을 늦추면서, 나는 오로지 가슴만이 아는,
우주에서 가장 완벽한 선택을 맞아들인다.
가슴이 내가 떠난 적 없는 영원한 집이었음을 발견하는 가운데,
내 순수한 참 본성이 사랑으로서 내 존재의 빛 속으로 합체하여
들어오도록 맞아들인다.

◆

당신의 순진무구한 자아를 인자한 부모가 아이에게 베푸는 애정 어린 관심이나, 아이를 우
주의 지혜로 받는 그런 존중심으로써 대하지 않을 때, 당신은 자기도 모르게 자신의 가
슴과 불화하게 되고, 그러면 가슴은 당신 마음의 소음만을 증폭해줍니다. 마음은 가슴이
닫힌 만큼 소란해지므로 자신의 순수한 본성과 평화를 이루는 것은 당신 존재의 진화에 더
없이 중요합니다. 내면의 아이와 영원히 평화를 이루기 위해서는, 다음의 치유 만트라를
되뇌어보세요.

사랑하는 내면의 아이야,
어떤 식으로든 네가 무시당하고 버림받고 놀림당하고
거부당한 느낌을 느끼게 해서 미안해.
사람들이 널 아프게 했던 것도 너무 안 됐어.
네가 어떤 느낌을 느끼고 있는지도 모른 채

너의 안전을 위협하는 사람들 곁에 널 있게 했다면 그것도 미안해.
당시엔 그들이 나를 충족시켜주게끔 마련된 사람인 줄 알았단다.


내게 관심을 보여달라고 했던 너의 요청을
무시하고 간과했던 것 사과할게.
난 그것을 내가 삶에서 맞싸우고 지우고 제거하고
극복해야 할 증세로 오해했었어.
네가 나의 개인적인 도우미로 변장하든,
상상 속의 수호신으로 변장하든,
내 머릿속에 살고 있는 고집 센 인생 코치로 변장하든 간에
넌 오로지 나의 관심만을 사로잡고 싶었던 거야.
사랑하는 나의 가슴아, 넌 그렇게
나와 시간을 좀더 많이 보내고 싶었던 거야.
네가 이렇게 몸부림을 쳐야 했다니, 미안해.
내 인생의 고통은 눈앞의 환경 때문도,
내가 잃어버렸다고 생각하는 것들 때문도 아니고,
내가 획득한 것들이 없애주는 것도 아니야.
난 그것이 네가 받아 마땅한 사랑을
내가 주지 못하고 있기 때문이란 사실을 받아들이고 있어.
네가 안전하게 느낄 속도를 배려해주지 못하고
걸핏하면 마구 달렸던 것, 사과할게.


지금 이 순간부터 난 너를 사랑하고 존중하고 칭송하기를 맹세할게.
네가 항상 듣고 싶어했던 말들을 자주 해줄게.
이미 들었다 하더라도, 새로운 열정으로 열심히 더 자주 말해줄게.

너의 현실을 빚어낸 옛날의 그 사람이 던졌던
너무나 뼈아픈 말을 이젠 너에게도,
다른 누구에게도 하지 않을 거야. 사랑스러운 내면의 아이야,
이제부터 내가 다른 누군가에게 하는 말은 곧
너에게 보내는 러브레터라는 걸 알겠어.

내가 세상의 다른 사람들과 이야기하고 있는 것처럼 보일 때도,
내가 너의 존재를 부인하고 있는 건 아니란 걸 알아주었으면 해.
내가 널 인정하고 알아볼 때 모든 것이 치유된단다.
내가 다른 사람들을 아끼고 대접할 때도,
내가 모시고 있는 건 바로 너야.
내면의 아이야,
너는 내 여린 가슴, 내 우주의 중심이야.
난 내 여정의 가장 중요하고 결정적인 요소인 널
받들고 누리는 한 방법으로서,
나의 지고한 운명을 기꺼이 받아들일 거야.
이 순간부터 널 함께, 하나로, 어디에나 데리고 다닐 거야.
만인의 행복과 해방을 위해서.

사랑하는 내면의 아이야,
네가 내 삶에서 좀더 활동적으로 나섰으면 좋겠어.
내 여정이 완수될 수 있도록 네가 날 도와줘야 해.
넌 해야 할 중요한 역할이 있어.
네가 이 순간을 우리 관계의 새로운 출발로
마음 열어 받아들여준다면 난 네가 받게끔 정해진 대로,

영원히 널 사랑할게.
나의 진화에 너의 역할이 중요함을 내가 확신하니,
넌 더 이상 나의 애정 어린 관심과 인정을 받기 위해
그토록 몸부림칠 필요가 없게 될 거야.

이 순간부터 난 너의 뒤를 따름으로써 사랑에 모든 걸 내맡길 거야.
사랑해.

◆

혼돈은 사랑을 위한 공간을 만들어내도록 도와줄 뿐이므로, 당신의 가슴을 열리게 하는
것은 혼돈의 진정한 목적을 받아들이려는 당신의 기꺼운 의지입니다. 혼돈을 뜻밖의 아군
으로 맞아들이려면 다음의 치유 만트라를 반복해서 되뇌세요.

혼돈스럽고 불편하고 기운 없고 머릿속이 뒤죽박죽일 때마다,
나는 이 혼돈을 오로지 내 앞길의 짐을 덜어주기 위해서
와 있는 뜻밖의 아군으로 받아들인다. 어디로 가야할지,
어떻게 해야 할지를 종잡을 수 없을 때,
심지어 내가 누구이고 내가 무엇이 아닌지조차 모를 때도
나는 내가 언제든지 그 혼돈 속으로 느긋이 잠겨 들어가서
그것을 성장과 확장의 신성한 촉매로 모실 수 있음을 기억한다.

아무리 깊은 혼돈에 빠져 있을 때도, 나는 혼돈의 의도는
내가 안다고 생각했던 것을 잊어버리도록 도와주려는 것임을 안다.
아는 것을 소화하여 지혜로 통합시킴으로써

더 큰 진실을 드러낼 공간을 내 삶 속에 만들어낼 방법으로서 말이다.

혼돈은 나만 옳다는 생각의 적이요 희생자라는 생각의 그늘이요
권리가 있다는 생각의 악몽이요 모자란다는 생각의
가장 큰 두려움이 될 수밖에 없으니, 나는 혼돈을 친구로 받아들인다.

혼돈을 품 안에 맞아들이니, 나는 내가 얼마나 혼돈스러운지를
정직하게 말할 수 있고, 아무리 깊은 혼돈도
나의 안식을 훼방할 수 없음을 안다.

나는 혼돈을 맞아들여 그것이 나의 과잉자극된 신경계를
이완시켜 내 안에 늘 있는 진정한 안전을 찾아주게 한다.
호흡을 늦추고 가슴에 손을 얹어, 나는 혼돈의 선물이
얼마나 강력한지를 모르고 있을 그를 사랑한다.

내가 이 순간에 고통이나 혼돈을 초대한 적은 없지만
이들은 중요한 이유가 있어서 와 있다.
더 깊은 정직으로써 나의 경험을 벗하기 위해,
내가 가장 높이 진화해가게 해주려고 나타난
이 불청객을 나는 환영한다.

◆

깨어남의 과정의 한복판에서, 중요한 것이라고는 아무것도 없고 이 삶을 어떻게 돌봐야
할지 모르는 채 이 지경을 뚫고 지나가기만을 갈망하고 있는 이들에게 다음의 중요한 연

습을 제시합니다. 편안히 앉아서 눈을 감고 다음의 치유 만트라를 되뇌어보십시오.

고통에서 벗어날 길은 없다. 심판을 빠져나갈 길은 없다.

◆

사랑의 인도를 따르면 온 인류는 더 이상 관심에 목말라하지 않고 우주적 규모의 영적 르네상스를 맞아들일 수 있습니다. 인류 역사상 가장 흥분되는 이 시대에 이 새로운 진동 속에 닻을 내리는 한 방법으로서, 다음의 치유 만트라를 되뇌어보십시오.

비록 개인적인 관점에 그 뿌리를 두고 있더라도,
나의 경험은 실제로는 만유에 걸쳐 펼쳐지는 무엇을
개인적으로 맛보고 있는 것임을,
나는 낱낱의 느낌, 생각, 믿음, 행위를 통해 받아들인다.

나는 개인적인 여정으로 보이는 이것이
실은 집단적으로 치유되고 깨어나고 '나'로서
사랑받고 있는 온 지구임을 안다.

내가 나 자신을 나만의 경험을 하는 한 개인으로 인식하더라도,
나는 그 안의 '존재하는 모든 것'이다. 형체는 인간으로 나타나더라도,
나는 온 지구의 영적 재탄생을 경험하고 있다.
그것이 내 경험 속에서는 한 개인의 진화로 묘사되는 것일 뿐이다.

한 사람 한 사람이 온 지구의 상승을 보여주고 있더라도

나는 하나(One)의 진화가 약간씩 다르게,
심지어는 극적으로 다르게 경험되고 있는
다른 차원계가 존재함을 받아들인다.
이것은 내가 단지 한 가지 방식으로만
깨어나고 있는 것이 아님을 뜻한다.
나는 '모든 방식으로' 깨어나고 있다.
이 하나가 지구의 상승을 무한히 다른 방식으로
체화하고 있는 다른 평행차원을 탐사해보고자 한다면,
그 다른 차원계의 버전을 찾으러 외계의 우주공간을 여행할 필요는 없다.
그것은 독특하게 치장한 다른 사람들의 모습을 띠고 이미 여기에 있다.

나는 내가 보는 모든 사람을
'영원한 하나인 나'(the eternal one I AM)로 인식한다.
내가 많은 사람들 중의 단지 한 사람일 뿐인 것처럼 느껴지더라도,
나는 이것이 무한히 광대한 관점들 중의
단 한 가지 관점임을 인정한다.
뭔가가 어떻게 보일지라도,
단지 그것을 나의 자애로운 주의를 받는 쪽에 서게 함으로써,
내가 이 관점을 만유를 위해 바꿔놓고 있음을
나는 기쁘게 즐길 수 있다.

나는 또한 다른 사람들이 나의 진화를 위해
몇 가지 측면들을 더 변성시키기 위해 여기에 있음을 받아들인다.
함께 하나(One)로서, 우리는 태초로부터 만유의 해방을 위해
이미 보장되어 있는 승리를 축하한다.